KB209740

IB 수업의 변화를 이끄는 힘, 개념기반 탐구

이경희 · 나광진 · 최은정 · 고민정 · 박정민 · 박화정 · 안연경 · 한혜연 공저

학지사

이 책은 개념기반 탐구를 통한 수업에 관하여 저술되었다. 미래교육은 획일화되고 표준화된 교육에서 벗어나고자 하는 일체의 노력을 의미한다. 그리고 개념기반 탐구는 미래교육이 현장에 안착할 수 있을 것인가 그 성패를 결정하는 핵심 전제이다. 개념은 머릿속에 집어넣는 지식이 아니다. 그것은 생각을 꺼내는 방식을 말한다. 개념적 사고는 삶의 동기, 삶의 가치, 삶의 맥락을 포용한다. 결과적으로 개념기반 탐구는 아이가 어떤 존재로 살아갈 것인가의 존재적 양상의 성격을 반영한다. 이러한 개념기반 탐구의 형성과 그 변화를 추구하는 학습을 깊은 이해의 학습이라 한다. 개념기반 탐구는 개개인의 특성을 반영하기도 하지만 타자와의 상호작용을 거치면서 보편적 성격을 생성한다는 점에서 인격적 속성을 지닌다.

개념기반 탐구는 교육과정 개인화의 핵심 전략이라 할 수 있다. 교육과정 개인화는 긴 호흡으로 개념적 사고의 변화를 겪으면서 세상에 대한 관점과 태도를 보다 더 품격 있게 갖춘다는 의미를 내포한다. 오늘날 소위 어떤 식의 개인맞춤형 교육과정을 구현할 것인가의 질문이 있는데 그 질문에 대한 한 가지 답변이라고 할 수 있겠다. AI 디지털 대전환의 시대, AI 융합 교육이 나아가야 하는 인간다움의 가치 실현을 위한 방향성임에 틀림없다.

개념기반 탐구는 길들여진 사고(domesticated cognition)가 아니라 야생적 사고(wild cognition)를 독려한다. 야생적 사고는 순종적인 연역보다는 도전적이고 거친 귀납에 가깝다. 그런 만큼 이러한 탐구를 통해 학습자는 삶의 맥락을 자신의 학습의 공간 안으로 끌어올 수 있다. 개념들로 꽉 짜인 숲속을 누비면서 야생적 사고는 판단과 예지, 그리고 상상과 도전을 통해 삶의 힘을 키울 수 있다. 그러한 숲속은 삶의 순간들만큼이나 불확실성과 애매모호함으로 가득 차 있다. 이러한 불확실성과 애매모호함이야말로 개념 탐구의 활동을 더욱 빛나게 만드는 조건이다. 지식의 전이, 나아가 역량은 이러한 배움의 여정을 통해 성취된다.

이 저서는 인하대학교 대학원 IBEC 1기로 만난 인연으로 함께 머리를 맞대고 고민하며 세상의 빛을 보게 된 책이다. 그만큼 이 책은 저자들에게 남다른 의미가 있다. IB는 하나의 단서였다. 그 단서를 통해 저자들은 세계시민성과 변혁적 페다고지, 수행으로서의 개념적 사고 그리고 탐구로서의 학습, 공동체에의 참여 등에 관해 공부해 나갔다. 그리고 저마다의 성찰이 녹아든 수업에 관한 노하우를 한 권의 책으로 정리했다. 보다 고도화된 교육과정 일체화 전략을 모색하는 동료 교사들에게 이 책이 널리 공유되었으면 하는 바람이다.

인하대학교 IB연구센터장, 교육대학원 교수

손민호

IB 교수 · 학습의 나침반, 대단원[1] 계획

"학습은 우리를 어딘가로 데려다줄 뿐만 아니라, 후에 더 쉽게 더 나아갈 수 있도록 해 주어야 한다."라는 브루너(Bruner)의 말은 교사가 교수 · 학습 여정을 설계할 때 반드시 염두에 두어야 하는 말일 것이다. 학습자가 궁극적으로 도달했으면 하는 그 지점을 향하는 일종의 나침반이기 때문이다.

IB 프로그램의 모든 커리큘럼은 타자에 의해 설계되어 교사와 학생에게 주어지는 커리큘럼이 아닌, 교사가 자신의 전문성을 바탕으로 커다란 책임을 가지고 IB 프로그램의 철학과 목적을 기반으로 한다. PYP(Primary Years Programme; 초등학교 프로그램)와 MYP(Middle Years Programme; 중학교 프로그램)는 커리큘럼 프레임워크, DP(Diploma Programme; 고등학교 프로그램)는 규격화된 커리큘럼(prescribed

1) IB의 단원 계획은 우리 교육에서 사용하는 단원 계획과 의미하는 바가 다르다. 우리는 단원을 교과서에 여러 개로 분절하여 제시된 단위로 생각하는데, IB에서 설계하는 단원은 그 범위가 우리보다 크다. 보통 MYP(중학교 과정)는 한 학기에 2~3개 정도 설계하는 단원 계획을, DP(고등학교 과정)는 DP 프로그램이 이루어지는 2년 전체 과정, 즉 네 학기의 단원 map과 함께 매 학기에 하나씩 설계되는 계획을 말한다. 다시 말해, DP 단원 계획은 한 학기 과정 전체를 담고 있어서 보통 대단원 계획이라고도 하기에 추천사를 써 주신 선생님은 대단원 계획이라 표현하셨으나 이 책에서는 독자의 이해를 돕기 위해 단원 계획으로 통일해서 제시한다.

curriculum)이라는 차이점이 있긴 하나, 단원 계획이 교수 · 학습 운영의 기반이 됨은 공통적이다. 이러한 IB 프로그램 전체에 걸친 단원 계획(unit plan)은 궁극적으로 도달하고자 하는 학습 전이목표(transfer goal)를 효과적으로 달성하기 위한 교수 · 학습 환경을 보장하는 데에 매우 중요한 역할을 한다.

단원 계획의 궁극적인 목적은 IB 프로그램의 목표와 기준에 부합하는 일관되고 의미 있는 학습 경험을 설계하는 데에 있다. IB 교사로서 그동안의 경험을 바탕으로 단원 계획을 구상할 때 가장 중요하게 생각하는 것이 있다면 IB 개념기반 탐구학습의 주축이 되는 탐구(inquiry)–학습활동(행동, action)–성찰(reflection)의 과정을 단원 계획에 적용하는 일일 것이다.

첫째, 단원 계획은 학습자가 학습의 중심, 다시 말해 학습의 주인이 되어 비판적 사고를 바탕으로 문제를 해결해 나가는 탐구기반 교수 · 학습을 지향한다. 이 계획은 수업 시간에 이루어지는 교수 · 학습활동의 순차적 나열이 아니다. 교사는 학생들이 질문하고, 개념을 탐구하고, 학습 내용에 대한 이해를 스스로 구축하여 단원 학습의 여정이 끝나는 시점에서는 새로운 지식을 형성할 수 있는 흐름을 설계해야 한다. 그렇기 때문에 '차시 계획' 혹은 '소단원 계획'이 아니라 '단원 계획'이다. 이 학생 중심의 탐구 과정에서 교사의 역할은 지식 전달자에서 교수 · 학습 설계자 및 안내자로 변화한다.

교사가 설계하는 탐구질문은 학생이 주도적으로 지식을 탐구하는 데에 자극과 이정표로서의 역할을 한다. 이를 통해 학생들이 학습 내용으로부터 갖게 된 호기심을 탐구하고, 그 과정에서 문제를 발견하여 질문을 제기하며, 다양한 자료와 자원을 활용하여 자신의 지식을 형성하는 데에 주도적인 역할을 할 수 있도록 해야 한다.

둘째, 개념을 탐구하는 과정에서 발생하는 실험, 조사, 토론 등의 학습활동(행동) 계획은 학생들이 지식을 실제 상황에 적용하고 융합하는 데에 역할을 하도록 설계되어야 한다. 단원의 학습 목표, 더 나아가 전이목표를 달성하기 위한 필수 이해 요소와 그것을 위한 학습 방법, 그리고 이러한 학습의 과정과 결과를 점검할 수 있는 형성평가와 총괄평가를 구체적으로 계획하여, 학생들이 능동적으로 지식을 습득하고 새로운 인사이트를 발견할 수 있는 유기적인 학습 경험을 설계할 수 있도록 해야 할 것이다. 특히 이 과정을 설계할 때에는 교사가 형성평가의 중요성을 인식하고, 피드백과 피드포워드 과정을 구체적으로 계획하여 총괄평가의 단계에 이르렀을 때에는 학생이 어느 정도로 학습 목표를 달성하였는지 정확하게 평가할 수 있도록 정교한 설계가 필요하다.

셋째, 단원 계획이 '나침반'으로서 기능할 수 있는 것은 이 계획이 학생들의 학습 과정 및 발전 정도는 물론, 교사의 '성찰'을 통해 학습 전이 목표를 향해 가는 여정이 변화할 수 있기 때문이다. 교사는 단원 계획을 설계하고 이를 실행하기 전, 실행 중 그리고 실행 후의 과정에서 끊임없이 교수 · 학습의 과정을 성찰하여 이를 변경할 수 있다. 단원 계획은 한 번의 설계로 완성되는 것이 아니다. 교사는 단원 교수 · 학습 설계 후의 성찰과 예측을 통해 실제 학습 상황을 계획하면서 학습 목표에 보다 가까워지기 위해 계획을 강화하거나 변경한다. 또한 단원 교수 · 학습 과정 중 학생들의 탐구학습의 수준이나 상황 등을 고려하고 이를 성찰하여 학습 전이목표를 향해 가는 학습활동(행동)을 조정한다.

단원 학습을 마친 후에는 전체 과정과 평가에 대한 깊이 있는 성찰을 통해 다음의 교수 · 학습에 이를 반영하여 보다 완성도 있는 탐구학습을 계획할 수 있어야 한다. 다시 처음으로 돌아가 "학습은 우리를 어딘가로 데려다줄 뿐만 아니라, 후에 더 쉽게 더 나아갈 수 있도록 해 주어야 한다."라는 브루너의 말을 떠올려 보자. 결론적으로 단원 계획은 매우 유기적으로 계획된 단원 학습이 학생들을 탐구의 세계로 데려가, 탐구 경험을 바탕으로 학생 스스로 더 큰 지식을 생성해 내는 주도적인 학습자로 성장시키는 나침반이 되어야 한다. 이를 위해서는 교사의 부단한 성찰이 필요함을 기억해야 한다.

이 책은 IBEC 과정을 이수한 교사들이 자신들의 교실 현장 경험과 그로부터 얻은 통찰을 바탕으로, IB의 철학과 접근법을 적용해 설계한 단원 계획의 결과물이다. 이 과정에서 집필진은 사고의 전환을 경험했으며, 이를 통해 성찰의 깊이를 더해 갔다. 무엇보다 이 책은 이 시대의 현장 교사들이 한번쯤 고민해 보아야 할 지점을 다루고 있으며, 그 내용은 기존 교육의 패러다임에 도전하는 의미 있는 발걸음이라 할 수 있다. 먼저 IB를 고민한 동료로서 이 책이 동료 교사들에게 새로운 관점을 제시하고, 교육 현장에서의 실천과 성찰을 이끌어 내는 의미 있는 계기가 되기를 간절히 바란다.

North London Collegiate School Jeju

교사 최화영

여는 글

교실 수업 장면을 상상해 보자. 대체로 우리가 떠올리게 되는 모습은 교사가 교과서를 읽으며 설명하면 학생은 교과서에 밑줄을 치고 설명하는 대로 받아 적거나, 학습 보조 자료의 괄호를 채워 넣는 장면이다. 물론 요즘은 이런 수업 풍경이 아닐 수도 있다. 그러나 여전히 많은 교사가 수업의 중심적인 역할을 도맡아서 교과서를 비롯한 텍스트를 분석하고 도식화한 내용을 학생의 머릿속에 '집어넣기' 위해 노력하고 있다. 이런 교사의 열정에 대한 성찰은 아이러니하게도 사회와 기술의 발전으로 학교 밖에서 훨씬 더 많은 배움의 즐거움을 얻을 수 있게 된 학생들이 수업의 주변인 역할마저도 하지 않는 태도에서 비롯되었다.

학교 붕괴, 수업의 위기라는 위험 신호와 마주하며 텍스트를 분석하고 이해하는 주체의 자리를 학생들에게 내어 주기 위해 어떻게 하면 수업에 학생들을 참여시킬 수 있을지 고민했다. 각종 온 · 오프라인 연수 프로그램에 참여하고 관련 출판물을 보며 학생들의 호기심을 자극하여 학습에 대한 동기를 줄 수 있는 다양한 자료를 개발하고, 흥미와 관심을 불러일으킬 만한 각종 활동 수업, 예를 들어 브레인스토밍, 실험, 콘텐츠 제작, 발표와 토론, 독서 프로그램, 협동학습 등을 개발하고 적용했다. 학생들이 움직이고 듣고 말하는 수업은 활기가 넘쳤고, 교실에 생기와 열정이 가득한 것도 같았다. 그런 변화와 활력에 신이 났고, 교사로서의 자존감마저 회복되는 듯해서 잘 가르치는 교사로 성장하고 있다는 설렘을 느끼기도 했다.

그런데 딱 거기까지였다. 수업의 콘텐츠를 많은 교사와 서로 나누다 보니 대부분의 수업이 비슷비슷해지자 학생들은 여지없이 다시 활력을 잃고 지루해했다. 수업이 다양한 활동으로 분절화되면서 수행평가가 늘어났고, 이에 부담을 느낀 학생들의 불평과 민원, 심지어 시험에 나오는 핵심만 알려 달라거나 왜 귀찮게 이 많은 것을 해야 하는지, 수능 준비에 필요하지 않은 활동은 참여하지 않겠다는 등의 도발적인 반응이 나오기도 했다.

더 큰 문제는 학생들이 즐겁게 수업에 참여해 다양한 학습 결과물이 나왔으나, 그 결과물에서 도대체 학생들은 어떤 배움을 얻었는지, 그 과정이 학습의 핵심에 어떤 의미가 있었는지와 직결되는, 즉 수업에 알맹이가 없다는 자각으로 인한 불안과 혼란이었다. 수업의 근간을 흔드는 그 두려움의 실체는 과연 무엇일까? 활동은 왜 활동으로 끝나면 안 되는 것일까? 활동 자체만 즐거운 수업은 왜 진정한 학습이 이루어졌다고 보기 어려운 것일까? 일련의 질문들은 결국 교과를 다시 돌아보는 험난한 여정으로 이어졌다.

중·고등학교에서 수업을 통해 달성되어야 하는 교과의 목표는 무엇일까? 수업에서 학생들은 어떤 역량을 키워야 하는 것일까? 교과를 어떻게 수업해야 학생들에게 진정한 배움이 일어날 수 있을까? 학습은 왜 필요한 것일까? 학생들의 깊이 있는 이해와 삶의 맥락에서 수업을 심층적으로 살펴보고 평생 학습자로서의 자기 의미를 생산할 수 있는 역량을 키워 주는 수업을 위해 끝없는 질문의 과정을 품어야 했다. 이러한 과정에서 마주한 IB 프로그램은 성찰의 근원을 어디에 두어야 하는지에 대한 섬광 같은 방향키였다.

쉽게 할 수 있거나, 즐겁기만 하거나, 한 시간의 수업에만 참여하면 학습이 끝나 부담이 없는 수업을 원하는 게 아니었다. 수업이 끝난 후에도 과제를 붙들고 밤새 잠을 설치며 끙끙거리고, 친구들과 토의하거나 소통하며 고민하고 또 고민할지라도 학생 스스로 이런 과정에서 깊은 통찰을 얻고 삶의 문제와 마주하는 순간순간에 그 힘을 전이해서 활용할 수 있기를 바랐다. 그렇게 학습에 도전하고 성취하며 얻은 뿌듯함의 기억으로 평생 용감한 학습자로 살 수 있는 그런 배움의 장을 교사인 우리는 펼치고 싶었다.

그래서 우리는 IBEC 취득 과정에 도전해 IB 프로그램을 공부했다. 프레임워크, 개념, 탐구수업, 전이목표, 탐구진술문, 탐구질문, ATL, ATT, 중핵과정, 외부평가, 내부평가 등 낯선 용어와 경험해 본 적 없는 개념 기반 탐구수업 등은 생경하기만 했다. 그렇게 세 학기가 지나고, 마지막 학기에 IB 프로그램을 온전히 이해해야 할 수 있다는 교과 수업의 단원 설계에 도전했다. 말 그대로 도전이기에 우리의 단원 설계가 완벽하다고 말할 수는 없다.

다만 IB가 교육목표와 추구하는 인간상을 수업과 평가를 통해 구현할 수 있도록 철저하게 설계해 놓은 단원 설계 안에 맞춰 '탐구–실행–성찰'이 이루어질 수 있도록 각 항목 하나하나를 이해하고 설계하기 위해 고군분투했다. 그리고 그 과정에서 수업 설계가 교육목표 달성과 학생의 역량 함양에 얼마나 중요한 역할을 하는지 체득할 수 있었던 것만은 사실이다. 그리고 그 노력과 열정을 학생들과 수업을 위해 오늘도 학교 현장에서 애쓰고 계실 동료 교사들과 나누고 싶어 글로 담았다.

이 책은 2022 개정 교육과정의 지향점과 IB의 지향점을 비교하여 서술한 제1부, IB 단원 설계에 필요한 구성 요소 이해를 중심으로 서술한 제2부, 교과별 단원 설계 사례와 IBEC 과정에 대한 성찰을 담은 제3부로 구성되어 있다. 제2부의 각 장은 저자들 각자의 수업과 교육활동에서 바라본 단원 설계안의 구성 요소 하나하나에 대한 고민과 시사하는 바가 무엇인지를 제시하고, 단원 설계에 대한 구체적인 이해를 돕기 위해 저자들의 항목별 단원 개발 사례로 서술되어 있다. 독자가 이해하기 편한 방식대로 목차 순서를 따르거나, 제2부와 제3부의 교과별 단원 설계 사례를 번갈아 가며 견주어 읽어도 좋다.

이 책이 나오기까지 혼신의 힘을 다해 지도해 주신 North London Collegiate School Jeju의 최화영 선생님과 귀한 말씀과 지속적인 격려로 집필을 이끌어 주신 인하대학교 대학원의 손민호 교수님, 그리고 학지사 관계자 여러분께 깊은 감사의 인사를 드린다.

더불어 책에 담긴 모든 내용은 IBO와 독립적으로 개발되었기에 IBO의 승인 및 보증과 무관하다. 오로지 8명의 저자가 가을과 겨울, 그리고 그 이듬해 봄과 여름까지 밤낮을 가리지 않고 자신의 분야에서 각자 공부한 피와 땀의 순수한 결과이기에 오류가 있을 수 있고 IBO의 취지와 다를 수 있음을 밝혀 둔다.

깊이 있는 이해를 위해 IB 단원 설계를 토대로 제시한 이 책이 학교 현장에서 2022 개정 교육과정의 재구성을 통해 여러 과목에서 적용될 수 있기를 기대한다. 아울러 학생들이 수업의 주체로서 삶과 배움의 장에서 성장하는 것을 보며 교사로서의 존재 이유와 자존감 회복에 아주 작은 도움이 되기를 간절히 꿈꿔 본다.

2025년 2월

저자 일동

차례

제2부
IB로 개념기반 탐구수업 실현하기

제1부

2022 개정 교육과정과 IB 견주어 보기

2022 개정 교육과정과 IB의 지향점, 깊이 있는 이해

나광진

1. 깊이 있는 이해를 위해 무엇을 해야 할까

학교 수업 시간에 학생들은 무엇을, 어떻게, 왜 배우고 있을까? 교과의 목표를 달성하기 위해 교사는 어떻게 수업하고 어떤 평가를 해야 할까? 좀 더 나은 교사가 되기 위해 어떤 변화가 필요할까? 이런 질문에 답을 찾고자 대학원에 진학해서 2년 동안 IB(International Baccalaureate) 프로그램을 공부했다.

IB 철학과 교육과정, 교수 · 학습론 및 평가, 개념기반 교육과정 및 수업, 중핵과정과 IB 현장 교사들의 여러 강의, 이해 중심 교육과정 및 백워드 설계, 구성주의와 상황학습 이론 등을 공부하면서 수업과 평가를 어떻게 개선해야 하는지 궁리했다. 그중 대학원 첫 학기에 IB 교수 · 학습론 강의에서 개념기반 탐구학습에 관해 공부하며 도대체 개념이 무엇인지, 그 개념을 기반으로 교과 내용을 탐구한다는 것이 무슨 의미인지 도통 이해되지 않아서 동기들과 오랫동안 논의했던 기억이 난다.

개념기반 탐구학습에서 개념은 단순한 사실이나 소재와 달리 추상적이고 보편적이며 새로운 상황과 맥락으로 전이가 가능한 것으로 지식과 과정으로부터 도출된 단어나 어구이다(Erickson, Lanning, & French, 2019). 초록색 셀로판지로 세상을 보면 세상이 온통 초록색으로 보이듯이 개념은 셀로판지와 같다. 그래서 학생은 관점 또는 안목으로 작용하는 개념을 통해 지식을 새롭게 이해하고 분석하여 전이할 수 있는 개념적 이해에 도달한다.

2022 개정 교육과정에서 강조하는 '깊이 있는 학습'은 전이 이론에 기초한다. '전이'는 어떤 상황에서 학습한 것을 일반화된 형태로 전환하여 다른 상황에 사용하는 능력을 의미하며, 문제해결과 창의적 사고를 비롯한 높은 수준의 사고 과정에서 핵심이 된다(한국교육과정평가원, 2022a). 따라서 깊이 있는 학습은 개념기반 탐구학습에서의 전이할 수 있는 개념적 이해와 비슷하기에, 개념적 이해를 깊이 있는 이해라고 할 수 있다. IB의 교사는 교과 가이드에 제시된 개념을 셀로판지 삼아 단원의 탐구진술문이나 전이목표를 만들고, 학생들이 그것에 도달하도록 단원을 설계한다. 탐구진술문이나 전이목표의 달성 정도를 확인하는 총괄평가를 계획하고, 학생들이 '탐구–실행–성찰'의 순환 과정으로 탐구하도록 여러 유형의 탐구질문을 활용해 다양한 활동과 형성평가 등을 계획한다.

2022 개정 교육과정이 초등학교 1, 2학년부터 적용되기 시작한 2024년, 국가 교육과정을 학교 현장에 적용할 수 있도록 교육청 차원에서 지침이나 자료집을 제작하여 보급하고 있다. 역량 함양을 목적으로 '깊이 있는 학습'과 '개념기반 탐구'를 추구하는 2022 개정 교육과정을 실제 교수·학습과 평가 측면에서 어떻게 설계하고 진행하는지를 설명하는 자료집을 보면서 2년 동안 배운 IB의 내용과 비슷한 부분이 있다고 생각했다.

현장의 교사들은 교육청에서 보급한 자료집을 참고로 학교 실정에 맞게 깊이 있는 학습과 개념기반 탐구를 위해 수업과 평가를 설계할 것이다. 또한 2022 개정 교육과정을 반영한 교과서를 활용해 이를 수업에서 실현하기 위해 저마다 노력하리라 예상한다. 그런데 교과서만으로 깊이 있는 학습을 제대로 설계할 수 있을까? 결국 교사가 교육과정의 핵심 아이디어와 내용 체계를 기반으로 개념을 추출해 탐구진술문이나 전이목표를 만들어야 한다. 그리고 이를 확인하는 탐구활동과 평가를 설계하고자 한다면 그 과정이 그리 쉽지만은 않을 것이다. 더구나 고등학교는 고교학점제의 도입으로 한 학기에 한 과목을 모두 가르쳐야 하는 상황에서 이런 과정을 설계하는 일이 녹록하지 않을 것이다.

정해진 교과서가 없고, 교과서가 있더라도 교과서의 내용을 다루지 않아도 되는 IB 교실에서 깊이 있는 이해가 이루어지도록 수업과 평가를 어떻게 설계하는지 대학원 마지막 학기에 직접 단원 설계를 하면서 비로소 알게 되었다. 그리고 단원을 설계하며 2년 동안 배운 IB에 관한 파편적인 내용들이 구슬에 실을 꿰어 목걸이를 만들 듯 하나로 연결되는 경험을 할 수 있었다. 물론 실제 IB 학교에서 수업과 평가를 진행해 본 경험이 없는 일반 학교 교사인 우리의 단원 설계는 부족한 것이 많다는 게 사실이다.

그러나 2022 개정 교육과정의 지향점이 IB와 비슷하기에 IB 프로그램을 공부하고, 단원을 설계하며, 수업과 평가에서 작은 변화라도 주기 위해 노력한 우리의 이야기가 깊이 있는 이해를 위해 수업과 평가의 개선을 고민하는 교사들에게 조금이나 도움이 되기를 바란다. 아울러 의과 대학 입학이나 명문 대학교 진학이 학교 교육의 목적이 되어 빠르고 정확하게 정답을 찾는 학생만 성공한 것처럼 인정받는 우리 교육 현실에서 진정한 학교 교육의 목적이 무엇인지, 그 목적을 달성하기 위해 무엇을 어떻게 해야 하는지 답을 찾는 교사들에게 힌트가 되었으면 한다.

2. 깊이 있는 이해를 위한 2022 개정 교육과정과 IB, 무엇이 같고 무엇이 다를까

1) 2022 개정 교육과정이 추구하는 인간상과 핵심역량

2022 개정 교육과정은 학생이 미래 사회가 요구하는 '포용성과 창의성을 갖춘 주도적인 사람으로 성장'하는 것에 중점을 두고 개발되었다. 초·중등학교 교육과정 총론(교육부, 2022a)에서는 '홍익인간의 이념 아래 모든 국민으로 하여금 인격을 도야하고, 자주적 생활 능력과 민주시민으로서 필요한 자질을 갖추어 인간다운 삶을 영위하고, 민주 국가의 발전과 인류 공영의 이상을 실현할 수 있도록 함'을 우리나라 교육의 목적이라고 밝히고 있다. 이런 교육 이념과 목적을 바탕으로 2022 개정 교육과정이 지향하는 '자기주도성, 포용성과 시민성' 등의 핵심 가치를 중심으로 인간상을 제시했다. 그리고 우리 교육이 지향할 가치와 교과 교육의 방향과 성격을 기초로 미래 사회 변화에 대응할 수 있는 역량을 체계화하여 핵심역량을 제시했다. 특징적인 것은 인간상에서 추구하는 핵심 가치인 '자기주도성'은 '주도성, 책임감, 적극적 태도'를, '창의와 혁신'은 '문제 해결, 융합적 사고, 도전'을, '포용성과 시민성'은 '배려, 소통, 협력, 공감, 공동체 의식'을 내포하고 있다는 점이다(교육부, 2021).

〈표 1-1〉 2022 개정 교육과정의 인간상

추구하는 인간상	내용
자기주도적인 사람	전인적 성장을 바탕으로 자아정체성을 확립하고 자신의 진로와 삶을 개척하는 자기주도적인 사람
창의적인 사람	폭넓은 기초 지식과 능력의 바탕 위에 진취적 발상과 도전으로 새로운 가치를 창출하는 창의적인 사람
교양 있는 사람	문화적 소양과 다원적 가치에 대한 이해를 바탕으로 성숙한 인격을 도야하며 인류 문화를 향유하고 발전시키는 교양 있는 사람
더불어 사는 사람	공동체 의식을 가지고 다양성에 대한 상호 이해와 존중을 바탕으로 세계와 소통하는 민주시민으로서 배려와 나눔, 협력을 실천하는 더불어 사는 사람

출처: 교육부(2024).

〈표 1-2〉 2022 개정 교육과정의 핵심역량

핵심역량	내용
자기관리 역량	자아정체성과 자신감을 가지고 자신의 삶과 진로를 스스로 설계하며 이에 필요한 기초적 능력과 자질을 갖추어 자기주도적으로 살아갈 수 있는 능력
지식정보처리 역량	문제를 합리적으로 해결하기 위하여 다양한 영역의 지식과 정보를 깊이 있게 이해하고 비판적으로 탐구하며 활용할 수 있는 능력
창의적 사고 역량	폭넓은 기초 지식을 바탕으로 다양한 전문 분야의 지식, 기술, 경험을 융합적으로 활용하여 새로운 것을 창출하는 능력
심미적 감성 역량	인간에 대한 공감적 이해와 문화적 감수성을 바탕으로 삶의 의미와 가치를 성찰하고 향유하는 능력
협력적 소통 역량	다른 사람의 관점을 존중하고 경청하는 가운데 자신의 생각과 감정을 효과적으로 표현하며 상호 협력적인 관계에서 공동의 목적을 구현하는 능력
공동체 역량	지역 · 국가 · 세계 공동체의 구성원에게 요구되는 개방적 · 포용적 가치와 태도로 지속가능한 인류 공동체 발전에 적극적이고 책임감 있게 참여하는 능력

출처: 교육부(2024).

2) IB의 교육목표와 학습자상

IB의 교육목표는 '서로 다른 문화를 이해하고 존중하며, 더 나은 평화로운 세상을 실현하는 데 기여할 수 있는, 지식이 풍부하고 탐구심과 배려심이 많은 청소년을 기르는 것'이다. 이를 위해 "IB 프로그램은 전 세계 학생들이 적극적이고 공감할 줄 알며, 서로 다름을 이해하고 존중하는 평생 학습자가 될 것을 장려한다."라고 밝히고 있다(경기도교육청, 2023a).

IB가 추구하는 인재상은 '학습자상(learner profile)'으로 표현되는데, 이는 학습자의 자질이자 역량으로 해석될 수 있다. IB 학습자상 열 가지는 〈표 1-3〉과 같다.

〈표 1-3〉 **IB 학습자상**

탐구하는 사람	우리는 호기심을 키우고, 탐구와 연구를 위한 기술을 개발하고 연구한다. 우리는 독립적으로 그리고 다른 사람과 함께 학습하는 방법을 안다. 우리는 열정적으로 배우고 배움에 대한 사랑을 평생 유지한다.
지식이 풍부한 사람	우리는 개념적 이해를 개발하고 활용하며 다양한 분야의 지식을 탐구한다. 우리는 지역적, 전 세계적으로 중요한 사안과 의견에 참여한다.
사고하는 사람	우리는 비판적이고 창의적인 사고력을 사용하여 복잡한 문제를 분석하며 책임감 있게 행동한다. 우리는 주도적으로 합리적이고 윤리적인 결정을 내린다.
소통하는 사람	우리는 한 가지 이상의 언어와 다양한 방식으로 간결하고 창의적으로 자신을 표현한다. 우리는 다른 개인과 집단의 관점에 귀 기울이고 효율적으로 협업한다.
원칙을 지키는 사람	우리는 정직과 공정성, 정의감을 가지고 행동하며 모든 사람의 존엄성과 권리를 존중하며 행동한다. 우리는 우리의 행동과 그 결과에 책임을 진다.

열린 마음을 지닌 사람	우리는 우리 고유의 문화와 역사를 비판적으로 이해하고, 다른 사람의 가치와 전통을 비판적으로 수용한다. 우리는 다양한 관점을 추구하고 평가하며, 경험을 통해 성장하고자 한다.
배려하는 사람	우리는 공감하고 배려하며 존중한다. 우리는 봉사 정신을 갖고, 타인과 우리 주변의 삶에 긍정적인 변화를 만들기 위해 행동한다.
도전하는 사람	우리는 불확실성을 미리 생각하고 결단력 있게 접근하며, 독립적이고 협력적으로 새로운 아이디어를 발굴하고 혁신적인 전략을 모색한다. 우리는 도전과 변화에 직면할 때 탄력적으로 지혜롭게 대처한다.
균형 잡힌 사람	우리는 자신과 타인의 웰빙(well-being)을 위해 삶에서 지적 · 신체적 · 정서적 균형이 중요함을 안다. 우리는 다른 사람 및 우리가 살고 있는 세상과의 상호 의존성을 인식한다.
성찰하는 사람	우리는 세상과 자기 생각, 경험을 신중하게 고려한다. 우리는 학습과 개인의 성장에 도움이 되도록 자기 강점과 약점을 이해하려고 노력한다.

출처: IBO 홈페이지(https://ibo.org/benefits/learner-profile/).

다음 인물들을 2022 개정 교육과정의 인간상과 IB 학습자상으로 설명해 보자.

조선시대 최고의 과학자
장영실

가난하고 병든 사람들의
어머니 테레사 수녀

평생 소원은 조국 독립
김구

각 인물이 어떤 인간상인지, 어떤 학습자상인지 답변해 보면 2022 개정 교육과정과 IB 프로그램이 탄생하게 된 사회적 · 문화적 배경이 달라서 서로 강조하는 내용이나 표현하는 단어가 다를 뿐, 결국 교육의 목표나 교육을 통해 학생들에게 함양시키고자 하는 역량은 비슷함을 알 수 있을 것이다. 2022 개정 교육과정과 IB 프로그램은 모두 학생이 주도적으로 배움의 목표와 계획을 세우고, 창의적으로 그것을 실천하며, 학습 과정과 결과를 점검하면서 성장하도록 교육할 것을 강조한다. 이런 교육을 통해 학생이 민주시민, 더 나아가 인류 평화에 이바지할 수 있는 사람으로 성장할 것을 기대한다.

2022 개정 교육과정은 교과 교육을 통한 '역량 함양'을 지향한다. 이를 위해 깊이 있는 학습을 강조하며, 깊이 있는 학습은 '삶과 연계한 학습' '교과 간 연계와 통합' '학습 과정에 대한 성찰'을 통해 달성될 수 있

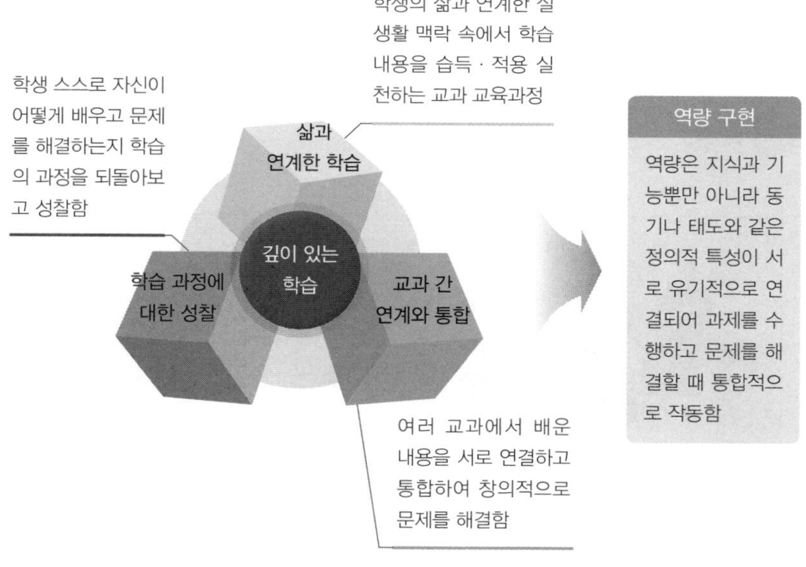

[그림 1-1] 역량 함양을 위한 교과 교육의 강조점

출처: 교육부(2021).

다고 제시한다. 그리고 깊이 있는 학습을 통해 학생은 역량을 구현할 수 있는데, [그림 1-1]과 같이 '역량'은 동기, 태도와 같은 정의적 특성과 지식·기능이 서로 유기적으로 연결되어 과제를 수행하고 문제를 해결할 때 통합적으로 작동되는 것이라고 설명한다(교육부, 2021). 학생은 수업 시간뿐만 아니라 창의적 체험활동 등에서 주어진 과제를 해결하거나 창의적인 결과물을 만들기 위해 자료를 찾고 친구들과 협업하면서 소통한다. 여러 활동 중 어려움에 직면하면 도움을 구하거나 여러 방안을 시도해 본다. 이 과정에서 시간을 제대로 관리하고 있는지 등도 점검한다. 결국 학생은 수업을 포함해 학교에서 경험하는 모든 교육활동을 통해 역량을 함양하고 있다고 할 수 있다.

2022 개정 교육과정과 밀접한 관계가 있는 'OECD 교육 2030 프로젝트'에서는 '역량(competencies)'을 지식(knowledges), 기능(skills), 태도와 가치(attitudes and values)를 포함하는 포괄적인 개념으로, 지식과 기능의 습득을 넘어 불확실하고 복잡한 요구를 충족시키기 위해 지식, 기능, 태도와 가치를 동원하는 능력으로 정의하고 있다(OECD, 2019).

[그림 1-2]의 'OECD 학습 나침반 2030'에서 제시한 것처럼 학생은 '새로운 가치 창출' '긴장과 딜레마 조정' '책임 의식'과 같은 '변혁적 역량(transformative competencies)'을 길러야 하고, 이를 위해 학생 주도성(student agency)을 반드시 발휘해야 한다. 다시 말해, 교육을 통해 학생 주도성을 실현하고 미래 사회에 필요한 변혁적 역량을 길러 학생이 전 생애에 걸쳐 자신과 사회의 건전한 성장과 발전을 향해 나아가도록 지원해야 한다고 강조한다(OECD, 2019).

그렇다면 2022 개정 교육과정, IB 프로그램, OECD 교육 2030 프로젝트에서 학생들이 미래를 살아가기 위해 반드시 함양해야 하는 역량을 길러 주기 위해 교실에서 수업과 평가는 어떻게 이루어져야 할까? 수업

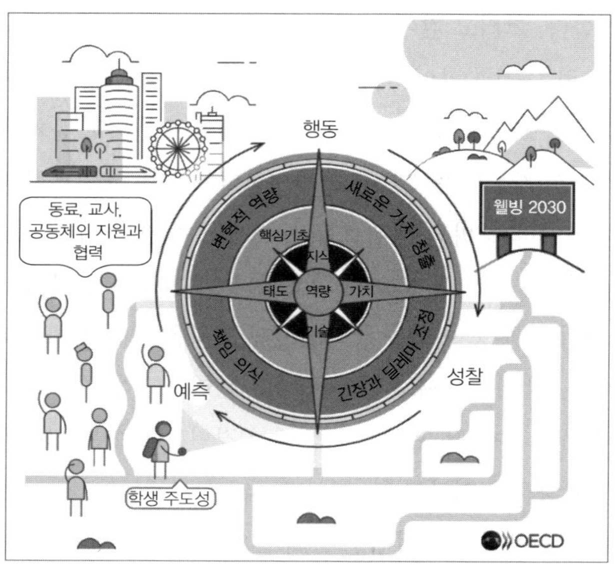

[그림 1-2] OECD 학습 나침반 2030

출처: OECD (2019).

과 평가로 학생들이 이런 역량을 함양하고 있는지 교사는 어떻게 확인할 수 있을까? IB 프로그램을 통해 이런 물음에 관한 답을 함께 고민해 보면 좋겠다.

3. 깊이 있는 이해를 실현하는 방법은 무엇일까

2022 개정 교육과정은 교과 교육에서 깊이 있는 학습을 통해 역량을 함양해야 한다고 제시한다. 이를 위해 '교과 간 연계와 통합' '학생의 삶과 연계된 학습' '학습 과정에 대한 성찰' 등을 강조하고 있다. 이런 내용

과 관련지을 수 있는 IB의 내용을 함께 살펴보자. 그리고 역량을 제대로 평가하는 방법에 관해서도 생각해 보자.

1) 깊이 있는 학습

2022 개정 교육과정에서 '깊이 있는 학습'은 학습자가 탐구와 사고를 통해 학습 내용을 스스로 자기 것으로 만들고, 배운 것을 새로운 상황에 적용할 수 있도록 소수의 핵심 내용을 깊이 있게 배우는 것이다(한국교육과정평가원, 2022a). 깊이 있는 학습은 학생이 단순히 교과 지식을 배우고 암기하여 지필평가를 치르고 난 뒤에 그 배운 지식이 거의 사라져 버리는 '얕은 학습'과는 상반된다.

깊이 있는 학습에서 주목해야 할 표현은 '탐구' '사고' '새로운 상황에 적용' '소수의 핵심 내용'이라고 생각한다. 하나씩 자세히 살펴보자.

첫째, 깊이 있는 학습은 '탐구'와 '사고' 과정을 통해서 학습 내용을 자기 것으로 내면화하는 것이다. 이를 위해 내용을 파악·분석·해석하는 등의 사고 과정과 탐구가 필요한데, 개정 교육과정의 교과 내용 체계의 내용 요소 중 '과정·기능'에서 이와 관련된 내용을 설명하고 있다. 과정·기능은 학습 내용을 습득하는 데 활용되는 사고 및 탐구 과정, 교과 고유의 절차적 지식, 지식의 이해와 적용을 가능하게 하며, 학습의 결과 학생들이 교과 내용을 가지고 할 수 있어야 하는 구체적인 능력이다(한국교육과정평가원, 2022a). 그러므로 교과에서 알아야 할 지식, 이해해야 할 개념뿐 아니라 그것을 습득하기 위한 교과 고유의 사고 및 탐구 과정이나 기능을 학습할 때 깊이 있는 학습이 이루어진다고 할 수 있다.

둘째, '새로운 상황에 적용' 가능한 이해를 만드는 것, 즉 '전이' 가능한 이해에 도달하는 것이 깊이 있는 학습이다. 교사에게 전달받아 단편적으로 암기한 교과 지식은 잘 전이되지 않지만, 탐구와 사고를 통해 학생 스스로 자기 것으로 이해한 일반화나 원리, 학습 맥락에서 지식을 활용한 사고 경험 등은 전이된다. 이런 점에서 전이는 학생의 삶과 연계한 학습과도 연결된다.

셋째, 깊이 있는 학습은 교과 '핵심 아이디어'로 진술된 '소수의 핵심 내용'을 깊이 있게 배우는 것이다. 개정 교육과정의 핵심 아이디어는 각 교과의 영역을 아우르면서 해당 영역의 학습을 통해 일반화할 수 있는 내용을 핵심적으로 진술한 것으로, 해당 영역 학습의 초점을 부여하여 깊이 있는 학습을 가능하게 하는 토대이다(교육부, 2022c). '일반화할 수' 있는 핵심 아이디어를 깊이 있게 배우는 것도 결국 전이를 말하는 것이다.

2022 개정 교육과정의 깊이 있는 학습과 맥이 닿아 있는 것은 IB의 교수 접근 방법 중 하나인 '탐구기반 학습'과 '개념기반 학습'이라고 할 수 있다. 교수 접근 방법에 대한 내용은 제2부 제5장에서 제시하고 있다.

먼저 탐구기반 학습을 알아보자. 탐구기반 학습에서 '탐구'의 목적은 학생이 호기심을 갖고 주도적인 평생 학습자가 될 수 있는 역량을 기르는 것이다. 탐구기반 학습은 '탐구–실행–성찰'의 순환 과정이 반복되면서 이루어지는데, 이 과정에서 학생은 끊임없이 고차원적인 사고를 한다. 학생은 자기 지식과 경험을 활용해 스스로 문제나 상황에 접근하는 방법을 찾고 새로운 이해를 구축하기 위해 적극적으로 학습에 참여해야 한다. 더 나아가 증거를 활용하여 해결책을 추론하거나 창의적으로 문제를 해결해야 한다.

탐구기반 학습에서 교사는 탐구활동에 학생이 주도적으로 참여하도록 수업의 내용과 과정을 설계해야 한다. 그리고 교사는 정답을 제공하는 역할을 하는 것이 아니라 학생이 탐구 과정을 원활히 수행할 수 있도록 도움을 주며 질문하는 촉진자 역할을 해야 한다. 또한 탐구기반 학습에서 질문은 핵심적인 역할을 하는데, 교사가 질문할 수 있지만 궁극적으로 학생 스스로 질문하고 답을 찾아갈 수 있도록 유도해야 한다. 탐구 질문에 관한 내용은 제2부 제4장에서 제시하고 있다.

다음으로 개념기반 학습에 대해 알아보자. 개념기반 학습은 교과 내와 교과 간의 전이 가능한 아이디어 개발을 중심으로 학습을 구성하는 것이다(Marschall & French, 2021). 개념기반 학습과 탐구를 통해 학생은 '아는 것(지식)' '할 수 있는 것(기능)'에 '개념적 이해'를 더하기에 교과 지식을 더 심층적으로 이해하게 되고, 지식과 기능을 새로운 상황에 전이하고 적용하는 고차원적인 사고 능력을 발휘하게 된다.

2022 개정 교육과정에서는 교과 교육을 통한 역량 함양을 강조한다. 이를 위해 특히 학습 내용의 범위와 수준을 나타내는 내용 체계 항목에서 많은 변화가 있었다. 그중 내용 요소를 지식 · 이해, 과정 · 기능, 가치 · 태도로 구분하여 각 범주에서 다루어야 하는 것을 제시하고 있다. 그리고 교수 · 학습 방법 항목에서 사고 및 탐구 기능을 실제로 활용하여 문제를 해결할 수 있는 방법, 예를 들어 국어과에서는 프로젝트 기반 수업, 토의 · 토론 및 협동 수업, 디지털 기반 학습 등과 같은 구체적인 방법을 안내하고 있다. 사실 이런 수업 모형이 아주 새로운 것은 아니다. 그런데도 2022 개정 교육과정에서는 학생 맞춤형 수업과 학생의 주도성, 학습이 삶의 맥락으로 확장되는 것을 강조하기 위해 2015 개정 교육과정보다 구체적으로 교수 · 학습 방법을 제시하고 있다. 하지만 교과 고유의 지식이 있다고 해서 그것을 사고하고 탐구하는 기능이 교과마다 아주 다를까? 다르다면 교과를 넘나드는 전이는 불가능하지 않을까? 특정 교과에만 적합한 교수 · 학습 방법이 있을 수 있지만 교과 전반에 두루 적용할 수 있는 교수 · 학습 방법은 없을까? 모든 교과에서 동일하게 적용되는 IB의 교수 · 학습 접근 방법을 공부하면서 교과별,

또는 교과 내 영역별로 교수·학습 방법을 제시하는 우리 교육과정에 대해 성찰해 본다.

2) 교과 간 연계와 통합

2022 개정 교육과정에서 '교과 간 연계와 통합'은 학습자가 여러 교과의 지식과 기능을 서로 관련지어 습득하고 이를 적용하여 문제를 해결하도록 지원하는 것으로, 이때 통합은 교과 간 지식의 완전한 결합이 아니라 교과 간 내용의 연계 또는 연결로 바라보아야 한다(한국교육과정평가원, 2022a). 다시 말해, 학생은 교과별로 습득한 핵심 아이디어를 해당 교과에서만 활용하는 것이 아니라, 여러 교과에서 다룬 핵심 아이디어를 서로 관련지어 익히고 연결하여 새로운 문제를 해결할 수 있어야 한다. 따라서 교과 간 연계와 통합은 개념적 이해로부터 출발해야 하고, 학생은 교과 간 연계와 통합을 통해 깊이 있는 학습을 하여 창의적이고 능동적인 지식 생산자가 될 수 있다.

그동안 우리 수업에서 교과 연계나 통합을 위한 노력은 꾸준히 시도되어 왔다. 그런데 교과 연계나 통합에 대한 오해로 단순 소재나 내용을 중심으로 교과를 연계하거나 통합하는 경우가 많았다. 예를 들어, 국어 교과에서 우정을 주제로 시를 공부하고, 자기 경험을 이야기 형식으로 작성한 후, 작성한 이야기를 미술 시간에 그림으로 그려 전시한다면 이것이 진정한 의미의 교과 연계나 통합일까? 깊이 있는 학습을 통해 역량을 개발하기 위한 교과 간 연계나 통합과는 거리가 있어 보인다. 학생의 역량을 키우기 위한 교과 간 연계와 통합이라면 학생이 다양한 교과 내용을 깊이 있게 이해하고 탐구하며, 이를 활용하여 창의적인 아이디어를 만드는 학습 경험이 일어나야 하기 때문이다. 그렇다면 IB에서는 교과 간 연계나 통합이 어떻게 이루어지는지 알아보자.

먼저 MYP에서는 서로 다른 교과군이나 같은 교과군 내의 서로 다른 학문끼리 통합하는 '교과 통합 학습'을 강조한다. 왜냐하면 교과 통합 학습을 통해 학생이 하나의 학문적 관점으로는 해결할 수 없는 문제를 해결하거나, 어떤 현상을 설명하거나, 결과물을 만들거나, 새로운 질문을 제기하면서 새로운 이해를 표현할 수 있다고 보기 때문이다. 이런 수업을 교사가 설계하지만, 학생이 수업의 모든 과정을 주도적으로 탐구하기에 학생이 통합의 주체이면서 깊이 있는 이해에 도달하는 주체가 된다.[1]

MYP 프로젝트도 교과 간 연계나 통합과 관련이 있다. 교과 지식을 통합하여 개인적인 관심 분야와 관련된 창의적인 결과물을 만드는 개인 프로젝트와 지역사회 문제를 발견하고 그 해결 방안을 마련해 직·간접적으로 봉사하는 공동체 프로젝트가 있다.

DP의 경우 독립된 교과군 학습의 한계를 극복하고 교과 지식을 통합할 수 있도록 경험의 장을 마련한 중핵과정이 있다. 중핵과정에는 지식의 본질과 지식 자체를 성찰하며 여러 지식을 통합하여 새로운 지식을 표현하는 지식이론(Theory Of Knowledge: TOK), 특별히 관심이 있는 주제를 학생 스스로 선택하고 자기 주도적으로 연구·조사하는 과정인 소논문(Extended Essay: EE)이 있다. 그리고 학생이 교과 시간에 배운 것을 확장해 독창적인 작품을 만들거나 공연하는 '창의'와 건강한 삶을 위해 신체적인 '활동'을 하는 것, 지역 공동체를 위해 실질적으로 '봉사'하는 창의·활동·봉사(Creativity, Activity, Service: CAS)가 있다. 중핵과정에 관한 내용은 제2부 제7장에서 제시하고 있다.

1) 제3부 제10장의 교과 통합 단원 설계 사례를 참고하기 바란다.

2022 개정 교육과정은 교과 간 연계와 통합을 지향하면서 교과 내용을 학생이 자기의 삶과 관련짓고 여러 교과에서 배운 내용들을 연결해 새로운 아이디어를 창출할 수 있도록 교과 내 영역이나 여러 교과를 관통하는 일반적인 아이디어로서 핵심 아이디어를 선정하여 제시했다고 한다(한국교육과정평가원, 2022a). 그러나 교과별 또는 영역별 핵심 아이디어를 살펴보면 학습 내용의 초점을 살려 간소화한다는 취지로 다소 협소하게 제시되거나 오히려 너무 추상적으로 광범위하게 제시되어 교사가 수업을 설계하는 데 혼란을 가중한다는 견해가 있는 것도 사실이다.

2022 개정 교육과정의 창의적 체험활동은 학생의 전인적인 성장을 위해 교과와 상호 보완적으로 설계하고 운영할 수 있는 영역으로, 자율·자치 활동, 동아리 활동, 진로 활동의 세 영역으로 개선되었다. 창의적 체험활동은 학교가 자율적으로 설계하고 운영하는 영역이다 보니 학교마다 또는 운영하는 교사의 역량에 따라 활동의 내용과 질이 달라진다. IB에서는 프로젝트나 중핵과정에 관한 내용과 그 운영 방법을 구체적으로 제시하고 있다. 무엇보다 학생이 주도적으로 수행해야 하는 역할과 책임을 자세하게 안내하고 있다. 이런 점은 학생의 전인적인 성장과 교과 연계와 통합의 관점에서 우리 창의적 체험활동에 관한 의미 있는 힌트가 된다고 생각한다.

3) 학생의 삶과 연계한 학습

2022 개정 교육과정에서 '삶과 연계한 학습'을 지향한다는 것은 학습자에게 실생활 맥락 속에서 교과 내용을 활용할 기회를 제공한다는 것이다(한국교육과정평가원, 2022a). 학생은 자기 삶 또는 실생활 맥락 속에서 교과의 지식과 기능을 습득할 때 학습에 더 몰입하게 되고, 습득한

것을 새로운 맥락에 활용 · 적용하는 경험을 통해 깊이 있는 학습에 도달하게 된다.

학생의 삶이나 실생활 맥락 속에서 학습한다는 것은 문자 그대로 학생의 삶과 실생활 맥락을 교과 지식과 관련지어 제시하거나 지역적 문제를 다루거나 학습 내용을 현재 상황과 연관 지어 평가하게 하는 것일 수도 있다. 하지만 학생은 '학습'이라는 맥락에서 존재하기에 학생이 특정 수업 맥락에서 경험하는 다양한 활동과 사고의 과정을 또 다른 학습 환경이나 과제 수행 맥락에서 적용 · 조정하는 것도 학생의 삶과 연계한 학습이라고 말할 수 있다.

상황인지론 관점에서 '맥락'은 교사와 학생, 학생과 학생, 학생 자기 자신이 상호작용하면서 발생하는 장(field)으로, 일이나 사태가 일어나고 있는 의미적인 시공간을 의미한다(조현영, 2021b). 학생은 이러한 학습 맥락을 활용하여 새로운 교과 지식을 접하고, 주변 세계와 자기 경험을 연결하여 새로운 지식을 형성하고 더 나아가 지식을 활용함으로써 전이할 수 있는 깊이 있는 이해에 도달하게 된다.

IB에서 삶과 연계한 학습은 '지역과 세계적 맥락에 연결'이라는 교수 접근 방법으로 구현된다. MYP에서는 학습 맥락으로 '세계적 맥락(Global Context)[2]'을 각 교과 학습에서 다루어 학생들이 더 나은 세상을 만들기 위해 어떻게 행동할 것인지를 탐구하게 함으로써 국제적 소양을 갖춘 사람으로 성장하게 한다.

DP에서도 학생들이 국제적 소양을 함양하도록 교과 학습에서 세계

2) MYP에서는 정체성과 관계, 시공간의 방향성, 개인적 · 문화적 표현, 과학과 기술의 혁신, 세계화 및 지속가능성, 공정과 발전(경기도교육청, 2023b)이라는 여섯 가지 세계적 맥락을 교과 학습에서 다루어야 한다.

적 맥락을 고려하지만, MYP와 달리 교사가 수업에서 해당 내용을 직접 설계하거나 설명하지는 않는다. DP 학생들은 스스로 세계적 맥락을 고려하여 교과의 내용을 탐구하거나 세계 연구 소논문으로 지역 및 공동체의 맥락을 깊이 있게 고찰한다. 또한 창의와 봉사에 참여하여 배운 지식을 삶과 연결하고 전이하며, 지역 공동체의 요구와 필요에 실질적으로 참여하는 봉사를 통해 삶과 연계한 학습을 실천해 나간다.

2022 개정 교육과정에서는 학생의 공동체 가치 함양과 지속가능한 미래에 대응하기 위해 생태전환교육과 민주시민교육을 강화하고 있다. 이 두 교육은 모든 교과와 연계할 뿐만 아니라 창의적 체험활동과도 연계할 것을 제안하고 있다. IB가 세계적 맥락을 수업에서 의도적으로 고려하여 다루듯이 우리 수업에서도 생태전환교육과 민주시민교육을 다루어야 한다. 그리고 10대 범교과 주제 학습이 형식적인 교육으로 끝나지 않고 교과 및 창의적 체험활동에서 학생이 탐구하고 삶으로 실천할 수 있도록 설계해야 한다. 이런 과정을 통해 학생은 공동체성을 체득하여 더불어 사는 사람으로 성장하게 될 것이다.

4) 학습 과정에 대한 성찰

2022 개정 교육과정에서 '학습 과정에 대한 성찰'은 학생 스스로 어떻게, 왜 배우고 있는지, 얼마나 배우고 있는지, 문제를 해결하기 위해 어떤 지식이나 기능을 사용하는지 등을 점검하는 것이다. 즉, 학습 과정 전반을 점검하고 조정하는 것으로 '사고 과정을 사고하는' 메타 학습이 '성찰'이다. 학생은 메타 학습을 통해 자신이 학습한 것을 새로운 상황과 맥락에 적용하면서 그것을 왜, 어떤 방식으로 적용하는지 사고하며 전이 가능한 깊이 있는 학습을 하고, 이를 통해 역량을 발휘할 수 있다.

학습 과정에 대한 성찰의 범위는 교과 지식이나 기능뿐 아니라 인성과 같은 태도까지도 포함되어야 한다. 왜냐하면 학생은 학습 중에 여러 시행착오와 어려움에 직면하는데, 이때 학생 스스로가 자기 감정을 어떻게 인식하고 조절하는지, 시간을 어떻게 사용하는지 등을 점검하고 적절하게 대처하는 것이 학습 성패에 영향을 미치기 때문이다.

IB에서도 '성찰하는 사람'을 학습자상 중 하나로 설정하고 '탐구–실행–성찰'의 탐구 순환 과정에서 '성찰'을 명시할 만큼 성찰을 강조한다. 중핵과정인 소논문과 창의 · 활동 · 봉사에는 학생이 필수적으로 성찰을 수행하도록 일정한 형식과 횟수 등을 상세하게 안내하고 있다. 일부 과목의 경우 학생은 '학습자 포트폴리오'를 활용해 배움의 주체로서 주도적으로 학습의 목표와 계획을 세우고 실천하여 학습 전반에 걸쳐 성장하기 위해 노력했고 성장했음을 증명해야 한다. 학생뿐 아니라 교사도 단원 교수 전 · 중 · 후의 과정을 성찰하도록 단원 설계안에 성찰을 명시하고 있다. 성찰에 관한 내용은 제2부 제8장에서 제시하고 있다.

IB를 공부하면서 큰 깨달음을 얻은 부분이 바로 성찰이다. 왜냐하면 성찰은 학생과 교사 모두를 성장하게 하는 매우 중요한 과정인데, 그동안 수업에서 의도적으로 학생들에게 성찰의 기회를 준 적이 별로 없었기 때문이다. 대학원 수업에서 IB 교사들의 강의는 언제나 성찰로 마무리가 되었다. 그 방식을 적용해서 학생들에게 무엇을 배웠는지, 무엇이 궁금해졌는지 등을 물었다. 그리고 하버드 프로젝트 사고 루틴의 성찰 도구를 활용해 보기도 했다. 학기 말에만 한 번 받았던 수업 평가를 단원이 끝날 때마다 받아서 가급적 다음 단원을 진행할 때 바로 개선 사항을 적용하려고 시도해 보았다.

그러나 IB의 성찰은 수업을 통해 무엇을 알게 됐고, 무엇이 궁금해졌고, 이전과 생각이 어떻게 달라졌는지 등을 확인하는 차원에만 머무는 것이 아니다. 성찰은 학생 스스로 단원을 통해 도달하고자 하는 깊이 있는 이해에 어느 정도 도달했는지 파악하고, 도달하지 못했다면 자신의 배움과 실행을 점검하고 개선할 바를 마련하는 것이다. 다시 말해, 학습의 과정과 맥락을 분석하여 어떻게 발전할 것인지 등을 계획하여 다시 탐구하고 행동하는 지표라고 할 수 있다. 그래서 IB의 성찰은 평가의 영역이 되기도 한다.

교사와 학생은 교수 및 학습 맥락에 맞게 자기 스스로 점검하고 조정한다. 그리고 서로 소통하거나 활용할 수 있는 모든 방법을 찾아 시도하고 조율하면서 배움의 질적 성장을 도모한다. 이런 성찰은 탐구와 행동으로 순환되기에 그 과정에서 학생의 주도성이 발현되고 필요한 역량이 함양되며 궁극적으로 유능한 교수자와 학습자가 될 수 있다. 이제 수업과 평가에서 학생이 자신의 질적 성장을 위한 성찰을 실천할 수 있도록 교사가 의도적으로 기회를 제공해야 한다.

5) 학생의 역량을 확인하는 평가

2022 개정 교육과정에서의 '역량 교육'이란 교과를 삶과 연계하여 깊이 있게 가르침으로써 학생들이 교과의 지식 · 이해, 과정 · 기능, 가치 · 태도가 통합된 교과 역량을 습득하여 그것이 교과 맥락을 떠나 실생활의 다양한 맥락에서도 발휘될 수 있도록 하는 교육이다(한국교육과정평가원, 2022a). 여기서 교과 역량은 보편적이고 일반적인 핵심역량을 기반으로 하여 각 교과 교육을 통해 학생이 궁극적으로 갖추기를 기대하는 능력으로 수업 과정에서 학생의 수행을 통해 드러난다. 그렇다면 교과 역량을 확인할 수 있는 학생의 수행을 어떻게 평가해야 할까? 과연 정해진 하나의 답을 골라야 하는 선다형 문항으로 학생의 교과 역량

이 충분히 평가될 수 있을까?

교육청에 따라, 중·고등학교 학교급에 따라 권장하는 수행평가의 비중은 다르지만 대체로 우리의 평가는 수행평가와 지필평가로 이루어진다. 수행평가는 과목 특성에 따라 논술형, 구술형, 실기, 실험 등 다양한 유형으로 실시된다. 하지만 지필평가는 선다형 문항의 비중이 논술형 문항보다 높다. 일부 교육청에서는 2024학년도부터 지필평가를 논술형 문항으로만 실시할 수 있다고 발표했다. 그러나 현실적으로 지필평가 시행 후 단기간 내에 채점을 마치고 점수를 부여해서 성적을 산출해야 하는 평가의 일정과 신뢰성 있는 논술형 채점 기준 마련의 어려움 등으로 논술형 지필평가에 대한 교사의 심리적인 부담감이 큰 것도 사실이다. 더구나 고등학교는 상대평가를 통해 서열화된 내신을 산출하고, 그 성적이 대학교 입시와 직결되는 현실에서 논술형 문항으로만 지필평가를 시행하는 것이 가능할지 의문이 든다. 그리고 대학교 입시에서 굳건하게 입지를 차지하고 있는 대학수학능력시험은 100% 오지선다형 문항으로 출제되기에 고등학교에서는 대학수학능력시험 준비를 위해 문제 풀이 수업을 진행할 수밖에 없다. 이런 평가 체제에서 고등학교에서는 수업 과정 중 학생의 수행으로 교과 역량을 평가하기 위해 수행평가를 어떻게 개선할지 고민할 뿐이다.

IB에는 수행평가라는 말이 없다. 단지 형성평가와 총괄평가만 있다. 우리 교육과정에서도 형성평가를 강조하며 형성평가를 활용해 학생의 학습 과정을 확인하고 피드백하여 학생의 학습과 성장을 지원하며 평가 결과를 교수·학습 계획 및 실행에 반영해야 한다고 제시하고 있다. IB에서도 형성평가를 통해 학생의 현재 위치를 파악하고 부족한 부분이나 개선할 부분에 대해 시의적절하게 피드백을 제공해 학습에 필요한 역량을 개발하도록 도와야 한다고 강조한다. 이런 관점에서 보면 수업 중 학생이 수행하는 모든 활동이나 과정을 형성평가라고 할 수 있다. 그러나 IB에서는 이런 형성평가에 점수를 부여하지 않으므로 우리 교실에서 하나의 수행평가를 여러 개의 활동으로 나누어 실시하여 점수를 부여하는 수행 과정평가와는 성격이 완전히 다르다.

IB 총괄평가는 단원이 끝나는 시점에서 학생이 탐구진술문이나 전이목표를 어느 정도 적합하게 수행할 수 있는지를 확인하는 평가이다. 그래서 단원의 학습 방향과 탐구진술문, 전이목표를 설정한 후 세세한 수업활동 과정을 설계하기 전에 학생의 수행으로 탐구진술문이나 전이목표를 확인할 수 있는 평가 유형을 총괄평가로 제시한다. MYP의 총괄평가는 과목별로 교사가 다양한 유형과 방식으로 진행할 수 있으며 총괄평가를 통해 실제적 맥락에서 학생들의 전이가 일어날 수 있도록 평가 과제를 설계한다.

반면에 DP의 총괄평가는 DP 취득을 위해 실시하는 외부평가의 유형과 방식, 평가기준을 그대로 과목별로 적용하는데 과목의 평가 목표에 따라 세부 유형은 다양하지만, 많은 과목에서 서 · 논술형으로 실시하고 있다. DP 교사들은 평가 문항의 개발과 평가를 위한 자료는 자율적으로 만들지만, 과목별 가이드에 제시된 평가 유형과 평가기준을 준수하여 총괄평가를 설계해야 한다.

DP의 외부평가는 여러 단계에 걸쳐 외부 채점관이 채점하고 평가한다. 그리고 학교 과목 담당 교사가 채점하여 점수를 부여하는 내부평가는 외부 조정 과정을 거친다. 이러한 IB의 평가 체제는 우리 평가 체제에 시사하는 바가 있다고 생각한다. 탐구진술문과 전이목표, 평가에 관한 내용은 제2부의 제2장과 제3장에서 제시하고 있다.

2022 개정 교육과정의 평가 목표나 방향성은 IB의 그것과 비슷하다고 할 수 있다. 하지만 학생 개개인이 교육목표에 도달한 정도를 확인하

는 기준은 다르다. IB는 준거지향의 절대평가 방식이다. 우리도 초등학교와 중학교는 절대평가를 시행하고 있지만, 고등학교는 2022 개정 교육과정이 적용되어 준거지향의 성취평가제가 시행되더라도 상대평가의 5등급제가 병기되기에 학생들을 줄 세워야만 한다. 여전히 학생들은 대학교 입시를 위해 고등학교 내신 성적에서 성취도와 등급 모두 잘 받아야 하고, 대학수학능력시험을 준비해야 한다. 이런 현실에서 과연 고등학교 평가를 통해 학생 개개인의 성장과 역량을 제대로 확인할 수 있을지 의구심이 든다.

지금까지 2022 개정 교육과정에서 역량 함양을 위한 교과 교육의 강조점인 '교과 간 연계와 통합' '학생의 삶과 연계한 학습' '학습 과정에 대한 성찰'을 통한 '깊이 있는 학습'의 의미를 분석하고, 이 내용을 IB 프로그램과 비교해 보았다. 그리고 IB의 평가가 우리 교육에 주는 시사점에 대해서 살펴보았다.

깊이 있는 학습은 개념을 기반으로 한 탐구와 교과 간 연계와 통합, 삶과 연계한 학습, 성찰을 통해 구현될 수 있고, 깊이 있는 학습을 통해 전이할 수 있는 깊이 있는 이해에 도달할 수 있다. 이 과정에서 학생은 지식과 기능, 태도를 유기적으로 연결하여 통합적으로 과제나 문제를 해결해 내며 역량을 키워 나갈 것이다. 이제는 깊이 있는 학습을 학생이 주도성을 갖고 실천하도록, 즉 학생이 학습과 배움의 주인공이 되어 자기 배움을 삶으로 전이하도록 교육해야 한다.

이를 위해 교사는 수업의 조연이 되어 학생이 수업에서 '탐구-실행-성찰'의 과정을 주도적으로 수행하도록 수업을 설계하고, 다양한 평가를 고안하여 학생의 수행을 통해 역량이 함양되었는지를 확인해야 한다. 또한 교수·학습 과정을 성찰하며 수업을 개선해 학생이 깊이 있는 이해에 도달할 수 있도록 이끌어야 한다. 그리고 학생이 자기 맥락 안에서 지식을 적용하는 수준을 넘어 지식을 도구로 활용하는 능동적이고 주도적인 평생 학습자가 되도록 도와야 하며, 학생이 학교 교육을 통해 다양한 역량을 키워 미래 사회에 적합한 인재로, 창의적이고 비판적인 민주 시민으로 성장하도록 지원해야 한다.

2025년에는 2022 개정 교육과정이 중·고등학교 1학년에 각각 적용되고, 고등학교에서는 고교학점제와 성취평가제가 시행된다. 이런 변화 속에서 교사는 교과의 성취기준에 부합하면서 학생의 성장과 성취를 확인할 수 있는 평가의 유형과 방식을 마련해야 한다. 제2부는 IB로 개념기반 탐구학습의 단원을 설계하고 수업과 평가에 관해 고민하고 성찰한 것을 토대로 작성되었다. 이어질 내용이 앞으로 수업과 평가의 개선을 시도하는 교사들과 이후에도 교육과정과 평가의 방향성을 모색하고 개발해야 하는 교육 당사자들에게 영감과 통찰을 제공하는 기회가 되기를 바란다.

제2부

IB로 개념기반 탐구수업 실현하기

수업의 지표가 되는 전이목표

최은정

1. 수업은 어디를 향하고 있을까

매일 가르침에 대한 열의와 학생들의 학습을 돕고자 하는 의지를 품고 교실에 들어섰다. 그러나 현실은 그리 녹록지 않았다. 수업 준비와 학생 관리에 바쁘고, 그 속에서 매 수업을 '잘 끝냈다'는 안도감을 느낄 뿐, 과연 학생들이 무엇을 배웠고 어떻게 성장했는지 확신하기가 어려웠다. 학습 목표를 달성하는 것 자체가 수업의 성패를 가르는 기준처럼 여겨졌고, 저자는 그 목표를 이루기 위해 학생들이 정해진 정답에 도달하도록 돕는 데 급급했다.

그렇게 매일 수업을 이어 가면서도 마음 한구석엔 알 수 없는 공허함이 자리 잡았다. '이렇게 가르치는 것이 정말 의미가 있을까?' '학생들이 이 내용을 기억하고, 삶 속에서 활용할 수 있을까?'라는 생각이 떠오를 때면, 학생들의 진정한 배움을 이끌어 내고 있는지 의문이 들었다.

그렇다면 학생들이 수학을 배우는 이유를 느끼지 못하는 이유가 무엇일까? 수학 교육의 평가가 '정답 맞추기'에만 초점을 두기 때문은 아닐까 생각했다. 학생들이 그저 정답을 찾기 위해 문제를 푸는 모습, 성적표 위 숫자만으로 학습의 결과를 판정하는 상황을 마주할 때면 '과연 수업을 통해 학생들이 삶에 적용할 수 있는 배움을 얻고 있는가'에 대한 고민이 깊어졌지만, 그 답을 찾기엔 아직 막연하고 막막하기만 했다.

그래서 수업의 고민을 해결하기 위해 다양한 연수에 참여하며 학생들이 수학적 역량을 기를 수 있도록 여러 교사에게 조언을 듣고 고군분투했다. 배우고, 연구하며, 수업을 통해 학생들이 실생활 속에서 수학이 사용되는 맥락을 탐구하고 문제를 해결할 수 있는 확산적 사고가 일어나도록 노력했다. 예를 들면, 실생활 속 문제 해결에 수학을 적용하거나 게임이나 퍼즐 형식으로 접목하여 학생들이 흥미를 느낄 수 있도록 한 것이다. 또한 학생들이 실제로 활용할 수 있는 경험을 제공하는 등 창의적이고 흥미로운 수업을 한동안 지속했다. 하지만 여전히 학생들은 궁금한 내용에 관해 질문하지 않았고, 공식만 암기하며 정답에만 집중했으며, 교사 및 동료 학생들과 상호작용하지 않았다. 활동 중심의 수업은 재미만 줄 뿐, 학생의 학문적 호기심을 자극하거나 깊이 있는 이해를 만들지 못했다.

그렇게 매년 교사도 학생도 만족하지 못하는 수업이 이어지던 중, 저자는 IB를 알게 되어 IBEC 학위 과정을 시작했다. 특히 IB의 전이목표를 접하면서 수업의 새로운 방향을 이해할 수 있었다. 배운 지식이 단지 시험을 위한 것이 아니라, 학생들이 다양한 상황에서 응용하고 창의적으로 문제를 해결하는 능력으로 이어져야 한다는 점을 깨달은 것이다. 처음엔 그 목표가 너무 멀고 막연하게 느껴졌지만, 한편으론 '내가 정말 원하던 교육이 이런 게 아닐까?'라는 희망도 싹트기 시작했다. 이제 저자는 단순히 정답을 찾게 하는 것을 넘어서, 학생들이 진정한 의미에서 배움을 경험할 수 있는 수업을 만들고 싶다.

 2. 수업의 목표는 무엇을 제시하고 있을까

중학교 1학년 수학 수업에서 '평면도형의 성질' 단원을 가르친 적이 있다. 이때의 학습 목표로는 평면도형에 대한 기초적인 개념과 성질을 이해하고, 주어진 도형의 기본적인 정보를 계산하거나 구별하는 능력을 기르는 데 초점을 두었다. 즉, 학습자가 도형의 성질을 분석하고, 수학적 정의와 공식을 적용하는 능력을 기르는 것을 주요 학습 목표로 삼았다.

수학교사로서 IB의 전이목표를 조금씩 배워 가면서, 마치 새로운 문을 여는 듯한 기분이 들었다. 처음에는 낯설고 조금 막연하게 느껴졌지만, 수업의 목표가 단순히 정답을 맞추는 데에 있는 것이 아니라 학생들이 수학을 통해 사고력과 문제 해결 능력을 키워 나가는 데 있다는 점을 깨닫게 되었다.

공식과 풀이법을 가르치는 매일의 익숙한 틀에서 벗어나고, 수학에 일반적이고 보편적인 개념들을 연결하며, '이 개념을 학생들이 어떻게 응용할 수 있을까?'라는 고민을 늘 되새기면서 수업을 계획할 때마다 나의 가르침이 한층 더 깊어지는 느낌이었다. 학생들이 배운 수학적 지식을 새롭고 낯선 상황, 나아가 수학과 무관해 보이기까지 하는 상황에 연결하고, 다양한 방식으로 사고할 수 있는 힘을 길러 준다는 그 목표가 교사인 저자에게도 큰 동기부여가 된 것이다. 그래서 '우리 학교의 텃밭 설계 프로젝트'라는 단원명으로 '형식과 공간의 관계는 과학과 기술의 혁신이 창출한 설계와 연결 지을 수 있다.'라는 전이목표를 설정해 보았다. 학생은 주어진 조건을 충족하면서 텃밭의 모양을 설계하고, 다양한 평면도형을 활용하여 각각의 구역에 대해 면적을 계산해 보았다. 이 과정에서 배운 평면도형의 성질을 바탕으로 창의적이고 현실적인 설계를 구상하고, 이를 설득력 있게 설명하는 경험을 쌓게 되었다.

따라서 학습 목표가 도형의 성질을 이해하고 계산하는 기초적인 수학적 능력을 기르는 데 목적이 있다면, 전이목표, 즉 수업의 목표는 개념 지식을 실제 맥락에서 활용하여 비판적인 사고를 발전시키는 것이다.

3. 수업의 목표를 제시하는 데 필요한 것은 무엇일까

수업을 설계할 때 전이목표(탐구진술문)는 학습한 개념을 다른 상황에 적용할 수 있도록 유도하는 일반화된 문장으로 표현된다. 우리 수업의 학습 목표와 달리 전이목표의 기본 요소는 무엇일까? 네 가지 관점에서 생각해 볼 수 있다.

첫째, 우리 학습 목표나 차시 목표는 주로 구체적으로 진술되는 특징이 있다. 교사는 학습자들에게 익숙한 언어와 표현을 사용하여, 학습 과정에서 달성해야 할 지식, 기능 그리고 가치·태도를 구체적으로 제시한다. 이러한 목표는 학습자가 특정 수업 시간이나 단원 내에서 도달해야 할 성취기준을 중심으로 구성하며, 주로 학습 내용의 전달과 특정 기술 습득에 초점을 맞춘다. 학습 목표는 구체적인 정보와 사실을 넘어서 보다 더 큰 개념이나 원리에 대한 이해를 포함해야 한다. 이를 통해 학습자는 학습 내용을 일관된 개념으로 연결하고 확장한다. 그렇다면 개념(concept)은 무엇일까? 개념은 특정 기원, 주제 또는 특정 시대의 장소와 같은 측면을 초월하여 그 중요성이 지속되는 원리 또는 관념을 말한다(Wiggins & Mctighe, 2021). 이러한 개념은 시간, 장소, 공간을 초월하여 의미와 가치를 지녀야 한다. 또한 추상적이며 간결하고, 구체적인 사례들의 공통적인 속성을 나타낸다(Erickson, Lanning, & French, 2019). IB는 교과 학습 과정에서 개념적 이해를 매우 중요하게 다룬다. 그래서 MYP에서는 이러한 개념적 이해를 주요개념[key concept(s)]과 관련개념[(related concept(s)]을 통해 구현하며, 이를 기반으로 교수 · 학습을 설계하고 평가의 방향을 정한다. 주요개념과 관련개념은 학문 간의 경계를 넘어 학습자가 지식의 체계에 접근하도록 돕는 중요한 역할을 한다. 주요개념은 특정 교과에 국한되지 않고, 고유한 개념의 의미를 유지하며 다양한 맥락에서 탐구할 수 있도록 한다. 이를 통해 학습자들은 교과의 탐구 방법, 지식 체계, 그리고 원리를 폭넓게 이해할 수 있게 한다. 관련개념은 교과의 특성에 맞추어 교과에서 다루는 탐구 방법과 지식 체계, 원리를 보다 깊이 탐구하도록 돕는다. 또한 관련개념은 주요개념을 중심으로 지식과 기능을 유기적으로 연결하는 역할을 한다. 이 과정에서 지식은 단순히 학습의 목적이 아니라, 더 깊고 본질적인 이해로 나아가기 위한 도구로 활용된다. 즉, 학습자가 지식을 암기하는 데 그치지 않고, 이를 통해 사고의 깊이를 더해가며 교과를 심층적으로 이해하게 한다. 이때 주요개념과 관련개념은 추상적인 특성을 가지고 있어 다양한 맥락에서 해석될 가능성이 있다. 이를 돕기 위해 IB는 세계적 맥락(global context)을 제시한다. 세계적 맥락은 학습자들이 주요개념을 구체적인 상황 속에서 탐구하도록 돕고, 이를 통해 개념의 전이가 자연스럽게 이루어지도록 수업 목표를 설계하는 데 활용된다. 결과적으로 주요개념과 관련개념 그리고 세계적 맥락은 학습자가 교과를 통해 깊이 있는 이해를 쌓고, 이 이해를 새로운 상황에 적용할 수 있는 능력을 기르는 데 중추적인 역할을 한다.

둘째, 우리 수업 목표는 주로 명확하고 구체적인 학습 결과에 초점을 맞춘 형태로 구성된다. 이는 학습자가 수업 시간 내에 달성해야 할 특정 지식, 기술, 또는 과제를 중심으로 설계되며, 학습의 방향성과 기대되는 성과를 명확히 전달하는 데 중점을 둔다. 이러한 목표는 학습자에게 필요한 학습 내용을 구조화하고 단계적으로 익히도록 돕지만, 주로 교사가 제공한 맥락과 문제 상황 내에서 지식과 기술을 습득하고 적용하는 데 중점을 둔다. 결과적으로 이는 질문과 탐구를 유도하는 전이목표와는 달리 명시된 내용과 과제의 완수에 집중하는 경향이 있다. 반면에 전이목표는 질문과 탐구를 유도할 수 있는 형태로 구성된다. 이는 학습자가 수업에서 배운 지식을 새로운 상황이나 문제에 스스로 탐구하고 적용할 수 있도록 도와준다.

셋째, 실제 맥락은 실질적 가치와도 연결되지만, 개념의 연결을 통한 보편적 원리를 발견하게 하고 그 지점으로 인해 학습자 자신의 삶을 배움과 관련지어 더 깊이 성찰하게 함으로써 존중과 공감을 깨닫게 한다.

넷째, 비판적 사고와 문제 해결 능력을 발전시키는 내용을 포함해야 한다. 학습자가 스스로 문제를 분석하고, 다양한 접근 방법을 탐색할 수 있는 환경을 제공함으로써 학습 내용의 전이를 촉진한다.

수업의 목표를 제시할 때 필요한 요소는 무엇이 있을까? 수업 목표는 학습자에게 의미 있는 학습 경험을 제공해야 하며, 지식뿐만 아니라 실생활에 적용할 수 있게 전이 가능하도록 설계되어야 한다. 이를 위해 우리 교육과정에서 제시된 핵심아이디어, 지식 · 이해, 과정 · 기능, 가치 · 태도와 같은 내용 요소를 바탕으로 수업의 목표를 구체적으로 설계해야 한다. 또한 학습자가 목표를 성취했는지 확인할 수 있도록 명확한 평가기준을 포함해야 한다. 나아가 수업이 단순히 성취기준만 충족하는 것을 넘어, 여러 성취기준을 연결하거나 관통하는 핵심아이디어를 중심으로 구성되었는지 점검하고 보완하는 과정이 반드시 필요하다. 이를 위해 우리 교육과정에 제시된 핵심 아이디어, 내용 요소, 성취기준을 바탕으로 수업 목표를 구체화해보는 것이 중요하다.

〈표 2-1〉 **2022 개정 교육과정 중학교 1학년 '수학' 과목의 '자료와 가능성' 영역 중 핵심 아이디어, 내용 요소, 성취기준 일부**

구분	내용
핵심 아이디어	• 자료를 수집 · 정리 · 해석하는 통계는 자료의 특징을 파악하고 두 집단을 비교하며 자료의 관계를 탐구하는 데 활용된다. • 사건이 일어날 가능성을 여러 가지 방법으로 표현하는 것은 불확실성을 이해하는 데 도움이 되며, 가능성을 확률로 수치화하면 불확실성을 수학적으로 다룰 수 있게 된다. • 자료를 이용하여 통계적 문제 해결 과정을 실천하고 생활 속의 가능성을 탐구하는 것은 미래를 예측하고 합리적인 의사 결정을 하는 데 기반이 된다.
범주	• 2022 개정 교육과정의 중학교 1학년 내용 요소
지식 · 이해	• 대푯값 • 도수분포표와 상대도수
과정 · 기능	• 적절한 대푯값을 선택하여 구하기 • 자료를 표, 그래프로 나타내고 해석하기 • 통계적 탐구 문제 설정하기 • 공학 도구를 이용하여 자료를 수집하고 분석하기
가치 · 태도	• 대푯값, 상대도수, 상자그림의 유용성 인식 • 공학 도구를 이용한 자료 수집과 분석의 편리함과 유용성 인식 • 통계적 문제해결 과정에 주도적으로 참여하는 태도 • 체계적으로 사고하여 합리적으로 의사 결정하는 태도
성취기준	
대푯값	• 중앙값, 최빈값의 뜻을 알고, 자료의 특성에 따라 적절한 대푯값을 선택하여 구할 수 있다.

도수분포표와 상대도수	• 자료를 줄기와 잎 그림, 도수분포표, 히스토그램, 도수분포다각형으로 나타내고 해석할 수 있다. • 상대도수를 구하고, 상대도수의 분포를 표나 그래프로 나타내고 해석할 수 있다. • 통계적 탐구 문제를 설정하고, 공학 도구를 이용하여 자료를 수집하여 분석하고, 그 결과를 해석할 수 있다.

주요개념	관련개념	세계적 맥락
관계	표현, 시스템	공정과 발전

재진술된 탐구진술문 (전이목표)	통계는 시스템 속 관계를 이해하고, 공정한 결정을 내려 사회적 발전에 기여한다.

IB 전이목표를 작성할 때는 학습자가 학습한 내용을 실제 세계와 연결하고, 다른 교과나 상황에 적용할 수 있는 역량을 키울 수 있도록 해야 한다. 이는 수학적인 계산이나 공식 암기를 넘어서, 학습자가 배운 개념을 다른 교과나 다양한 문제 상황에 적용할 수 있는 방식으로 설계되어야 한다. 또한 전이목표는 학습자가 단지 지식을 습득하는 데 그치지 않고, 그것을 통해 창의적이고 비판적인 사고를 발전시킬 수 있도록 설정해야 한다. 이를 위해 수업에서 다룬 개념이 실제 세계 문제나 다른 학문 분야와 어떻게 연결될 수 있는지를 명확히 하고, 학습자가 그 개념들을 다양한 맥락에서 적용할 기회를 제공해야 한다. 결국, 전이목표를 작성할 때는 학습자가 교과 내용을 실제 생활에서 활용할 수 있는 경험을 통해 지식을 곧 삶의 맥락 속에서 의미 있게 연결하고 적용할 수 있도록 돕는 방향으로 목표를 설정해야 한다.

이는 단순한 지식 습득을 넘어 개념적 이해와 '탐구–실행–성찰'의 과정을 통해 일반화된 원리를 깨닫고 이를 새롭고 낯선 상황에 적용할 수 있는 전이 역량을 키우는 학습의 도달점을 의미한다. 그렇다면 DP의 전이목표는 MYP의 탐구진술문과 무엇이 다를까?

DP의 전이목표는 학습자가 교과와 관련된 개념 간의 연결을 명확히 이해하고, 교과 지식을 깊이 있게 탐구할 수 있도록 유도하는 데 중점을 둔다. DP는 학문적 전문성과 깊이 있는 교과 탐구를 강조하기 때문에 MYP와 달리 주요개념을 따로 설정하지 않고 해당 교과의 관련개념만 제시한다. 이 과정에서 중요한 점은 이러한 개념들이 지식의 본질(TOK)에 대한 탐구로 연결될 때 강력한 전이가 일어난다는 것이다. 즉, 학습자가 단순히 교과 지식을 습득하는 것에서 나아가, 그 지식을 다양한 맥락과 새로운 문제에 적용하고 더 나아가 지식의 본질을 탐구하는 방식으로 사고를 확장하는 것이다. 이를 통해 학습자는 지식의 깊이와 전이 능력을 동시에 키울 수 있다. 이러한 전이목표는 어떻게 작성해야 할까? 교사는 다음 제시되는 두 가지를 참고하여 전이목표를 작성할 수 있다.

첫째, 전이목표는 단원 전체를 아우르는 포괄적이고 보편적인 특징을 지니므로 전이와 확산이 이루어지도록 구성해야 한다. 지엽적이고 단편적인 교과 지식을 나열하기보다는 교과 지식의 핵심이 일반화되도록 제시하여 학습자의 깊이 있는 탐구가 가능하도록 한다.

둘째, 학습을 통해 학습자가 전이목표에 도달할 수 있도록 구성하되 총괄평가와 교수·학습 방법을 고려하여 학습에서 이루어져야 하는 내용, 기능, 개념 요소 등 성취 목표가 누락되지 않도록 제시해야 한다.

이와 같이 두 가지 요소를 고려하여 전이목표를 작성하면, 학습자는 개념적 이해를 깊이 있게 하고 다양한 관점에서 사고하며 학문 간 융합적 탐구를 할 수 있게 된다. 이를 통해 학습자는 학습한 내용을 단순히 암기하는 것을 넘어 다른 교과나 실생활의 다양한 문제를 해결할 수 있다. 수업의 최종 목표는 학습자의 전이에 있다. 전이가 가능해야 비로소 이해는 빛을 발휘할 수 있다. 따라서 교사가 수업에서 의도하는 결과는 전이목표로 실현되어야 한다.

4. 수업의 목표를 어떻게 제시하면 좋을까

수업을 설계할 때 가장 힘든 것은 무엇일까? 저자가 수업을 설계할 때 가장 고민이 되는 것은, 다양한 학습자의 특성과 욕구를 고려하여 학습 주제와 관련된 유용한 사례를 찾는 것과 그로부터 학습자의 이해를 돕는 효과적인 교수 전략을 계획하는 것이다.

그러나 이러한 것들은 종종 수업의 방향을 잃게 만들곤 했다. IB의 개념기반 탐구수업에서 가장 중요한 목표는 단순한 사실적 지식을 기억하는 것에서 벗어나 전이 가능한 개념적 이해로 발전하고 나아가 실제 상황에서 적용 및 활용할 수 있는 역량을 기르는 것이다. 이를 간과할 때 수업은 방향을 잃고 교사 중심의 활동만 남는다. 이 관점에서 보면 탐구진술문과 전이목표를 구성하는 과정은 수업에서 매우 중요한 출발점이다. MYP 두 가지 사례와 DP의 네 가지 사례를 참고하여 개념기반 학습 목표 설정에 대해 고민해 보기를 바란다.

1) MYP

(1) 교과 통합(과학 + 개인과 사회)

주요개념	관련개념	세계적 맥락
시스템	환경, 지속가능성	세계화와 지속가능성

↘ ↓ ↙

탐구진술문

인간 활동과 **환경 시스템**을 이해하는 것은 **지속가능**한 미래를 위한 행동 변화를 이끈다.

(2) 언어습득(영어)

주요개념	관련개념	세계적 맥락
연결 (Connection)	공감, 메시지 (Empathy, Massage)	관계 (Relationships)

↘ ↓ ↙

탐구진술문

공감이 담긴 조언은 조언이 필요한 상대와 **메시지**를 효과적으로 **연결**시킨다.

Empathetic advice strengthens your audience's connection to your message.

2) DP

(1) 언어와 문학

<table>
<tr><th colspan="4">개념</th><th>탐구영역</th></tr>
<tr><td>정체성</td><td colspan="2">문화</td><td>생산</td><td rowspan="2">시간과 공간
(Areas of exploration: time and space)</td></tr>
<tr><td>반응</td><td>관점</td><td>창의성</td><td>의사소통</td></tr>
</table>

전이목표

1. 시간과 공간은 텍스트의 주제 의식을 창의적으로 형상화하고 보편성을 획득하는 결정적 장치로 기능한다.
2. 광고의 시청각 요소는 광고 제작자의 관점 표출 및 수용자의 반응 형성에 기여한다.
3. 작가와 독자는 글을 쓰거나 읽는 시간과 공간에 영향을 받으며, 사회적 · 문화적 또는 역사적 맥락은 텍스트의 생산과 수용에 영향을 미친다.
4. 텍스트는 시간과 공간의 변화에 의해 의미, 기법 및 영향 양상이 달라지고 이를 통해 사회적 · 문화적 특징과 정체성을 대변한다.

(2) 언어습득(영어)

<table>
<tr><th colspan="6">개념</th><th>탐구영역</th></tr>
<tr><td colspan="2">청중
Audience</td><td colspan="2">문맥
Context</td><td colspan="2">목적
Purpose</td><td rowspan="2">주제: Social Organization
단원명: Local Voices, Global Echoes</td></tr>
<tr><td colspan="3">의미
Meaning</td><td colspan="3">차이
Variation</td></tr>
</table>

전이목표

1. 공동체 활동에 참여하여 세계 시민으로서의 책임을 이해하고 성장을 도모한다.
   Engage in community activities to understand responsibilities and foster growth as global citizens.

2. 지역 문화와 전통에 대한 이해를 바탕으로 문화적 다양성을 존중하고 의사소통 능력을 향상시킨다.
Respect cultural diversity and improve communication skills through an understanding of local cultures and traditions.
3. 시제를 적절히 활용하여 시간 관계를 명확하게 표현하고 논리적이고 일관성 있게 의사소통한다.
Utilize tenses appropriately to express temporal relationships clearly and communicate logically and coherently.
4. 명확하고 구체적인 정보를 전달하는 관계사를 활용하여 의사소통에서 청중(독자)의 이해도를 높인다.
Utilize relatives to convey clear and specific information to increase audience(reader) comprehension.
5.의사소통의 대상을 파악하여 대상에 적절한 언어를 사용한다.
Identify who you're communicating with and use language appropriate for them.
6. 필요한 정보와 근거를 찾아서 의사소통에 적절하게 활용한다.
Find the information and evidence needed and use it appropriately in communication.

(3) 응용과 해석

개념		탐구영역
패턴	시스템	주제: 삶은 사건의 연속이다 단원명: 확률과 통계

전이목표

1. 확률은 정확한 진술, 논리적 추론을 통해 수학적 계산을 조작하고 **시스템**을 이해하여 다양한 상황에 대해 수학적으로 주장하게 한다.
2. 다양한 맥락에서 수학적 사실, 개념 및 기술에 대한 지식에서 **패턴**을 발견하고, 확률을 계산하며 정리 및 분석하고 추측하여 올바른 결론을 도출하게 한다.

(4) 식품과학 및 기술

개념			탐구영역
변화	관계	시스템	식품의 일반성분(탄수화물, 단백질, 지방질)

전이목표

1. 조리 및 가공 과정의 **시스템** 속에서 발생하는 식품 구성 성분의 물리적 · 화학적 **변화**는 긍정적 또는 부정적 영향을 초래한다는 것을 이해한다.
2. 식품에 첨가하는 성분과 감각적 및 영양적 변화의 **관계**를 이해하고 건강한 삶을 유지하기 위해 올바른 식품을 식별하고 선택한다.

수업의 디딤돌, 평가

고민정

1. 평가, 어떻게 해야 할까

아침에 출근하니 연구부에서 지필고사 관련 연락이 와 있다. 벌써 시험 기간이 다가온 것이다. 학기 초에 작성했던 평가 계획서를 다시 꺼내 보면서 '어떤 내용을 출제하려 했지? 성취기준은 뭐였지?'라는 생각이 떠오른다. 이어서 계획했던 진도대로 수업이 진행되었는지, 혹시 빠뜨린 내용은 없는지 점검한다. 그러다가 문득 하나의 질문이 머리를 스친다. '평가를 준비하면서 평가의 목표를 진지하게 고민한 적이 있었던가?'

그동안 깊이 고민하고 준비했던 기억이 떠오르지 않았다. 교육부에서 제공하는 평가 방침은 있지만, 그것을 어떻게 반영하고 활용할지에 대해서는 충분히 고민하지 않았던 것 같다. 지금까지 지필평가에서 신경 쓴 부분은 주로 오지선다형 문항의 답이 명확한지, 오류가 없는지 점검하는 정도였다. 학생들의 이해도나 학습 목표 달성 여부를 평가하는 것보다, 시험이 제대로 치러지기만 하면 된다는 생각에 치중해 왔음을 깨달았다.

수행평가도 크게 다르지 않았다. 수업 과정에서 소단원 종료 시 이해를 점검하는 퀴즈의 결과를 누적해 점수를 내기도 하고, 학교생활기록부의 과목별 세부능력 특기사항을 잘 작성해 주기 위한 활동을 구성했다. 수행평가의 진정성과 교육적 목적을 간과한 채, 학업성적관리 시행지침에 따라 비율을 설정하고, 적당히 두세 개 정도의 평가를 준비해 제시했던 것 같다. 그래서인지 학생들은 수업 내용의 의미나 깊이를 이해하기보다는 시험에서 어떤 문제가 나올지를 먼저 생각하며, 수업 자체에 흥미를 느끼지 못하는 경우가 많았다. 그리고 시간이 지나면 수업 시간에 열심히 전달했던 내용 잊어버리기 일쑤였다.

고교학점제 수업 선택에서도 학생들은 '그 과목은 수행평가가 쉬울까?' '시험을 몇 번 볼까?'와 같은 과목의 난이도나 평가 횟수를 기준으로 삼는 경향이 강했다. 이러한 모습은 교육의 본질적인 목표보다는 시험 성적에 집중하는 방향으로 흘러가고 있다는 생각이 들었다. 학생들이 단순히 좋은 성적을 얻는 것에 그치지 않고, 평가를 통해 진정으로 학습과 성장의 의미를 느낄 수 있는 교육 환경을 만들어야 한다는 필요성을 절실히 느꼈다.

그렇다면 수업에서의 평가를 어떻게 바꾸어야 할까? 이 질문은 바로 내가 IB에 관심을 갖게 된 가장 큰 이유이다. 2년간의 IBEC 학위 과정을 통해 수업에서 평가의 본질을 충실히 반영하고 있는지, 평가가 학습 경험으로서의 의미를 갖도록 어떻게 설계해야 하는지, 그리고 평가를 통해 학생들의 깊은 이해를 얼마나 확인할 수 있었는지를 고려하는 수업과 평가 방법에 대한 실마리를 얻었다.

최근 교육 현장에서 수업과 평가를 개선하려는 노력으로 IB 프로그램에 대한 관심이 커지고 있다. 우리 교육 현장에서 실행하고 있는 평가와 IB의 평가를 비교하면 평가 시스템, 평가 방식, 평가 형식 등에서 차이가 있다. 이번 장에서는 IB의 평가 체제를 이해하고, 그 특징을 살펴보며, IBEC 취득 과정에서 배운 IB가 추구하는 수업과 평가를 현장에서 어떻게 녹이기 위해 노력했는지 이야기하고자 한다.

2. 평가의 뼈대, 무엇이 다를까

IB 평가 체제[1)]의 특징을 살펴보면 DP는 교사가 주관하는 내부평가와 IB 본부가 주관하는 외부평가가 병행되어 이루어지고, IB 교육과정의 일관성과 공정성을 유지하기 위해 전 세계적으로 표준화된 평가기준을 적용한다. 그리고 평가기준의 적용 여부를 객관적으로 검토할 수 있는 구조화된 조정 과정이 있다. 교사들은 이 평가기준에 대한 전문적인 연수를 받으며 평가 역량을 지속적으로 강화해 나간다. 이러한 체제는 평가가 단순히 공정하고 신뢰할 수 있는 성적 산출에 그치지 않고, 각 요소의 연계를 통해 평가가 학생들의 전인적 성장을 지원하는 도구로 기능하도록 설계되어 있음을 보여 준다. 그렇다면 IB의 평가 체제가 우리나라 교육 평가 체제와 어떻게 같고 다른지 알아보자.

우리 교육과정에서도 평가는 크게 두 가지로 나뉜다. 하나는 학교의 교사가 출제하고 평가하는 지필 및 수행평가이고, 다른 하나는 IB의 외부평가와 비슷하다고 볼 수 있는 평가원과 각 시 · 도교육청 주관의 대

1) PYP는 내부평가만 진행되고, MYP는 내부평가를 중심으로 이루어지되 외부평가는 학교의 자율에 맡긴다.

학수학능력시험과 전국연합학력평가가 해당한다. IB나 우리 교육과정 모두 내부평가는 교과 교사가 출제하고 채점하여 성적으로 산출되고 학생의 학업 성취를 측정하지만, IB의 내부평가는 IBO의 검증을 거치는 단계가 있다. 또한 수능과 같은 외부평가는 한국 내에서의 평가기준에 맞춰져 있다면 IB의 외부평가는 국제적으로 통용되는 평가기준을 갖추고 있다는 점이 우리와 구별되는 지점이다.

이렇게 다면적으로 실시되는 평가에서의 목적과 활용에서의 차이를 살펴볼 필요가 있다. 우리 교육과정에서 내부평가는 학생의 수행과 결과에 중점을 두며 이는 학생의 학습 과정과 성취도를 평가한다. 반면 대학수학능력시험과 같은 외부평가는 결과 중심으로 특정 시점에서의 학생 학업 성취도를 평가한다. 두 평가 방식은 각기 목적에 따라 다르게 활용되며, 이런 차이는 학생들의 학습 경험과 평가 목적에 있어 상호 보완적이기보다는 상충하는 측면을 보인다.

반면 IBDP의 내부평가와 외부평가는 각기 다른 주체에 의해 실시되면서도 교육의 목적과 활용에 있어 상호 보완적인 역할을 조화롭게 수행한다. 내부평가는 학생이 자신의 생각을 표현할 수 있는 에세이, 제안서, 포트폴리오 등의 과제를 통해 이루어지고, 외부평가는 학생이 습득한 지식과 기능을 실제 문제에 적용하여 자신의 생각을 논리적으로 전개하고 문제를 해결하는 과정을 평가한다. 두 평가 구조가 균형 있게 병행되며 학습의 과정과 결과를 모두 고려하는 형태이기 때문에 교사와 학생은 수업에서의 경험과 평가에서의 요구하는 결과 사이에서 오는 불균형으로 인한 혼란이 최소화된다. 이는 우리나라 교육에서 학교 내 평가와 교육과정평가원이 주관하는 외부평가로 인해 학습의 과정과 결과의 연결성이 고려되지 않는다는 점과 차이가 있으며, 앞으로 내부평가와 외부평가가 잘 연계되고 보완적 역할을 하도록 국내 평가 시스템이 변화해야 한다는 중요한 시사점을 제공한다.

평가 계획을 세우는 방식에서도 두 교육과정 간에 차이가 있다. 교사에 의해 평가 계획이 세워진다는 점은 유사하지만, IB에서는 제공되는 가이드를 참고해 교사가 평가 계획을 설계한다. 이 가이드에는 개념, 지켜야 할 교수요목, 학생이 최종적으로 도달해야 하는 총괄평가의 유형, 평가 루브릭 등이 포함되어 있다. 이때 평가 루브릭은 내부평가와 외부평가에서 평가 준거와 성취기준을 동일하게 적용하여 평가의 일치성을 높인다. 즉, 평가체제의 표준화가 이루어져 있는 것이다.

반면 우리 교육과정에서 교사는 각 시 · 도교육청에서 제공하는 평가 지침서를 참고하여 평가 계획을 세운다. 그러나 같은 교과목이라 하더라도 학교별로 평가 성취기준, 비율, 형식, 수행평가 유형, 지필고사 횟수 등이 다를 수 있으며, 심지어 한 학교 내에서도 작년과 당해 연도 담당 교사가 바뀌면 평가 계획이 달라질 수 있다. 이처럼 학교나 교사에 따라 교과목에서 가르치고자 하는 개념, 핵심 내용은 동일하더라도 목표, 수업 방식, 평가기준이 달라짐에 따라 강조점에서 차이가 발생하게 된다. 이로 인해 학생들은 학습의 불균형을 경험하게 될 수 있다. 따라서 학교 간, 학년 간 평가기준을 일관되게 설정하여 학생들이 공정하게 평가를 받을 수 있도록 방안을 마련할 필요가 있다.

한편, IB의 평가 체제의 표준화로 인해 교사의 평가 자율성이 훼손되는 것 아니냐는 우려가 존재하지만 교사는 표준화된 평가 체제를 기반으로 교육과정을 재구성하여 수업을 설계하고 운영하는 제반 과정에서 자율성이 보장될 수 있다. 다시 말해, 교사가 교수 · 학습 계획을 수립할 때 가이드에 제시된 평가기준과 루브릭을 고려하여 최종 목표를 염두에 두고 교재 선정부터 수업 내용 및 학습 활동, 형성평가의 방식과 횟수 등을 자유롭게 설계할 수 있다. 따라서 DP에서 교사는 표준화된 평가 체제하에서도 총괄평가의 형식을 고려하면서, 에세이, 제안서, 포트폴리오, 프레젠테이션 등과 같은 다양한 유형의 평가 방법을 활용하여 평가 내용을 유연하게 구성할 수 있는 자율성이 보장된다고 볼 수 있다.

IB의 평가 결과를 관리하는 조정 과정도 우리 평가 시스템에 특기할 만한 시사점을 제공한다. 조정 과정이란 평가에서 교과목의 평가기준을 적용했는지 확인하는 방법이다. 가이드에 표준화된 평가 내용이 있을지라도 채점 과정에서 후광 효과, 채점 편향성 등 채점자의 편견이 개입되는 문제가 발생할 수 있다. 또한 채점자 간 평가기준을 일관되게 적용하지 못하거나, 평가기준에 표현되어 있는 기술어나 형용사 표현을 다르게 해석하여 점수를 부여할 수 있다. IB에서는 이를 방지하기 위해 교사의 채점 점수가 조정되어 최종 성적이 결정된다. 조정 과정은 사후에만 국한된 것은 아니다. 사전에 채점자들은 경험이 풍부한 선임 채점관을 통해 샘플 채점 훈련을 받음으로써 채점 기준의 일관성을 유지할 수 있도록 한다.

우리 학교 현장에도 조정 과정은 존재한다. 예를 들어, 공동 채점 시 채점자 간 신뢰도를 높이기 위해 협의를 통해 채점 점수가 공정하게 적용될 수 있도록 평가기준을 맞추고, 채점 기준에 따라 재채점하는 등의 조정 과정이 이루어진다. 하지만 이러한 조정 과정은 어디까지나 학교 내부의 한정적인 범위에서만 적용된다는 한계가 있다.

앞으로 보다 공정하고 신뢰할 수 있는 평가를 위해서는 평가 전문가로서 교사가 평가의 목적과 원칙을 정확하게 이해하고, 이를 바탕으로 객관적이고 공정한 평가를 실시할 수 있도록 지원하는 교육청 차원의 전문적인 연수와 훈련이 필요하다. 또한 교과별 평가기준을 마련하여 학교 내외부에서의 일관된 평가기준을 기반으로 조정 과정을 보다 체계적으로 진행할 수 있는 평가 환경이 구축되어야 한다.

3. 수업에서 평가는 어떻게 설계할까

교사는 수업 시작 전 교수 · 학습과 평가 설계를 가장 먼저 하게 된다. 교수 · 학습 설계는 학생들이 무엇을 배우고, 어떤 방식으로 학습할지를 계획하는 과정이며, 평가 설계는 그 학습이 얼마나 효과적으로 이루어졌는지 측정하는 방법을 결정하는 것이다. 효과적인 수업을 위해서 교수 · 학습과 평가의 설계는 유기적으로 연계되도록 사전에 잘 설계하는 것이 중요하다.

2022 개정 교육과정에서는 수업과 평가가 분리된 것이 아닌 유기적인 교육 활동을 바탕으로 과정 중심 평가를 통해 학생의 역량을 키워 주는 교육을 하라고 제시하고, 이를 위해 '교육과정–수업–평가–기록'의 일체화를 강조한다. 이러한 설계를 위해서는 초기 설계가 매우 중요하다. 그러나 저자의 경우 수업의 흐름에서 평가를 적절히 실시할 뿐, 교육과정과 수업, 평가 간의 유기적인 연계성을 충분히 반영하지 못한 경우가 많았다. 학습 과정에서 성취기준을 중심으로 평가를 계획하여 수행평가와 지필평가의 윤곽을 제시하는 데 그쳤다. 결과적으로 평가가 학습의 일부분으로 연계되지 못하고, 짧게는 한 학기, 길어야 일년 동안의 학생의 성취를 측정하는 도구로만 활용된 셈이다.

그렇다면 IB는 수업에서 교수 · 학습과 평가를 어떻게 설계할까? MYP에서는 한 학기에 2~3개의 단원을 계획하기도 하고, DP의 경우 2년이라는 기간의 장기적인 단원 학습 계획을 설계하게 된다. 이때 IBO는 교과목별 가이드를 제공하며 이것은 2년이라는 긴 수업의 흐름에서 전체 흐름을 잃지 않고 교과 목표와 평가 목표를 향해 갈 수 있도록 조력하는 도구로서 활용된다. 교사가 교수 · 학습 및 평가 계획을 아무리 잘 세웠더라도, 긴 호흡의 수업을 진행하다 보면 계획이 흔들릴 수 있다. 그럴 때마다 가이드를 참고하여 교과에서 가르치고자 하는 개념 속에서의 내용, 최종적으로 수행하게 될 총괄평가에 접근하기 위한 다양한 형성평가와 유형, 모든 학생을 지원하는 개별화 전략, 그리고 고려해야 할 세계적 맥락 등을 되짚으며 수업을 조율한다. 이를 통해 궁극적으로 교육과정과 평가가 연계되어 운영될 수 있도록 한다. 즉, 수업과 평가가 분리되지 않고 평가가 곧 학습 과정의 일부로 활용되는 것을 의미하며, IB에서는 이런 수업 형태를 '평가를 활용한 교수 · 학습 방법'이라고 표현한다.

이러한 수업에서의 평가 설계 원리 속에서 평가와 관련된 용어들을 살펴보면 다른 개념을 갖는 평가들이 목적과 기능에 따라 구분되어 사용되는 것을 알 수 있다. 우리의 교육과정에서는 평가의 유형을 수행평가와 지필평가로 구분한다. 일반적으로 수행평가는 학생들이 실제적인 과제를 수행하면서 자신의 학습 성취를 보여 주는 평가 방법으로, 전통적인 객관식 시험이나 지필평가와는 달리, 학생이 배운 지식과 기술을 실제 상황에서 어떻게 적용하는지, 문제를 해결하는 과정에서 어떤 능력을 발휘하는지를 평가하기 위해 여러 유형과 방식으로 실시된다. 한편 지필평가는 학생들이 배운 내용을 문서화된 형태로 제시하여 평가하는 방법으로, 주로 학생들이 이론적인 내용을 얼마나 잘 습득했는지를 객관적으로 평가하는 데 사용된다.

반면 IB는 평가에서 수행평가라는 용어를 사용하지 않고, 평가의 유형은 형성평가(formative evaluation)와 총괄평가(summative assessment)로 구분된다. 형성평가는 교수 · 학습 과정에서 학생의 이해도를 점검하고 그에 대한 피드백을 제공하는 평가로, 학생이 이해한 내용을 새롭고 익숙하지 않은 맥락에서 수시로 적용할 수 있는 경험을 하도록 한다.

오롯이 다음 학습을 위한 정보의 근거로 삼아 총괄평가를 준비하고 연습하는 과정으로 대비하도록 할 뿐 평가 결과를 누적화해서 점수를 매기지 않는다. 이유는 점수화된 평가 결과는 점수나 성적을 목표로 학습하게 되어 학생의 실수나 부족한 부분을 인식하여 다음 학습을 위한 방향을 설정하는 데 방해가 될 수 있기 때문이다. IB에서는 형성평가와 총괄평가를 통해 수행평가에서 평가하고자 하는 요소들을 평가할 수 있기 때문에 IB에서는 별도의 수행평가가 필요하지 않다고 볼 수 있다.

그렇지만 우리 현장에서는 형성평가를 수행평가로 혼동하여 실시되는 경우가 종종 있다. 수행평가를 형성평가와 같이 학습 과정에서 학생에게 도움을 주고, 학습을 개선할 목적으로 피드백을 제공할 수 있지만, 엄연히 성적을 산출하고 있다면 개념이 다른 두 평가를 혼동하는 것이라 볼 수 있다. 수행평가는 학생들이 특정 과제를 수행하거나 결과물을 만들어 내는 과정을 통해 학습 성취도를 평가하는 결과 중심의 평가로, 총괄평가의 성격을 띤다. 따라서 수행평가에서 성적을 산출하는 동시에 피드백을 제공한다면, 그 피드백의 목적과 성격이 형성평가의 역할과 겹칠 수 있지만, 형성평가는 성적을 산출하는 수행평가와는 본질적으로 역할과 목적이 다른 평가 방식이므로 명확히 구분되어야 한다.

형성평가는 학생이 이해한 내용을 새롭고 익숙하지 않은 맥락에서 수시로 적용할 수 있는 경험을 하도록 하는 평가로서 오롯이 다음 학습을 위한 정보의 근거로 삼아 총괄평가를 대비하도록 할 뿐 평가 결과를 누적화해서 점수를 매기지 않아야 한다. 또한 형성평가는 학생의 현재 위치를 파악하고 부족한 부분이나 개선할 부분에 대해 학생과 대화하여 시기적절한 피드백을 제공하여 학생이 학습에 필요한 역량을 개발하도록 실시되어야 한다. 따라서 형성평가는 수업의 일환으로, 학습 과정 자체에서 이루어지며, 성적을 매기는 것이 아닌 학습의 향상을 목표로 하는 평가인 것이다.

피드백이 어떻게 이루어져야 하는지에 대해서도 깊이 고민해야 한다. 피드백은 형성평가에서 교사는 학생이 과제를 수행하는 과정을 관찰하고, 평가 결과로부터 증거를 도출하여 학생의 성장과 다음 학습을 준비하는 데 중요한 도구이다. 수업에서 피드백이 평가와 함께 이루어지는지 구체적으로 제시되고, 개개인에 맞춰 제공되고 있는지 등 교사는 스스로의 피드백을 점검해 볼 필요가 있다. 형성평가와 피드백을 유기적으로 연계하고, 시의적절하게 구체적인 피드백을 제공하여야 한다.

IB에서 피드백은 학습 과정 중 형성평가를 통해 학생이 자신의 학습을 어떻게 개선할 수 있을지 안내하는 핵심적인 요소이다. 이때 피드백은 학생의 개별적인 수준에 맞춰져야 하므로, 각 학생의 필요와 상태에 따라 다르게 피드백이 제공될 수 있다. 예를 들어, 어떤 학생은 개념에 대한 이해가 부족하여 보충 설명의 피드백이 필요할 수 있고, 다른 학생은 기술적인 측면이 부족하여 그에 맞는 피드백이 제공되어야 한다. 이처럼 교사는 교수 · 학습 과정에서 일어나는 학생의 반응에 따라 개별화 학습을 촉진할 수 있도록 피드백을 제공해야 한다. 또한 피드백은 학생이 스스로 과제를 진실하게 수행하는지에 대한 학문적 정직성을 모니터링하는 기능도 한다.

교과 단원의 마무리 단계에서 학습자가 성취한 학습 도달도를 확인하기 위한 평가인 총괄평가는 수업 중 수많은 형성평가와 피드백을 통해 준비되는 과정이다. 총괄평가는 이러한 과정들이 누적된 결과로, 학생들이 단원에서 목표한 학습 성과를 얼마나 달성했는지를 평가하는 최종 지표가 되는 것이다. 한편 수업이 총괄 평가를 준비할 수 있는 기회 없이 진도만 나간 후에 마지막에 평가가 이루어졌던 것은 아닌지도 성찰해 봐야 한다. 만약 교사가 수업 과정에서 형성평가와 피드백을 생

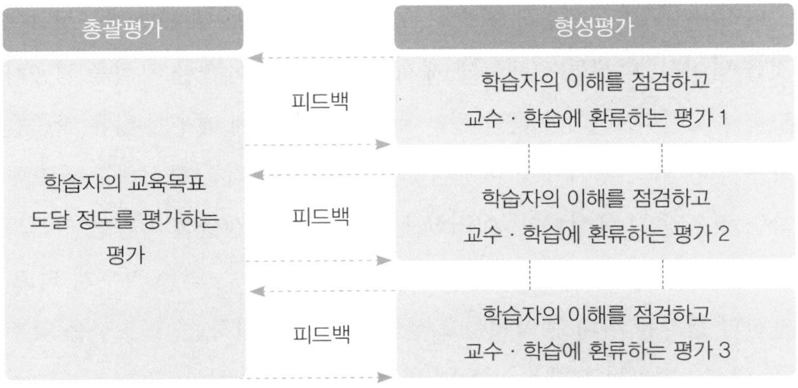

[그림 3-1] 형성평가와 총괄평가의 흐름

출처: 송슬기(2024)를 바탕으로 재구성함.

략하고, 오직 총괄평가의 성격을 지닌 수행평가와 지필고사로만 평가를 마무리한다면, 학생은 학습 과정에서 피드백과 성장의 기회를 얻지 못하게 되어 학습에 대한 동기가 감소할 수 있다. 그러므로 형성평가와 총괄평가는 [그림 3-1]과 같이 상호 환류하는 과정으로 이루어져야 하며, 이를 바탕으로 평가 유형 설계 또한 중요한 역할을 한다.

우리 학교 현장에서 수행평가와 지필평가에서 서 · 논술형과 같은 개방형 문항이 출제되는 평가의 변화된 모습을 발견할 수 있다. 그러나 IB 평가 문항과 우리 학교에서의 평가 문항에는 중요한 차이가 존재한다. 우리는 학교에서 주로 수업 시간에 다룬 내용을 중심으로, 점수화가 가능한 키워드와 객관적인 작성 조건을 설정하여 문항을 출제한다. 반면, IB는 교과별 '개념[2)]'을 중심으로 교과의 내용을 관통하는 개방형 문항을 구성한다.

2) 개념은 학문의 경계를 가로지르는 것으로서, 사실적 지식들에 기초하여 학문적 깊이를 더해가는 것이라고 설명한다(강효선, 2020).

따라서 IB 평가 문항은 단순히 수업 시간에 배운 내용을 재구성하는 것을 넘어서, 학생들이 새롭게 제시된 맥락에서 학습한 지식을 적용하도록 유도한다. 언어와 문학 평가에서 수업 시간에 배우지 않은 작품을 다루거나, 과학 평가에서 다루지 않은 실험 데이터를 분석하도록 요구하는 경우가 그 예시이다. 이러한 문항 속에서 학생들은 학습한 지식과 기술을 새로운 맥락에 적용하여 문제를 해결하는 능력을 키우게 되고, 자신의 생각을 꺼내 논리적이고 설득력 있게 표현하는 데 초점을 맞춘다. 즉, IB 평가는 학생들의 개념적 사고를 보고자 하는 것으로, 단순히 찍기와 같은 편법으로 해결되지 않는다. 그래서 학생들마다 답안이 다르게 작성될 수밖에 없고, 학생의 진정한 역량 수준을 평가할 수 있다. 앞으로 학교에서의 평가 문항이 사실적 지식을 묻는 것에 그치지 않고, IB와 같은 다양한 맥락을 반영할 수 있도록 어떻게 설계할 것인지에 대한 고민이 필요하다.

MYP에서는 총괄평가 과제를 설계하는 도구로 'GRASPS' 등을 사용한다. GRASPS는 목표(Goal), 역할(Role), 청중(Audience), 실제적 상황(Situation), 수행 또는 결과물(Performance or Product), 기준(Standards)의 여섯 가지 요소로 구성된다. 이 평가 도구는 단순히 학습의 결과를 측정하는 도구가 아니라, 학생들이 실제 세계에서 직면할 수 있는 복잡한 문제를 해결하는 데 필요한 능력을 평가하기 위한 방법이다.

IB에서는 실제적인 평가 과제를 통해 이론을 넘어 실제 문제를 해결하며, 습득한 지식이 실제 상황에서 어떻게 적용될 수 있는지 깊이 이해하도록 돕는다. 이러한 평가 과제는 학습자들의 전이 능력을 강화하는 중요한 역할을 한다. 그리고 학생들에게 더 넓은 시각에서 문제를 해결할 수 있는 기회를 제공하며, 이 과정에서 학습 동기를 극대화한다. 흥미로운 문제 해결을 통해 자연스럽게 지적 호기심이 자극되어 학습에

〈표 3-1〉 **GRASPS 모델**

구분	내용
Goal(목표)	• 여러분의 과제는 (　　)이다. • 목적은 (　　)이다. • 문제 혹은 도전은 (　　)이다. • 극복해야 할 장애물은 (　　)이다.
Role(역할)	• 너는 (　　)이다. • 너는 (　　)을 하도록 요청받았다. • 너의 일은 (　　)이다.
Audience(청중)	• 너의 고객은 (　　)이다. • 너의 목표 청중은 (　　)이다. • 너는 (　　)를 설득시켜야 한다.
Situation(상황)	• 너 자신은 (　　)한 상황에 놓여 있다. • 도전은 (　　)을 처리하는 것과 관련이 있다.
Performance(수행)	• 너는 (　　)을 하기 위해서 (　　)을 만들어 내게 될 것이다. • 너는 (　　)가 (　　)을 할 수 있게 하려면 (　　)을 개발해야 한다.
Standerds(기준)	• 너의 수행은 (　　)해야 한다. • 너의 작업은 (　　)에 의해서 판단될 것이다. • 너의 결과물은 반드시 다음의 기준들을 만족해야 한다. 그 기준들은 (　　)이다. • 성공적인 과제물은 (　　)이 될 것이다.

출처: 경기도교육청(2023b).

적극적인 참여가 유도되는 것이다.

이에 IB 수업에서는 지역적 및 세계적 맥락을 주제로 삼아 실제 삶의 맥락과 연결된 과제를 통해 학생들이 배운 내용을 실제 상황에 적용할 수 있도록 한다. 이로써 학생들은 개념을 깊이 이해하고, 다른 맥락에서 학습한 개념을 적용하는 능력도 기르며, 다양한 문화를 이해하게 되어 IB 프로그램의 궁극적인 목표인 국제적 소양을 갖춘 인재로 성장하게 되는 것이다.

IB는 이러한 평가 설계를 통해 학생들이 실제 상황에서 지식을 어떻게 적용하고 변형할 수 있는지를 평가하며, 이 과정에서 다른 평가 접근 방식을 취한다. 예를 들어, 역사 시험에서는 연대표를, 수학 시험에서는 공식집을, 화학 시험에서는 원소 주기율표와 구조를 소책자로 제공하여, 학생들이 이를 참고해 문제를 해결하고 답안을 작성하도록 한다. 그렇다면 우리의 평가 방식은 어떠한가? 앞으로 학생이 단순히 지식을 암기하고 재현하는 것을 넘어서, 주어진 자료를 바탕으로 스스로 문제를 분석하고 이를 다양한 방식으로 적용해 해결하는 능력을 평가하는 데 중점을 두어야 한다. 이를 위해 학교와 교사는 실정에 맞는 평가를 설계하고 적용하려는 노력이 필요하다.

4. 수업에 평가를 어떻게 적용할까

1) MYP 언어습득(영어) 사례[3]

중학교 3학년 학생들을 대상으로 'Let's be teens in Action'이라는 주제로 단원 학습활동을 통해 학교라는 삶의 맥락에서 환경을 지키기 위해 자신의 실천 경험을 공유하는 것이 독자들의 실천적 참여를 유도할 수 있다는 것을 이해하고 '경험을 공유하여 참여를 유도하는 에세이 쓰기'를 수행하는 평가를 진행했다.

3) 이 책의 저자 중 한 명인 박화정 선생님께서 중학교 3학년 학생들을 대상으로 형성평가와 총괄평가를 연계해 진행한 수업 사례이다.

(1) 평가 과제의 성격

IB MYP의 평가는 학생들이 지식과 기능을 배우고 그것을 잘 암기하고 기억하는 것에서 나아가 그 사실적 지식들을 바탕으로 생성한 개념적 이해를 실생활에서의 새로운 문제 상황에 전이시킬 수 있는지를 확인한다. 학생들은 총괄평가에서 학습 결과로서 배우고 이해한 것을 수행을 통해 증명한다. 학습 과정에서 이루어지는 형성평가를 통해 학생들의 이해도와 참여도를 관찰하고 확인하여 성장과 개선할 부분에 대해 피드백을 제공하며, 단원 목표 달성을 위해 충분한 학습 기회를 제공한다. 학생들은 동료, 교사, 학습 자료와의 상호작용 속에서 주어지는 피드백을 통해 자신의 학습과 이해 정도를 성찰하고 점검할 수 있는 정보를 얻고, 교사는 학생들의 성취와 참여도를 진단하여 자신의 교수 방법을 조정하고 발전시킨다.

중학교 3학년 영어 수업에서 경험에 대한 글쓰기 수업을 개념기반 탐구수업으로 설계했고, 평가 역시 학생들의 개념적 이해와 전이를 확인하는 총괄평가와 형성평가로 진행했다. 2015 개정 교육과정에서 관련 성취기준은 '[9영 04-04] 개인 생활의 경험이나 계획에 대해 문장을 쓸 수 있다.'이다. 학생들이 경험에 관련된 표현과 문장 구성 기능만을 익히고 얼마나 암기를 잘했는가를 넘어서, '저자가 자신의 경험을 독자에게 왜 전달하는가? 어떻게 전달하는가?'에 대한 질문에 답할 수 있는 개념적 이해에 도달하기를 바랐다. 경험 공유를 통해 저자가 독자의 참여를 이끌어 내는 의사소통 기능과 역할을 배우고 이해하여 실생활의 문제 해결에 전이할 수 있도록 학습 과정과 더불어 형성평가와 총괄평가를 설계했다. 명확한 설계와 안내를 위해 GRASPS를 적용하여 〈표 3-2〉와 같이 평가를 계획했다.

〈표 3-2〉 **MYP 평가 GRASPS**

요소	총괄평가
Goal(목표)	• 이 활동의 과제는 우리 학교 안에 있는 문제를 실천적으로 해결하고 그 경험을 글로 공유함으로써 독자의 참여를 유도하는 것이다.
Role(역할)	• 당신은 행동하는 청소년이다. • 학교 문제를 해결하는 데 3학년 학생들의 참여를 독려해야 한다.
Audience(청중)	• 당신의 글을 읽는 사람은 같은 3학년 학생들이다.
Situation(상황)	• 당신이 생활하고 있는 학교에는 다양한 문제로 학생들이 불편을 겪고 있다. 문제 해결을 위한 학생들의 실천적 참여가 필요한 상황이다.
Performance (수행)	• 당신이 생각한 학교 문제를 해결하기 위한 실천을 하고, 그 경험을 인증샷과 함께 글로 작성하여 SNS에 포스팅한다.
Standerds(기준)	• 에세이 형식을 정확하게 지켜야 한다. • 내용이 구체적이고 적절해야 한다. • 언어형식과 어휘를 정확하고 적절하게 사용해야 한다.

(2) 평가 과제의 수행

평가 과제를 통해 학생들의 실생활 맥락에서 학습 과정 경험을 통해 이해한 개념들을 전이하여 스스로 문제를 해결하고 실천해 보는 기회를 제공하고자 했다. 학생들은 학교라는 공동체의 문제를 해결한 실천적 경험을 에세이 형식으로 공유함으로써 자신이 속한 사회에 기여할 수 있는 기회를 가졌다. 단원 목표로서 학생들이 이해했음을 평가 과정에서 증명하는 개념들은 탐구진술문에 제시되어 있다.

〈표 3-3〉 **탐구진술문**

▶ 저자는 글을 구조화하여 독자에게 자신의 생각과 관점을 효율적으로 전달하고 독자의 참여를 효과적으로 유도할 수 있다.

학생들은 에세이의 저자가 되어 학교에서 환경을 지키기 위해 청소년으로서 창의적으로 실천한 경험과 함께 자신의 생각과 관점을 독자인 친구들에게 전달하여 공감과 참여를 유도한다.

① 형성평가 1: 마인드맵 작성

학생들은 총괄평가 과제인 에세이를 완성하기 위해 우리 학교에서 환경 관련 문제점을 분석하고, 행동하는 청소년으로서 문제 해결을 위한 실천 계획을 마인드맵으로 작성한다. 마인드맵은 모국어인 한국어로 작성하여 학생들의 창의적인 생각들이 자유롭게 반영될 수 있도록 했고, 그 내용을 짧게 구문 형식으로 영작하여 다음 글쓰기를 대비할 수 있도록 했다. 그리고 여기서 세운 계획에 따라 일주일간 실천하고, 그 실천한 내용을 바탕으로 초안을 작성해야 했기에 학생들은 실행 가능한 계획을 세우려고 노력했다. 학생들은 모둠으로 함께 작업하며 동료 학생들과 아이디어를 나누었고, 그 과정에서 자신의 계획을 좀 더 구체적으로 발전시킬 수 있었다.

② 형성평가 2: 5 Sentence Paragraph(Outline)

여기서는 먼저 총괄평가의 평가기준안을 학생들과 먼저 확인했다. 학생들이 달성해야 할 목표를 인지하고 구체적으로 준비할 수 있도록 평가기준안의 내용에 대해 질문하고 답하는 시간을 가졌다. 5문장 단락 형식은 초안을 작성하기 위한 개요이다. 학생들이 마인드맵에서 학교에서의 환경지키기 실천을 위해 계획한 것들을 각자 실천하고 나서, 그 내용을 우선 5문장 단락 형식으로 개요를 작성한다. 문장 형식으로 작성해야 했기 때문에, 계획할 때 썼던 영어 구문들을 확장하여 작성했다. 영작 과정에서 학생들이 질문할 때, 쓴 문장이 의도한 내용이 맞는지 질

3학년 1학기 쓰기 수행평가

Writing #1 | Brainstorming

3학년 6 반 1 번 이름 : 김미도

Let's Be Teens in Action!

1. 모둠에서 우리 학교에서 해결해야 할 문제를 생각해 보고, 해결하기 위해 실천할 것들을 떠올려 봅시다.

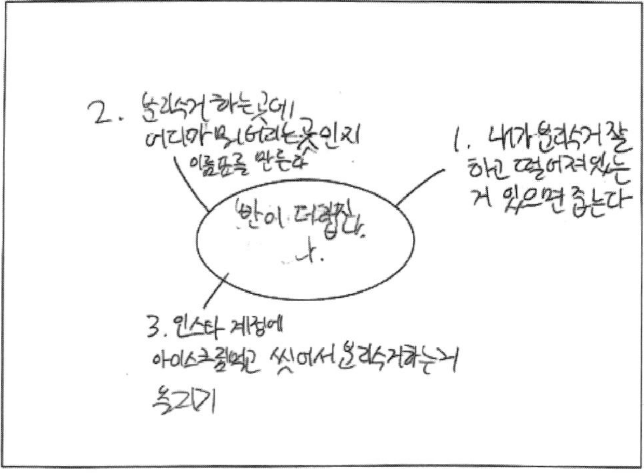

2. 위에서 생각한 문제와 해결 방안을 영어로 정리해 봅시다.

Problem	Solution
예시) - A lot of plastic waste goes into the ocean. - sea animals eat it.	- reuse and recycle - bring my own bottle and my own shopping bag
Our classroom seems dirty.	First I'll be good at separating the trash, and I'll pick up thrown trash. I'll make nameplate that explain here throwing away place. I'll upload what I wash icecream trash after I eat icecream on Instagram.

[그림 3-2] (계속)

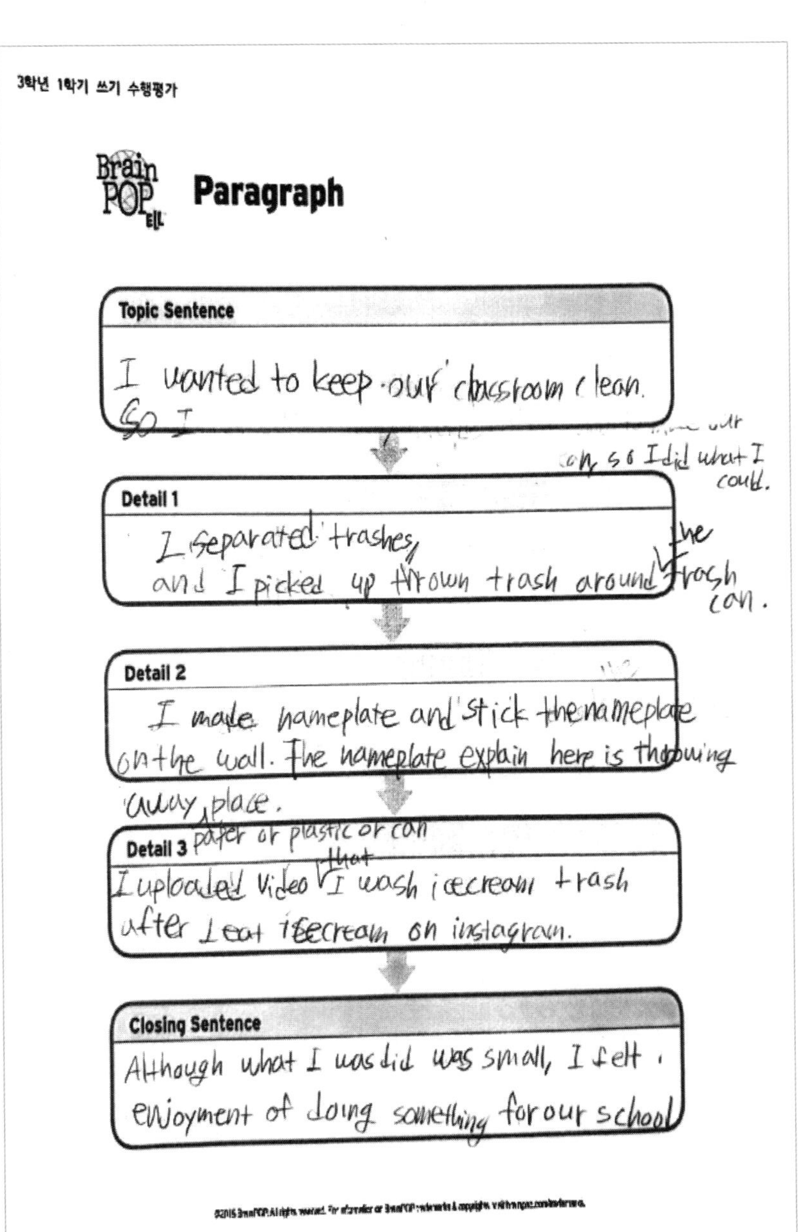
3학년 1학기 쓰기 수행평가

Paragraph

Topic Sentence

I wanted to keep our classroom clean. So I

so I did what I could.

Detail 1

I separated trashes, and I picked up thrown trash around the trash can.

Detail 2

I made nameplate and stick the nameplate on the wall. The nameplate explain here is throwing away place. paper or plastic or can

Detail 3

I uploaded video that I wash icecream trash after I eat icecream on instagram.

Closing Sentence

Although what I was did was small, I felt enjoyment of doing something for our school

[그림 3-2] 마인드맵과 5문장 단락 쓰기 사례

문하여 스스로 오류를 찾을 수 있도록 피드백을 제공했다. 점수가 부여되지 않는 형성평가였지만, 총괄평가에서의 에세이 완성도를 높이기 위해 학생들은 적극적으로 피드백을 구했다.

③ 형성평가 3: 1차 초안 작성

개요에서 틀을 잡은 내용을 이제 에세이 형식에 맞추어 생각을 확장하여 글을 작성한다. 'Introduction-Body-Conclusion'의 형식에 맞추어 자신의 글을 구조화하여 생각을 논리적으로 구성할 수 있도록 피드백을 제공했다. 이 과정에서 학생들이 논리적이고 일관성 있게 자신의 생각을 정리하여 독자에게 전달하는 전략을 배우게 된다. 글쓰기가 어렵거나 글의 구조화 개념 이해를 돕기 위해 예시를 제공했고, 문단 간의 자연스러운 연결과 논리성을 갖추기 위해 연결어를 사용해야 할 것을 안내하며, 학습이 어렵고 어휘력이 부족한 학생들이 있어서 연결어 리스트를 만들어 제공했다. 학교 환경을 지키기 위한 자신의 실천 경험에 대해 구체적인 설명을 덧붙이기 위해 학생들은 관련 표현과 문장 구성 방법을 지난 시간에 배웠던 학습 자료들 속에서 다시 찾아보았고, 대화를 통해 자신의 글에 대해 동료 학생 및 교사로부터 피드백을 받았다.

④ 형성평가 4: 2차 초안 작성

1차 초안에서 받은 피드백을 바탕으로 2차 초안에서 자신의 글을 발전시켰다. 이제 최종 에세이 작성을 위한 마지막 작업이다. 학생들이 어느 정도 글을 완성해 가는 단계에서 자신의 글에 대한 가이드를 요구할 때, 평가기준안을 바탕으로 글이 갖춰야 할 조건들을 제시했다. 이는 총괄평가에서 수행을 통해 단원 목표에서 요구하는 이해 전이를 증명하기 위함이다. 학생들은 자신만의 실천 경험을 동료 학생들에게 설득

3학년 1학기 쓰기 수행평가

Writing #3 **Let's Be Teens in Action!**

Number: 30501 Name: 김미도

Introduction

To keep our classroom clean is important for our health and happiness. But some students don't keep rule that, they have to help keeping our classroom. So I did what I can

교실을 깨끗하게 하는 데에는 무엇일까? [unclear]

Body

(Detail 1) I separated trashes that throw away wrong. And I picked up thrown trashes in our classroom. This action was very simple and easy, but it made our classroom seem clean.

(Detail 2) I made nameplates and stick the nameplate on the wall. The nameplate explain [illegible] thro w paper or plastic or can away. It helps separating trashes

무엇을? 누가 분리하게 하는 걸까?

(Detail 3) I uploaded a video on instagram. The video's contents is washing icecream trash, and throw right away. my friends saw this, they know something 구체적인 내용은? [unclear] After they know what we must wash trashes after we eat Icecream.

Conclusion

Although what I did was small, I felt a lot of joy. And I also felt my proud heart. My action changed my little world, but all changes start little things!

무엇을 말하는지 설명해 주면 좋겠다 [unclear]

separate : 분리수거하다 obey : (규칙 등을) 지키다 trash can 쓰레기통.

[그림 3-3] (계속)

3학년 1학기 쓰기 수행평가

Writing #4 | **Let's Be Teens in Action!**

Topic : Of course I can change our classroom!

To keep our classroom clean is very imfortant for our hearth and happiness. But some students don't ~~obey~~ follow the rules ~~that they have to help keeping~~ to keep our class room clean. So I taught my friends how to ~~make they~~ throw away trash right manner. ~~consequently I did~~ what I could to keep our classroom clean.

Firstly, I separated trashes That was of my classroom thrown away in wrong manner and I picked up trashes on the floor in our classroom. This action was very simple and easy, but it made our classroom seem clean.

Secondly, I made nameplates and stick the nameplates on the wall. The nameplate explain ~~here is the place throw~~ where they should place(put) the trash such as paper or plastic or can away. The nameplates help students to separateg trashes.

Thirdly, I uploaded a video on Instagram. The Video's contents are washing a ice cream's ~~trash~~ on and throwing trash away in right manner. After my friends saw this, they knew ~~what~~ that we must wash trashes after we eat liquid things.

Although what I did was small, I felt a lot of joy. And I also felt my proud heart. My action just changed my little world, but all changes starte good things!

?

내용이 많이 구체적으로 발전했구나!

중간중간 어색한 표현들은 수정하면 될 것 같다.

[그림 3-3] 1, 2차 초안 사례

Essay

To keep our classroom clean is very important for our hearth and happiness. But some students don't follow the rules to keep our school clean. So I taught my friends how to throw away trash in a right manner. That was what I could to keep our classroom clean.

Firstly, I separated trash of my classroom thrown away in a wrong manner. And I picked up trash in our classroom. This action was very simple and easy, but it made our classroom look clean.

Secondly, I made nameplates and sticked them on the wall of our classroom. The nameplates explained where we should put the trash such as paper or plastic or can away. They help students to separate trash.

Thirdly, I uploaded the video I took on Instagram. The video shows the way of washing dirt of trash and throwing away trash in a right manner. After My friends saw the video, they realized that we must wash the cans before separating them.

Although what I did was small, but I felt a lot of joy. And I also felt proud of myself. My action changed the little world around me, but I believe all change start from little things!

[그림 3-4] 에세이 최종본 사례

력 있게 전달하여 자신의 아이디어에 동참시키는 최종 에세이 작성을 위해 자발적으로 과제 완성도에 몰입했다.

⑤ 총괄평가: 환경 보호 실천 에세이 작성

최종적으로 학교 환경 보호를 위한 실천 경험과 함께 동료 학생들의 실천 참여를 독려하는 에세이를 구글 슬라이드에 작성해 보게 했다. 구글 슬라이드에서 다른 동료 학생들과 글을 공유하여 함께 읽고 어느 글이 가장 설득력이 있고 참여하고 싶은 실천 내용인지 의견을 나누는 시간을 가지며 피드백을 공유했다.

(3) 평가 과제의 채점

학생들은 계획에 따라 실천한 내용을 바탕으로 두 차례의 초안 작성 과정을 거쳐 총괄평가인 에세이 작성을 완성했다. 형성평가를 통해 학생들의 이해도와 참여도를 파악하여, 학생들이 최종 목표에 도달할 수 있

〈표 3-4〉 **평가기준안**

척도 평가 항목	매우 우수	우수	보통	미흡
어휘 (4점)	다양한 범위의 어휘를 사용함(4점)	적절한 어휘를 사용함(3점)	기본적인 어휘를 사용함(2점)	제한된 어휘를 사용함(1점)
언어형식 (5점)	일반적으로 정확하게 다양한 문법 구조를 사용함(5점)	의사소통에 방해가 되지 않는 몇 가지 오류가 있는 범위의 문법 구조를 사용함(4점)	일부 오류가 있는 기본적인 문법 구조를 사용함(3점)	제한된 범위의 문법 구조를 사용하여 많은 오류가 있어 의사소통에 자주 방해가 됨(2점)
구성 (4점)	다양한 범위의 연결어를 사용하여 적절한 형식으로 내용을 효과적이고 일관되게 구성함(4점)	적절한 연결어를 사용하여 적절한 형식으로 내용을 구성함(3점)	기본적인 범위의 연결어를 사용하여 형식을 어느 정도 알아보게 내용을 구성함(2점)	기본 연결어를 제한적으로 사용하여 형식을 어느 정도 알아보게 일부 내용을 구성함(1점)
내용 (7점)	글의 대상과 목적에 적합하고 맥락에 맞게 모든 필요한 정보를 전달함(7점)	글의 대상과 목적에 적합하고 맥락에 맞게 필요한 대부분의 정보를 전달함(6점)	글의 대상과 목적에 적합하고 맥락에 맞게 필요한 일부 정보를 전달함(5점)	글의 대상과 목적에 적합하고 맥락에 맞게 필요한 정보를 제한적으로 전달함(4점)
	필요한 정보: 감정 읽어 주기, 비슷한 경험 공유하기, 해결책 조언하기, 격려하는 말, 맺음말과 인사말			

도록 학습 자료를 제시한 동료 학생 및 교사와의 상호작용을 격려하고 필요한 피드백을 제공했고 이는 작품의 완성도를 높일 수 있게 했다. 학생들이 탐구진술문이 이끄는 일련의 학습 경험 안에서 형성평가 과정을 통해 자신의 성장에 필요한 부분들을 확인하고 발전시켜 훈련한 것들을 총괄평가의 과제 수행에서 성공적으로 적용하기를 바랐다. 〈표 3-4〉는 평가기준안이다. 어휘, 언어형식, 구성, 내용을 평가 항목으로 설정하고, 각 항목의 평가 척도에 대해 학생들과 구체적으로 파악하는 시간을 가졌다.

2) DP 언어습득(영어) 사례[4]

앞으로 소개할 평가 과제는 2023년 고등학교 3학년 학생들이 진로 영어 수업에서 수행한 '영어 편지 쓰기'이다.

(1) 평가 과제의 성격

진로 영어는 고등학교 영어과 진로 선택 과목 중 하나로 성취기준 A, B, C 3단계의 절대평가로 성적을 처리한다. 당시 진로 영어 과목은 수행평가 100%로 진행했고, '영어 편지 쓰기'는 30%의 비중을 차지하는 평가 과제였다. '영어 편지 쓰기'는 학습자가 자신의 적성과 관심사를 고려하여 앞으로의 진로를 탐색하고 설계할 기회를 제공한다는 진로 영어 과목의 특성을 반영한 과제이다.

특히 이 활동에서는 학생들 각자의 관심사와 희망을 바탕으로 한 개별화 학습을 통해 학생들의 학습 참여를 높이는 것을 목적으로 했다. 학

4) 이 책의 저자 중 한 명인 안연경 선생님께서 고등학교 3학년 학생들을 대상으로 형성평가와 총괄평가를 연계해 진행한 수업 사례이다.

생들은 자신이 희망하는 진로 분야에서 자신에게 큰 영향을 준 인물을 선정하여 이 인물을 조사하고 이 인물에게 보내는 영어 편지를 작성한다. 학생들의 진로 분야가 다양한 만큼 여러 분야의 인물이 선정되었고, 이렇게 학생들의 개별화 학습이 이루어졌다.

영어 교과에서 배운 어휘, 어법 등의 지식을 정보 수집과 의사소통 등 실제 맥락에서 활용하는 기회를 만들었다. 특히 롤 모델을 조사할 때 영어로 정보를 탐색하고 의사소통할 기회를 확장하기 위해 할 수 있으면 외국 국적의 인물을 선정하도록 독려했다. 완성도 높은 편지는 우편으로 부치겠다는 교사의 약속은 실제 의사소통에 대한 학생들의 관심을 높였다. 교과 수업에서 배운 어휘와 어법이 실제 맥락에서 어떻게 활용되는지 학생 스스로 경험하는 것이 중요하다고 생각했다.

과제를 완성해 가는 단계마다 학생들과 피드백을 주고받았다. 단계별 활동을 평가 과제의 목적에 맞게 이끌어 갈 수 있는 요인은 피드백이라고 생각하여 학생들과의 피드백에 수업 시간의 상당 부분을 할애했다. 학생들이 자신의 관심 분야를 정리하고 롤 모델을 선정하는 과정부터 편지를 완성하는 단계까지 학생들과 내용을 검토하고 정확한 의사 전달에 적합한 어휘와 문장 구조를 고민했다. 교사 피드백뿐만 아니라 동료 학생 피드백도 충분히 활용했는데, 이때 학생들은 서로의 관심 분야를 이야기하고 어떻게 하면 효과적인 의사소통이 이루어질 수 있는지에 대해 고민했다. 피드백은 학생이 교사와 동료 학생의 조언을 받아들이는 데 그치지 않았다. 자신이 수행한 과제를 동료 학생의 과제와 비교하며 자신의 부족함을 깨닫고 보완할 수 있는 성찰의 기회가 되기도 했다.

'영어 편지 쓰기'의 평가 과제를 간략하게 요약하면 〈표 3-5〉와 같다.

〈표 3-5〉 **영어 편지 쓰기 평가 개요**

평가 과제	영어 편지 쓰기
평가 유형	논술형
반영 비율	30% (100점 만점 중 30점)
성취기준	[12진영04-03] 다양한 직업 및 진로에 관해 의견이나 감정을 쓸 수 있다. [12진영04-05] 자기소개서, 서식, 이메일 등을 상황과 목적에 맞게 작성할 수 있다.
핵심역량	[영어 의사소통 역량] 롤 모델에게 편지를 쓰는 맥락에서 적절한 의사소통의 형식을 익히고 의사소통의 형식과 상대에 적절한 표현을 활용하여 영어로 자신의 의견을 표현한다. [지식정보 처리 역량] 자신의 관심 분야를 조사하고 롤 모델을 선정하는 데 있어서 다양한 매체를 활용하여 영어로 표현된 정보를 수집하고 분석한다. [자기 관리 역량] 롤 모델에게 편지 쓰기 활동을 통해 학생들이 영어에 관심과 흥미를 갖도록 유도하고 이를 바탕으로 지속적으로 영어 학습을 할 수 있도록 동기를 부여한다.
평가 의도	교과에서 학습한 영어 지식을 '편지 쓰기'라는 실제 의사소통 맥락에서 활용한다. '편지'라는 의사소통 수단은 일정한 형식을 갖추어야 하며 상대에 따라 언어 사용이 달라진다는 점을 이해한다. 자신이 희망하는 분야의 롤 모델을 편지의 대상으로 선정하여 자신의 진로에 대한 관심을 확장하고 구체적으로 진로를 설계하는 기회로 활용한다.

(2) 평가 과제의 수행

평가 과제는 영어 편지를 완성하기 위해 자신의 진로 분야 탐색, 롤 모델 선정, 자기소개, 한글로 내용 정리, 1차 초안 작성, 2차 초안 작성의 과정을 거친다. 각 과정은 분절적인 과제가 아니라 '영어 편지 완성'이라는 최종 목표를 향하여 유기적으로 연결된 단계이다. 과제를 수행하는 각 단계는 형성평가로, '영어 편지 완성'은 총괄평가로 설계했다.

형성평가가 이루어지는 각 단계에서는 학생들과 상호작용하며 학생의 과제에 대한 이해도, 진행 상황, 도움이 필요한 부분 등을 파악하는 데 주력했다. 총괄평가에 해당하는 '영어 편지 완성'에서는 반복되는 문제 해결 과정을 통해 이루어진 학생의 성장과 변화를 가늠하고자 했다.

① 형성평가 1: 자신의 진로 분야 탐색

학생들은 자신의 관심사와 흥미를 바탕으로 자신의 진로 분야, 희망 직업, 미래 모습에 대해 필요한 정보를 수집하고 내용을 정리한다. 이 단계부터 학생들과 개별적인 피드백을 시작했다. 학생들의 관심 분야를 파악하고 각자의 진로 분야에서 무엇을 이루고 싶은지, 자신의 직업을 통해 사회에 어떤 기여를 할 수 있을지에 대해서 이야기를 나눴다. 구체적인 진로 계획을 갖고 있는 학생들에게는 발표 기회를 주었다. 교사와의 피드백과 다른 학생들의 발표를 토대로 학생들은 자신이 막연하게 기술했던 부분을 보충하고 직업을 통해 어떤 가치를 구현할 수 있을지 고민했다.

② 형성평가 2: 롤 모델 선정

학생들이 진로 분야에 대한 정리를 마치고 나면 자신의 관심 분야에서 롤 모델을 선정하고 이 인물을 조사한다. 롤 모델을 선정한 이유, 롤 모델이 해당 분야에서 다른 인물과 차별되는 점, 롤 모델에게서 배우고 싶은 점 등을 구체적으로 조사하여 기술한다. 여기서는 롤 모델에게서 가장 인상적인 점이 무엇이었는지, 이 인물에게 보내는 편지에 어떤 내용을 중점적으로 담고 싶은지에 대해 학생들과 이야기했다. 피드백을 주고받으며 편지 내용을 전체적으로 구상할 수 있도록 유도했다.

Writing to My Role Model

3학년 (8)반 (12)번 이름 (박지민)

나의 진로 분야

다른 사람들에게 도움이 되는 일을 하면서 살고 싶어서 보건 간호 분야를 택하게 되었다.
사회적으로 꼭 필요한 일이기 때문에 특별하게 다가와서 관심이 생기게 되었다.

나의 희망 직업

보건교사

학교도 좋아하고 가르치는 것도 좋아해서 간호 분야의 직업을 가지겠다고 결심했을 때 자연스레 보건교사가 하고 싶어졌다. 또 학교를 다니면서 가장 힘든 순간이 아플때인데 그때마다 학생들을 케어하고 돕는 친절한 보건선생님들을 많이 만나면서 나중에 나도 저런 사람이 되고 싶다는 생각을 했다. 사례: 초등학교 때 크게 넘어져서 입과 다리를 다쳤는데 나를 업고 뛰셨던 보건선생님이 기억에 남는다.

나의 미래 모습 (어떤 가치관을 가지고 어떻게 살아갈 것인가?)

내 직업에 책임감과 사명감을 가지고 일하고 싶다.

어려운 사람을 지나치지 않고 먼저 나서 도우며 사회에 선한 영향력을 끼치는 사람이 되고 싶다.

또 보건교사가 꼭 되어서 부족한 보건교육을 바로잡는데 기여하고, 학생들의 건강을 살피는 일을 하고 싶다.

Role Model 선정 기준

- 세계 문제의 해결을 위해 노력하는 사람
- 편지를 받을 수 있는 현존 인물
- 우리나라 이외의 국적을 가진 인물
- 단체보다는 개인 선정
- 유명한 사람이 아니어도 관계없음
- 사회운동가, 학자, 다양한 직업 분야의 종사자 등 (연예인, 스포츠 스타 등은 답장할 가능성 낮음)

- 1 -

[그림 3-5] (계속)

About My Role Model

■ 이름 Thomas Tavan Arcot (국적: Republic of South Sudan (남수단 공화국))

■ 직업 외과의사

■ 활동 분야 봉사, 의료

■ 선정 이유

- 보건적으로 부족한 남수단의 의료에 기여하기 위해 비교적 선호도가 낮아 지원이 많이 없는 외과를 선택한 것이 인상 깊었다.
- 남수단의 슈바이처라고 불리며 사랑과 나눔의 삶을 살았던 이태석 신부의 가르침을 받은 분이다.
- 이태석 신부의 뜻을 이어받아 다시 남수단으로 돌아가 봉사하기 위해 전공의 수련중이다.
- 남수단의 의료시설과 서비스를 변화시키는 데에 관심이 많다.

■ 다른 인물과 차별되는 점

남들은 잘 안하지만 사회적으로 꼭 필요한 직업을 스스로 도맡아 한다.
다시 남수단으로 돌아가 이태석 신부와 같은 길을 걷고 싶다니 의사로서 봉사할 수 있는 최대한의 노력과 사명을 다하는 사람이다.
개인을 넘어서서 사회적으로 도움을 주고 변화에 기여하려는 사람이다.

■ 롤 모델로부터 배우고 싶은 점

자신이 신부에게 받은 가르침을 헛되이 생각하지 않고 그것을 통해 한번 더 사람들을 도우려고 하는 사명감을 본받고 싶고, 어려운 상황에서도 극복하면서 결국 꿈을 이뤄냈다는 점과 남을 위해 봉사하는 마음을 배우고 싶다.

■ 롤 모델 주소 (실제 우편물을 받을 수 있는 주소 / 우편번호 포함)

서울특별시 노원구 동일로 1342 (우)01757

■ 롤 모델 전자우편 주소

ymkee@paik.ac.kr

- 2 -

[그림 3-5] (계속)

Writing to My Role Model

3학년 (9)반 (10)번 이름 (박혜원)

9

나의 진로 분야

저는 건강한 식품을 공급하여 사람들의 건강 증진에 기여하는 학문을 배우는 식품 영양학과 와 인체를 포함한 동물, 식물 그리고 미생물 등의 생명체 기본 현상과 원리를 탐구하고 인간에게 유익하게 응용하는 학문인 생명공학과에 진학하고 싶습니다

환경오염의 측정, 처리 및 개선을 위한 방법을 배우고 환경공학기술을 이용하여 삶의 터전을 보존하고 치료하는 분야인 환경공학과에 진학하고 싶다

나의 희망 직업

· 환경위생 감사원 (or 기업 내 환경 관리 분야 직업)

· 이유: 평소 지구 온난화, 기온변화에 관심도 많고 직접 관련 기사나 글을 찾아보기도 하며 흥미를 가지고 있었다. 다른 직업보다는 내 성격 적성에도 잘 맞을 것 같았고 직업 설명글이 굉장히 흥미롭게 느껴졌기 때문이다.

어떤 면에서 잘 맞을까?

시간을 중요하게 생각하는데 회수 시간이 정확 / 주변을 잘 관찰하는 성격이 있어야 할 것 같다.

나의 미래 모습 (어떤 가치관을 가지고 어떻게 살아갈 것인가?)

식품 가공업체, 음식점 등의 위생관리 상태를 조사하고 유해물질 유출, 상태를 감독하여 위반한 업체에 벌금을 집행하는 환경 위생 감사원 이라는 직업을 가지고 어떠한 감사 결과도 예외 없이 처리하는 공정성 과 환경과 인간은 서로에게 영향을 주니 서로 보호하고 지키며 살아간다는 가치관을 가지고 환경과 인간 모두에게 도움이 되고 사회에 선한 영향력을 끼치며 살아갈 것이다.

☆

Role Model 선정 기준

- 세계 문제의 해결을 위해 노력하는 사람
- 편지를 받을 수 있는 현존 인물
- 우리나라 이외의 국적을 가진 인물
- 단체보다는 개인 선정
- 유명한 사람이 아니어도 관계없음
- 사회운동가, 학자, 다양한 직업 분야의 종사자 등 (연예인, 스포츠 스타 등은 답장할 가능성 낮음)

- 1 -

[그림 3–5] (계속)

2298
3712

9

About My Role Model

■ 이름 Greta Tintin Eleonora Emman Thunberg

■ 직업 환경운동가, 학생

■ 활동 분야 환경 운동

■ 선정 이유

- 어린 나이임에도 불구하고 자신의 환경 가치관이 정확히 있어서
- 실천력도 있고 많은 사람들 앞에서 자신의 의견을 말하는 용기가 대단해서.
- 주장하는 바가 내가 생각하던 것과 비슷해서 공감이 되었다.
- 성격, 가치관 등 내가 배우고 닮고 싶은 모습이 많아서.

■ 다른 인물과 차별되는 점

· Greta는 기후변화의 심각성에 무관심함을 깨기 위해 학생 신분에서 할 수 있는 '미래를 위한 금요일' 운동을 하며 총선기간까지 학교를 결석한 운동이 다른 분들의 운동과는 확연히 다르다
· 2019년 유엔 본부에서 열린 기후 행동 정상 회의에서 연설했으며 역대 타임지 올해의 인물이 최연소로 선정되었다. 세계적 권위를 지닌 네이처에서도 올해 인물 (2019년) 10인에 선정되며 엄청난 영향력을 어린 나이에 가진 것이 특별하다

■ 롤 모델로부터 배우고 싶은 점

· 자신의 생각을 보여주기 위해 등교 거부 시위를 한 자신감과 용기를 배우고 싶다
· 사회가 가르쳐주는대로 믿고 살아가는 것이 아니라 올바른 길을 자신의 방법대로 찾고 나아가는 확신을 배우고 싶다. (자신에게 확신을 갖는 방법?)

■ 롤 모델 주소 (실제 우편물을 받을 수 있는 주소 / 우편번호 포함)

Stiftelsen The Greta Thunberg Foundation c/o Von Euler & Partners
Cardellgatan 1 114 36 Stockholm, SWEDEN

■ 롤 모델 전자우편 주소

GretaThunbergMedia@gmail.com

- 2 -

[그림 3-5] 진로 탐색과 롤 모델에 대한 조사 사례

Introduction of Myself

3학년 (7)반 (3)번 이름 (김민선)

9

※ My Introduction (In English)

■ Who Am I?

① I'm Kim Minseon, a 19-year-old living in South Korea. 9
② I enjoy communicating and exchanging ideas with people who speak different languages. 9
③ I attend Gajeong High School in Incheon. 9
④ My hobby is taking a walk while listening to music. 9
⑤ The country I want to visit the most is an English-speaking country like the United States. 9

■ What I am Interested in?

① I have a great interest in foreign languages, especially English.
② I really enjoy communicating and talking with people, and I even feel a sense of pleasure when communicating in the language of another country with its people.
③ I am also very interested in many aspects of English-speaking cultures.
④ I am not only interested in the history of English-speaking countries, but also regularly seek out news and current events related to them.
⑤ I hope to visit the country someday and meet Americans in person.

■ What I want to be in the future?

① I aspire to become a skilled interpreter in the future
② I hope to participate in over 150 international conferences as an interpreter and become a member of the International Association of Conference Interpreters in the future
③ Based on my learning experiences, I also hope to write a book someday
④ In addition to interpreting, I also hope to serve as a lecturer who speaks about interpreting while traveling to different places.
⑤ I'm determined to become a highly respected interpreter who's recognized by professionals in various fields in the future.

[그림 3-6] (계속)

Introduction of Myself

3학년 (6)반 (7)번 이름 (김태영)

※ My Introduction (In English)

■ Who Am I?

My name is Taeyoung Kim and I go to high school in Korea. I am now in ~~his~~ my third year of high school, ~~the last of his youth, and he is living~~ Last year, I lived a life filled with worries about ~~his~~ college and life goals. I love listening to music. I feel less stressed all day when I listen to music with earphones on. I usually listen to K-pop idol songs and quiet songs. And I like to take care of people and help them, so I often go to volunteer work.

■ What I am Interested in?

When I was a junior high school student, I did medical volunteer work. And from that time I ~~because~~ became interested in nurses, medicine, volunteer work, and so on. While I worked hard ~~on~~ in my high school life with the dream of becoming a nurse, my thoughts on nurses expanded. ~~When~~ From an international perspective, the idea of international nurses has become firmly established in earnest, ~~in the~~ hope that the health of people all over the world is well. Based on the study of disaster medicine, I am now studying the role of nurses.

■ What I want to be in the future?

If I become an international nurse, I want to ~~become~~ join a medical team, that ~~is not~~ I will not be scared and ~~doesn't get hesitate in difficult things.~~ ~~don't hesitate in diffi~~ ~~do difficult things without hesitation.~~ Like the ideology of the Doctors Without Borders organization that I respect, my goal is to become a nurse who runs wherever there are patients. Today, infectious diseases and disasters continue all over the world. In this situation, I want to help a victim. I will try without stopping until I reach the nurse I want.

[그림 3-6] (계속)

Introduction of Myself

3학년 (9)반 (21)번 이름 (최다희)

※ My Introduction (In English)

■ Who Am I?

I'm 18-year-old Choi Dahee attending a Gajeong High School in Korea. Among the classes in school, I like chinese and English classes the most. I even became interested in Spanish and tried learning it, and it was really fun as expected. It's amazing and cool that communication is possible in a foreign country's language. My favorite food is spicy and sweet Tteokbokki. when I'm not feeling well, eating Tteokbokki makes me happy. My hobby is listening to musical numbers and songs. Listening to pop songs on the bus after finishing all the daily schedules is one of my favorite things to do.

■ What I am Interested in?

Since I was young, I have always enjoyed learning about foreign cultures, languages, and delivering new information. As I entered high school, my interest in diplomacy and cultural exchange grew. Particularly, I am drawn to 'public diplomacy,' which involves direct communication with foreign citizens. The idea of working with people of different nationalities and promoting Korea abroad is exciting to me when I first came across this field, it felt like it was made for me. Although it is not a well-known field among my teachers and friends, I am determined to gather information and learn more about it. As I dig deeper into this field, I became more and more enamored with it and could not resist its allure.

■ What I want to be in the future?

As my field of interest is in public diplomacy, I want to have a job related to this area. In my first year of high school, I wanted to become a foreign service officer working in an overseas embassy, preparing various diplomatic forums and planning language training, or work at a cultural center to introduce Korean culture and language to foreigners living in Korea. Starting from that winter vacation, I began to look into overseas embassies in earnest. Then I found out that the U.S. Embassy in Korea had a "public Diplomacy" department, and I was thrilled to learn that there was a specialized field for public diplomacy. I want to live as a public diplomacy staff member at the U.S. Embassy in Korea, respecting and understanding the citizens of both Korea and the United States and making Korean-U.S. public diplomacy more active. Furthermore, since the field of public diplomacy has not yet been widely popularized, I want to become a foreign service officer who helps people understand the importance and necessity of public diplomacy.

[그림 3-6] (계속)

Introduction of Myself

3학년 (9)반 (10)번 이름 (박혜원)

9

※ My Introduction (In English)

■ Who Am I?

Hello. I'm Hyewon Park, a senior in GaJeong High School in Incheon, Korea. 1
I laugh a lot and I'm positive. 2
I really enjoy looking at clear skies and stars. 3
Backpacking in Europe is on my bucket list. 4
When I am under a lot of stress, I eat spicy Korean food. 5
When I need peace of mind, I listen to the sound of the ocean. 6

■ What I am Interested in?

I watch them because ~~they make on on~~ my guard against worst-case scenarios.

I enjoy seeing the blue sea. 1 However, the ocean is becoming polluted with trash more and more. 2 So these days, I am interested in searching for news or articles about the marine ecosystem. 3
I also find it interesting to see pictures or videos ~~the~~ to predict what the natural environment will look like in 10 years. 4 Despite the fact that most of them are negative, the reason I watch them is because they make me want to prevent such worst-case scenarios. ? 5

■ What I want to be in the future?

I want to continue to have an interest in climate change and environmental pollution in the future. 1 I want to become a person who takes action to prevent bad situations. 2 I want to reduce the destruction of the environment caused by human greed. 3 Therefore I want to pursue a career as an environmental hygiene inspector, investigating and managing harmful substances ~~in~~ from companies. 4 I want to ~~live a life that helps~~ help both the environment and humans and ~~has~~ have a positive impact on society. 5

[그림 3-6] 영어 자기소개 사례

③ 형성평가 3: 영어 자기소개

학생들은 자신의 진로 분야, 희망 직업, 미래 모습에 대해 작성한 내용을 바탕으로 영어로 자신을 소개했다. 자신에 관해 알려 주고 싶은 사실, 관심 분야, 앞으로 무엇을 하고 싶은지에 대해서 각각 다섯 문장 이상씩 영어로 작성했다. 이때 교사와 피드백을 주고받으며 떠오른 아이디어를 담으려고 했다. 학생들이 영어로 작성한 내용은 교사가 확인이 필요한 부분을 파악한 후 학생들과 어떤 내용을 전달하려고 했는지 개별적으로 이야기를 나누며 수정했다.

④ 형성평가 4: 한글로 내용 정리 및 1차 초안 작성

영어로 자기소개가 끝나면 본격적으로 편지 내용을 구상했다. 자기소개, 자신의 진로 희망, 롤 모델에 대한 내용, 롤 모델로부터 배우고 싶은 점 등을 중심으로 편지 내용을 작성했다. 학생들의 수준에 따라 먼저 한글로 작성한 후 영어로 옮기거나, 처음부터 영어로 내용을 작성하기도 했다. [그림 3-7]은 한글로 먼저 편지 내용을 작성한 후 영어로 옮긴 사례를 소개한다.

전체적인 편지의 내용 구성, 문장 구조, 어휘 사용 등을 중심으로 학생들과 피드백했다. 피드백 과정에서 학생이 궁금한 점을 충분히 질문할 수 있도록 유도했고 이를 통해 학생의 수준을 파악할 수 있었다. 또한 학생에게 자신이 작성한 편지에서 부족한 점은 무엇이라고 생각하는지, 이를 어떻게 보완할 것인지에 대해 묻기도 했다.

⑤ 형성평가 5: 2차 초안 작성

2차 초안은 동료 피드백을 중심으로 검토했다. 학생들은 동료의 편지를 살펴보고 내용, 어휘, 어법 사용 등에 대해 의견을 나누었다. 또한 편

①자기소개
②관심분야
③미래모습
④선정이유
⑤롤모델에게 배우고 싶은 모습

Writing a Draft

3학년 (7)반 (7)번 이름 (김시은)

9

※ 1st Draft (in Korean)

「안녕하세요. 저는 가평고등학교에 재학중인 3학년 김시은 입니다.」 자기소개
「저는 평소 국제적 경영에 관심이 많았고, 이윤추구를 하면서도 환경에 오염은 주지 않는 경영방식에 대해 고민해왔습니다. 사회적 책임을 수행하여 이윤추구를 하는것이 기업에서의 의무이자 가장 중요한 일이라고 생각했습니다.」② 경영전략에 대해 탐구하던 중, ESG 경영방식의 대표적 기업인 '파타고니아'에 대해 알게되었습니다. '파타고니아'에 대해 조사해보니, 이 브랜드만의 장점들이 매우 많았습니다. 첫번째, 환경오염이 거의 없는 원단을 만들어, 옷을 제작한 것입니다. 이것은 정말 혁명적이라고 생각됩니다. 두번째는, 옷을 수선하고 재활용하는 캠페인 입니다. 또 마지막으로는 매출의 1퍼센트를 환경단체에 기부하는 등 사회에 기여하는 포괄적인 활동을 하고 있다는 점 입니다.

「ESG, CSV, CRS의 전략방식에 관심이 많았던 저는, 파타고니아만의 경영방식이 존경스러웠습니다. 따라서, 저의 롤모델이자 많은 영향을 끼친, 파타고니아의 대표 경영자 Ryan Gellert에게 이 편지를 보냅니다.」 제가 생각하였을 때, 파타고니아는 다른 의류 브랜드들과 달리 의류경쟁력을 친환경적으로 높였습니다. 게다가 이윤추구에도 성공해 지금은 큰 다국적 기업이 되었습니다. 「저는 이것을 통해 ESG, CSV, CRS의 경영방식은 사회적 의무와 책임만이 동반되는것이 아니라 그에 따른 이윤창출이 꼭 뒷받침 되어야한다는 것을 느꼈습니다.」「또한 파타고니아가 고객가치를 잘 실천하여 효율적이고 친환경적인 경영방식을 운영한것이 존경스럽습니다.」「— 아직까지는 가진자만이 더 많은 이익을 창출하고 소외된 사람들은 계속 어렵게 살고있습니다. 그래서 저는 가난한 사람들을 돕고 싶습니다.

「저의 목표는 유도리와 같은 직업기술을 판매하는 다국적기업을 만드는 것입니다. 저의 경영적 마인드는 이윤추구를 하면서도 사회불평등을 근절시키는 것입니다. 그리고 환경오염을 지키며 의무 수행을 통해 경영하고 싶습니다.」 저는 Ryan Gellert에게 많은 영향을 받았다고 생각합니다. 그리고 적절하고 존경스러운 경영방식에 대해 알게 되었습니다.」 파타고니아는 지금도 큰 브랜드지만, 앞으로 더 번영하길 희망합니다.

-존경하는 Ryan Gellert에게-

[그림 3-7] (계속)

(Sender's Name) Sieun kim
162, Seodal-ro, Seo-gu, Incheon
Republic of Korea

(Date) March, 24, 2023

Mr. Ryan Gallert (Recipient's Name)
235 W Santa clara St, (Recipient's Address)
Ventura, CA 93001
U.S.A

Dear Mr. Ryan Gallert

Hello, I am Sieun Kim who is currently in the third grade of Gajeong High School.

I have always been interested in the international economy and global ~~problems~~ issues. I ~~thought~~ think it ~~was~~ is a duty and the most important thing in a company to carry out social responsibility and pursue profits.

While exploring management strategies, I learned about Patagonia, a representative company of ~~esg~~ ESG management. 'Patagonia' has many advantages that I would be surprised to see. The first is to make clothes by making fabric that has little enviromental pollution. This is really revolutionary. The second is a campaign to repair and recycle clothes. Finally, 'Patagoina' is engaged in comprehensive activities that contribute to society, such as donating part of their sales to environmental organizations.

I was interested in management strategy methods such as ESG, CSV, and CRS. So I respect~~ed~~ Patagonia's ~~own method~~ philosophy. Therefore, I am writing to my role model, Ryan Gallert, CEO of Patagonia.

Unlike other clothing brands, Patagonia operates in an eco-friendly way. In addition, it has succeeded in purcing profits, and now it is a large multinational company. Through this, I learned that the right management method should be accompanied not only by social responsibility but also by profit generation. I also admire the efficient and eco-friendly way of operating a business.

- 1 -

[그림 3-7] (계속)

Writing a Draft

3학년 (8)반 (12)번 이름 (박지민)

1st Draft (in Korean)

안녕하세요. 저는 가정고등학교 3학년 학생인 박지민 입니다. 저는 생명과학 과목을 가장 좋아하고 음악 듣는 것을 좋아합니다. 가장 좋아하는 음식은 치킨입니다. 저는 미래에 다른 사람들에게 도움이 되는 직업을 가지고 싶다는 목표가 있습니다.

저는 가르치고 이끄는 것을 좋아합니다. 또 늘 에너지가 넘치는 장소인 학교를 좋아합니다. 누군가를 가르치는 것에도 흥미가 있습니다. 나의 지식이 남에게 도움이 된다는 것이 즐겁습니다. 가르침은 남 뿐만 아니라 나 또한 발전시킵니다.

저는 사회적으로 꼭 필요한 보건 분야의 직업을 가지고 싶습니다. 어렸을 적 도움을 주셨던 한 보건선생님을 보고 보건교사의 꿈을 가지게 되었습니다. 보건교사가 되어서 학생들을 치료하고 싶습니다. 그리고 부족한 보건교육을 바로잡는데에 기여할 것입니다.

저는 당신의 인터뷰 영상을 보고 깊은 감명을 받았습니다. 사회적으로 선한 영향력을 끼치려는 사람 같아서 응원하고 싶었습니다. 당신의 마인드를 배우고 싶었습니다.

남을 위해 봉사하는 마음을 배우고 싶습니다.
남들이 각 하지 않는 사회적으로 꼭 필요한 일을 도맡아 하는 것을 본받고 싶습니다.
또 어머니와 선생님에게 받은 가르침을 통해 사람들을 도우려는 사명감을 배우고 싶습니다.
어려운 상황에서도 꿈을 이뤄낸 당신 처럼 저도 꿈을 이루고 싶습니다.

[그림 3-7] (계속)

(Sender's Name) Park Jimin
162, Seodal-ro, Seo-gu, Incheon
Republic of Korea

(Date) March 22, 2023

Thomas Tavan Arcot (Recipient's Name)
131757, Dongil-ro, (Recipient's Address)
Nowon-gu, Seoul,
Republic of Korea

Dear Mr. Thomas

Hello, I'm Park Jimin, a senior at GaJeong High School in Korea. My favorite subject is life science and My hobby is listening to music. My favorite food is chicken. I want to have a job that is helpful to others in the future.

I like to help and lead others. ~~also~~, I also like school, which is always full of energy. ~~and~~ A I am interested in teaching others. I am happy that my knowledge is helpful to others. Teaching is better because it develops not only others but also myself.

I want to have a job in the field of health which is necessary for society. When I saw a school nurse who helped me when I was young, I had a dream of becoming a school nurse. I will become a school nurse and treat students. And I will contribute to improving insufficient health education.

I was deeply impressed by your interview video. You have had a good influence on society ~~I wanted to cheer for him because he seemed like a person who wanted to have a good influence on society~~. I wanted to learn your mind.

I want to learn from you how to serve others. And I want to learn how to do things that are socially necessary, but ~~that~~ others are not willing to do ~~don't do well~~. I also want to learn a sense of duty to help people through the teachings you received from Father Lee Tae-seok.
I respect you for achieving your dream even in difficult situations, and I also want to achieve my dream like you.

- 1 -

[그림 3-7] 한글로 내용 정리 및 1차 초안 작성 사례

309.21 최다희

(Sender's Name) Dahee choi
162, Seodal-ro, Seo-gu, Incheon
Republic of Korea

(Date) March 24, 2023.

Mr. Joshua Lusting (Recipient's Name)
188, Sejong-daero, (Recipient's Address)
Jongno-gu, Seoul,
Republic of Korea.
(03141)

translate
into E

Dear Mr. Joshua Lusting

Hello, I'm 18-year-old Choi Dahee attending Gajeong High School in Korea. Among the classes in school, I like Chinese and English classes the most. I even became interested in Spanish and tried learning it, and it was really fun as expected. It's amazing and cool that communication is possible in a foreign language! My hobby is listening to musical numbers and songs. Listening to pop songs on the bus after finishing all the daily schedules is one of my favorite things to do.

Since I was young, I have always enjoyed learning about foreign cultures, languages, and delivering new information. When I entered a high school, my interest in diplomacy and cultural exchange has grown. Particularly, I am drawn to 'Public Diplomacy,' which involves direct communication with foreign citizens. The idea of working with people of different nationalities and promoting Korea abroad is very exciting to me. When I ran into this field, it felt like it was made for me. Although it is not a well-known field among my teachers and friends, I am determined to gather information and learn more about it. As I dig deeper into this field, I become more and more enamored with it and could not resist its allure.

As my field of interest is in 'Public Diplomacy', I want to have a job related to this area. In my first year of high school, I wanted to become a foreign service officer working in an overseas embassy, preparing various diplomatic forums, planning language training, or working at a cultural center

- 1 -

[그림 3-8] (계속)

to introduce Korean culture and language to foreigners living in Korea. I have begun to look into overseas embassies in Korea for over two years. Then I found out that the U.S. Embassy in Korea had a 'Public Diplomacy' department, and I was thrilled to learn that there was a specialized public diplomacy. I want to live as a public diplomacy office member at the U.S. Embassy in Korea, respecting and understanding the citizens of both Korea and the United States and making Korean-U.S. public diplomacy more active. Furthermore, since the field of 'Public Diplomacy' has not yet been widely popularized, I want to help people understand the importance and necessity of 'Public diplomacy'.

I'm writing this letter to you because you are working in the Public Diplomacy Section of the U.S. Embassy in Korea, which I really want to work for. You have a great deal of knowledge about public diplomacy and, most importantly, you are my role model. As a third-year high school student, I now have to decide what to study in college to pursue a career in public diplomacy. I'm struggling to figure out what major would be best for me in order to work in this field later on.

I want to be a great public diplomate like you! In particular, I want to emulate your passion and pride in your work. I know I still have a long way to go, but from next year onwards,

I look forward to hearing from you.

Yours sincerely,

다희 (Your Signature)

최다희 (Your Name)

[그림 3–8] (계속)

30910 박혜원

(Sender's Name) Hye Won Park
162, Seodal-ro, Seo-gu, Incheon
Republic of Korea

(Date) March 24, 2023

Greta Tintin Eleonora Emman Thunberg (Recipient's Name)
Stiftelsen The Greta Thunberg (Recipient's Address)
Foundation c/o Von Euler &
Partners Carlelgatan 1 114
36 Stockholm, SWEDEN

Dear MS. Greta Tintin Eleonora Emman Thunberg.

① Hello. I'm Hye Won Park, a senior in Gojeong High School in Incheon, Korea. ② My family consists of my parents, older brother, older sister and me. ③ I really enjoy looking at clear skies and stars. ④ When I need a peace of mind, I listen to the sound of the ocean or see the blue sea. // 자기소개

⑤ However, the ocean is becoming polluted with trash more and more. ⑥ So these days, I'm interested in searching for news or articles about the marine ecosystem. ⑦ I also find it interesting to see pictures or videos to predict what the natural environment will look like in 10 years. ⑧ Despite the fact that most of them show bleak future, I watch them because they make me on my guard against worst-case scenarios. // 관심 있는 것

⑨ I want to continue to have an interest in climate change and environmental pollution in the future. ⑩ I want to become a person who takes action to prevent bad situations. ⑪ I want to pursue a career as an environmental hygiene inspector, investigating and managing harmful substances from companies. ⑫ I want to help both the environment and humans and have a positive impact on society. // 미래 모습

⑬ I chose you as my role model. ⑭ Even at a young age, you have clear values regarding the environment. ⑮ I also had many doubts about how to solve environmental problems. ⑯ I really agree with you. ⑰ Furthermore, your courage to speak confidently about your opinions in front of

- 1 -

[그림 3-8] (계속)

many people is impressive. // 선정 이유

⑱ I was very impressed when you decided not to go to school to show your thoughts. ⑲ I tend to prefer stability and follow the path that people usually take. ⑳ However, you found your own way instead of blindly following what society teaches. ㉑ I want to learn how to have confidence in myself. // 배우고 싶은 것

㉒ I'll support everything you do and wish you luck. ㉓ I'll also strive to take action for the environment and achieve my dream."

I look forward to hearing from you.

Yours sincerely,

Hyewon Park (Your Signature)

Hye Won Park (Your Name)

[그림 3-8] 2차 초안 작성 사례

Hye Won Park
162, Seodal-ro, Seo-gu, Incheon
Republic of Korea

March 31, 2023

Ms. Greta Tintin Eleonora Ernman Thunberg
Stiftelsen The Greta Thunberg Foundation
c/o Von Euler & Partners Cardellgatan
114 36 Stockholm, SWEDEN

Dear Ms. Greta Tintin Eleonora Ernman Thunberg

Hello. I'm Hye Won Park, a senior in Gajeong High School in Incheon, Korea. My family consists of my parents, older brother, older sister and me. I really enjoy looking at clear skies and stars. When I need a peace of mind, I listen to the sound of the ocean or see the blue sea.

However, the ocean is becoming polluted with trash more and more. So these days, I'm interested in searching for news or articles about the marine ecosystem. I also find it interesting to see pictures or videos to predict what the natural environment will look like in 10 years. Despite the fact that most of them show bleak future, I watch them because they make me on my guard against worst-case scenarios.

I want to continue to have an interest in climate change and environmental pollution in the future. I want to become a person who takes action to prevent bad situations. I want to pursue a career as an environmental hygiene inspector, investigating and managing harmful substances from companies. I want to help both the environment and humans and have a positive impact on society.

I chose you as my role model. Even at a young age, you have clear

- 1 -

30910 박혜원

[그림 3-9] (계속)

values regarding the environment. I also had many doubts about how to solve environmental problems. I really agree with you. Furthermore, your courage to speak confidently about your opinions in front of many people is impressive.

I was very impressed when you decided not to go to school to show your thoughts. I tend to prefer stability and follow the path that people usually take. However, you found your own way instead of blindly following what society teaches. I want to learn how to have confidence in myself.

I'll support everything you do and wish you luck. I'll also strive to take action for the environment and achieve my dream.
I look forward to hearing from you.

Yours sincerely,

HyewonPark

Hye Won Park

- 2 -

[그림 3-9] (계속)

Dahee Choi
162, Seodal-ro, Seo-gu, Incheon
Republic of Korea
March 31, 2023

Mr. Joshua Lusting
188, Sejong-daero,
Jongno-gu, Seoul, Republic of Korea
(03141)

Dear Mr. Joshua Lusting

Hello, I'm 18-year-old Choi Dahee attending Gajeong High School in Korea. Among the classes in school, I like Chinese and English classes the most. I even become interested in Spanish and tried learning it, and it was really fun as expected. It's amazing and cool that communication is possible in a foreign language! My hobby is listening to musical numbers and songs. Listening to pop songs on the bus after finishing all the daily schedules is one of my favorite things to do.

Since I was young, I have always enjoyed learning about foreign cultures, languages and delivering new information. When I entered a high school, my interest in diplomacy, and cultural exchange has grown. Particularly, I am drawn to 'Public Diplomacy,' which involves direct communication with foreign citizens. The idea of working with people of different nationalities and promoting Korea abroad is very exciting to me. When I ran into this field, it felt like it was made for me. Although it is not a well-known field among my teachers and friends, I am determined to gather information and learn more about it. As I dig deeper into this field, I become more and more enamored with it and could not resist its allure.

As my field of interest is in 'Public Diplomacy,' I want to have a job related to this area. In my first year of high school, I wanted to become a foreign service officer working in an overseas embassy, preparing various diplomatic forums, planning language training,

- 1 -

30921최다희

[그림 3-9] (계속)

or working at a cultural center to introduce Korean culture and language to foreigners living in Korea. I have begun to look into overseas embassies in Korea for over two years. Then I found out that the U.S. Embassy in Korea had a 'Public Diplomacy' department. and I was thrilled to learn that there was a specialized public diplomacy. I want to live as a public diplomacy office member at the U.S. Embassy in Korea, respecting and understanding the citizens of both Korea and the United States and making Korean-U.S. public diplomacy more active. Furthermore, since the field of 'Public Diplomacy' has not yet been widely popularized, I want to help people understand the importance and necessity of 'Public Diplomacy.'

I'm writing this letter to you because you are working in the public diplomacy section of the U.S. Embassy in Korea, which I really want to work for. You have a great deal of knowledge about public diplomacy and, most importantly, you are my role model. As a third-year high school student, I now have to decide what to study in college to pursue a career in public diplomacy. I'm struggling to figure out what major would be best for me in order to work in this field later on.

I want to be a great public diplomat like you! In particular, I want to emulate your passion and pride in your work. I know I still have a long way to go, but from next year onwards, I will be studying hard in college and participating in overseas volunteer activities, pushing my limits to follow in your footsteps. I hope to meet you at any embassy in the future. Have a great day! I look forward to hearing from you.

Yours Sincerely,

다희

최다희

- 2 -

[그림 3–9] 완성된 영어 편지 사례

지라는 의사소통 수단의 장단점, 편지를 효과적인 의사소통 수단으로 활용하려면 어떻게 해야 하는지 등에 대해서도 토론했다.

⑥ 총괄평가: 영어 편지 완성

학생들은 두 차례의 초안 작성과 피드백 과정을 거쳐서 영어 편지를 완성했다. 완성된 편지는 우편으로 부칠 수 있도록 예쁜 종이에 작성했다.

(3) 평가 과제의 채점

과제의 채점은 학생의 과제 참여도와 영어 편지의 전체적인 완성도를 평가하는 데 초점을 두었다. 학생들은 과제 설계부터 편지 완성까지 개인에 따라 차이는 있지만 총 6단계 또는 7단계에 걸쳐 과제를 완성했다. 수행 과제를 단계별로 설계한 것은 학생 스스로 시행착오를 거쳐서 과제를 완성하는 경험을 제공하려는 목적이었다. 단계별 과제는 학생들의 활동 참여를 독려하기 위해 참여에 초점을 두고 평가했다. 내용을 얼마나 잘 작성했는지보다 학생들이 과제를 하면서 어떤 고민을 했

〈표 3-6〉 **영어 편지 쓰기 형성평가 채점 기준표**

평가 항목	기준	배점
과제 참여	과제의 모든 단계에 적극적으로 참여하였고 주도적으로 정보를 수집하고 내용을 작성함	8
	대부분의 단계에 적극적으로 참여하였으나 일부 단계에서 소극적인 모습을 보임	6~7
	필수적인 단계는 수행하였으나 일부 단계에서 참여가 부족하거나 미흡함	4~5
	일부 단계만 참여하였고 여러 단계에서 참여가 현저히 부족함	2~3
	거의 참여하지 않았거나 과제 수행에 필요한 기본적인 단계를 소홀히 함	0~1

는지 등을 함께 이야기하는 피드백 수단이었다. 이는 형성평가를 통해 학생의 학습 성취를 돕는 IB의 평가 설계를 활용한 방법이다. 다만 실제 교실 수업에서는 수행평가로 실시되었고 학생들의 적극적인 참여를 유도하고자 아래 채점 기준표에 따라 점수를 부여했음을 밝힌다. 영어 편지 쓰기 형성평가의 채점 기준은 〈표 3-6〉과 같다.

완성된 편지에 대해서는 편지가 의사소통의 수단임을 고려하여 언어 표현, 언어 사용, 메시지, 편지 형식을 중심으로 평가했다. 언어 표현의 경우, 편지를 받는 이에게 적절한 언어 표현이 사용되었는지 평가했다. 언어 사용에 있어서는 어법과 어휘의 적절한 사용을 평가했다. 메시지에서는 편지에 포함되어야 할 내용 요소를 평가했다. 의사소통에 있어서 형식 또한 중요하므로 영어 편지를 적절하게 구성하는 능력도 평가에 포함했다(〈표 3-7〉 참조).

〈표 3-7〉 **영어 편지 쓰기 총괄평가 채점 기준표**

평가 항목	기준	배점
언어 표현	적절하고 다양한 언어 표현을 사용하여 편지 받는 이에게 존중과 친근함을 표현함	4
	대체적으로 적절한 언어 표현을 사용하였으나 소수의 어색한 표현이 포함됨	3
	언어 표현이 부적절하거나 의미 전달에 혼란을 주는 표현이 다소 있음	2
	자주 부적절한 언어 표현을 사용하여 수신자에게 혼란이나 불편함을 줄 수 있음	0~1

언어 사용	문법과 어휘 사용이 정확하고 풍부하여 편지 내용을 명확하고 효과적으로 전달함	5
	소수의 문법적 오류나 어휘 선택 오류가 있지만 전반적으로 편지 내용이 명확함	4
	문법적 오류나 어휘 사용의 오류가 종종 있으나 메시지를 이해할 수 있음	3
	빈번한 문법적 오류나 부적절한 어휘 사용으로 의사소통에 어려움이 있음	2
	문법적 오류와 부적절한 어휘 사용이 매우 빈번하여 의사소통이 매우 어려움	0~1
메시지	내용 전달에 필요한 요소를 모두 포함하며 명확하고 설득력 있는 메시지를 전달함	10
	내용 전달에 필요한 대부분의 요소를 포함하며 메시지가 비교적 명확하고 설득력 있음	8~9
	일부 필수 요소가 누락되거나 메시지 전달이 부분적으로 명확하지 않음	5~7
	필요한 요소가 다수 누락되어 있고 메시지 전달이 불분명함	3~4
	대부분의 메시지가 불분명하며 목적을 이해하기 어려움	1~2
	메시지가 전혀 이해되지 않거나 편지의 목적과 전혀 상이함	0
편지 형식	편지 형식을 완벽하게 지켰으며 모든 요소가 적절하게 배열됨	3
	일부 형식적 요소가 누락되거나 잘못 배치되었으나 전반적인 형식은 유지됨	2
	형식적 요소가 다수 누락되거나 잘못 배치되어 편지 형식의 전문성이 떨어짐	1
	편지 형식을 거의 지키지 않았거나 전혀 다른 형식을 사용함	0

수업 설계와 탐구학습의 마중물, 탐구질문

이경희

1. 어떻게 묻고, 어떻게 묻게 할까

늦은 나이에 IBEC 학위과정에 진학해서 IB의 낯선 프레임과 시스템을 익히느라 얼마나 몸살을 앓았는지 모른다. 지원서를 내며 품었던 미지의 세계에 대한 신선한 호기심은 온데간데없고, 불친절한 번역체의 수많은 문서 내용과 특히 영어 이니셜로 되어 있는 수십 개의 용어 속에서 다른 사람들은 척척 이해하는데 혼자만 모르는 것 같은 자괴감마저 극복해야 하다 보니 매일매일이 고군분투였다.

IB 수업은 개념기반 탐구수업이고, 탐구를 위해 '탐구질문'을 활용해야 함을 확인했을 때, '아, 이제 좀 아는 게 나오는구나!' 싶은 반가움에 사실 은근히 위안이 되었다. 오래전부터 학생들의 질문을 적극적으로 활용하는 수업을 설계하고, 그 질문을 토대로 토의 · 토론과 수행평가를 연계해서 수업해 왔기 때문에 탐구질문만큼은 좀 아는 척을 하며 주눅 들지 않고 공부할 수 있겠구나 하고 내심 기대했다.

옛말은 틀린 게 없다. 기대가 크면 실망도 크다. 사전적 의미로 '파고 들어 깊게 연구하다.'라는 뜻의 탐구는 교육학에서는 '학생이 문제를 인식하고 질문에 답을 하면서 문제를 해결하는 과정'을 의미한다. 그러니 탐구질문은 그 과정에 필요한 질문이다. 어려울 게 없다. 그런데 이게 뭐람. 수업을 탐구질문으로 구성해야 하는데, 탐구질문에 사실적 질문, 개념적 질문, 논쟁적 질문이 있다고 한다. 이 세 가지는 도대체 뭐가 다르며 어떻게 만들고, 수업의 어느 시점에서 어떻게 활용해야 하는 것인가? 따져 물을 새도 없이 실습이다. 모둠의 교사들과 머리를 맞대고 고심해서 만들었는데, 우리가 만든 개념적 질문은 사실적 질문이란다. 논쟁적 질문은 단순한 의견을 묻는 게 아니라 더 과감하게 시빗거리가 될 수 있어야 한단다.

DP의 단원 계획에서 탐구질문을 개발하는 과정은 더 고난이었다. 단원 학습에서 필수 이해 내용을 추출하고 이를 내용기반 · 기능기반 · 개념기반 탐구질문으로 변환하는데, 아무리 고민하고 다듬고 수정해도 기능기반 탐구질문이 아니라 내용기반 탐구질문이라는 회신이 왔다. 질문의 도구나 표현의 문제가 아니란 생각이 들어 원초적인 시각으로 다시 시작해 보자며 기능의 필수 이해 내용을 살펴보던 중 문득 우리는 지금까지 수업에서 기능을 따로 가르쳐 본 경험이 없구나 싶은 생각이 들었다. 수행평가로 에세이 쓰기 과제를 설정하고, 에세이는 어떻게 쓰는 것인지 가르쳤던가? 발표하기나 프레젠테이션하기 등을 평가 과제로 제시하고, 발표를 잘하는 기술과 프레젠테이션을 잘하는 기술에 대해 가르쳤던가?

이대로는 안 되겠다 싶어 IB의 MYP와 DP 가이드 북을 펼쳐 들고 탐구질문에 대한 설명을 죄다 모아 정리했다. 그래도 부족한 점은 각종 논문과 출판된 서적을 찾았다. 칼라 마셜(Carla Marschall)과 레이첼 프렌치

(Rachel French)의 『생각하는 교육과정과 수업을 위한 개념 기반 탐구학습의 실천(Concept-Based Inquiry in Action)』(2018/2021)에서는 탐구질문을 안내질문으로 부르며, 논쟁적 질문은 호기심을 촉발하는 질문으로 소개하고 있다. 맥타이와 위긴스(Mctighe & Wiggins, 2013/2022)는 수업에서 활용하는 질문을 유인질문, 유도질문, 안내질문, 핵심질문 네 가지로 유형화하고 학생들의 사고력을 촉발하고 탐구를 증진하기 위해 핵심질문이 가장 중요하다고 강조한다. 특히 핵심질문과 비핵심질문의 차이를 구분한 뒤 핵심질문을 다시 총체적 핵심질문과 한정적 핵심질문으로 나눈다. 이때 광범위하고 전이 가능한 이해를 이끌기 위해서는 총체적 핵심질문을 활용할 수 있어야 한다고 제시한다.

부족해도 문제지만, 넘쳐도 동티가 난다. 도무지 혼란스러워서 말이다. 문제는 의미도 뉘앙스도 조금씩 다른 이 다양한 유형의 질문을 도대체 어떻게 구별하고, 수업에서는 또 어떻게 활용해야 한단 말인가? 이걸 모두 정확히 알고 질문을 개발해서 수업에 적용해야만 하는 것일까?

그러던 중 운 좋게 IB 월드 스쿨에 근무하는 교사들과 짝이 되어 IB 수업과 관련된 교과서를 개발하는 일을 하게 되었다. 역시 실전만큼 좋은 스승은 없다고, 이 과정에서 IB 수업의 핵심이라고 할 수 있는 탐구질문의 실체를 경험하면서 공부하며 품었던 많은 궁금증을 해결할 수 있었다. 가장 인상 깊었던 것은 탐구질문의 개발이 곧 수업의 방향과 흐름을 결정하는 중요한 나침반이라는 점이다. 차시와 차시 간 학습 목표 및 평가의 연계와 위계를 직관적으로 해결하곤 했던 내가 가장 크게 성찰했던 지점이기도 하다.

chatGPT, 챗봇과 같은 생성형 AI의 등장은 분명 이제 인간은 무엇을 해야 하는가에 대한 불안과 우려를 초래하고 있다. 그러나 인류는 지금 그 불안과 우려를 놀라운 상상력과 기술력을 발휘해 적응과 기대로 차

층 바꾸고 있다. 그리고 그와 동시에 각 분야에서 '질문'에 대한 관점이 새롭게 부각되는 중이다. 20세기에는 질문을 할 수 있느냐의 여부가 결과를 바꾸었다면, 4차 산업혁명으로 대두되는 21세기에는 어떻게 묻느냐가 결과를 좌우한다. 탐구질문을 활용한 IB의 개념기반 탐구수업 시스템은 그런 면에서 우리 교육에 시사하는 바가 크다.

물론 규격화된 프레임이나 시스템은 그 격식과 규범 때문에 때로 개인의 자율성과 개성을 용인하지 않을 수도 있다. 그러나 개인의 재량권에만 의존했을 때 발생하게 될 예측 불가능한 결과와 개인 간 역량의 차이로 인한 불공평한 분배의 상황은 교육 현장에서도 예외가 되긴 어렵다. 전 세계 어느 학교에서나 모두 활용할 수 있는 개념기반 탐구수업 시스템을 마련한 IBO의 안목이 그래서 새삼 놀랍다. IB 수업과 평가의 프레임이 다양한 교육이론과 여러 학자의 견해를 모아 다소 느슨하고 대강화된 체계를 갖추고 있는 것은 사실이나, 그러한 특징으로 인해 오히려 시스템의 취약점이라 할 수 있는 개인의 자율성을 최대한 발휘할 수 있다는 강점도 있기 때문이다.

이러한 IB 수업의 좋은 점에 호기심을 갖고 탐구질문에 궁금증을 느낄 누군가에게 도움이 될 수 있다면 그동안 IBEC 1기 동기들과 공부하며, 그리고 여러 경로를 통해 좌충우돌 고생한 과정에서 얻게 된 배움의 열매들을 부족하지만 기쁘게 나누어 보고자 한다.

2. 어떤 질문이 탐구질문이 될까

최근 제시되는 다양한 교수 · 학습 접근 방법에서 학생의 역할을 강조하지 않는 경우는 드물다. IB의 개념기반 탐구학습 역시 깊이 있는 학습을 위해 학습 과정에서 학생의 역할을 매우 중요하게 여긴다. 뇌과학 관련 연구와 상황학습이론 등의 부각은 지금까지의 학습에 대한 관점을 바꾸었고, 이러한 변화는 학습 과정에서 교사의 역할만큼이나 학생의 역할 역시 중요함을 인식하게 만들었다.

학습은 단순 사실과 정보를 암기하는 것이 아니라, 학습자 자신과 자신을 둘러싼 세계에 대해 탐구하며 스스로 의미를 구성해 나가는 과정이다. 그 과정에서 학습자는 때로는 협력적으로 때로는 독립적으로 자신과 자신을 둘러싼 세계와 끊임없이 상호작용하며 자신의 정체성 및 삶에 대한 맥락과 세상에 대한 가치를 연이어 점검하고 재구성한다. 이러한 학습 과정은 이미 생성된 의미 체계에 꾸준히 새로운 아이디어를 결합하며 그 폭과 깊이를 더해 지속적인 행동의 변화를 이끌게 되기에 학습자가 능동적이고 주체적인 역할을 의미 있게 수행할 때, 깊이 있는 학습이 이루어진다고 할 수 있다.

교수·학습 과정에서 탐구활동은 학생이 학습 상황에 깊이 파고들어 문제를 정확히 인식하고 이를 해결하는 방법을 체계적으로 탐색해 맥락에 맞는 보편적 사고에 도달하기를 기대한다. 사실과 정보를 주입하는 데 급급한 학습 상황에서는 학생의 능동적인 사고 과정이 발휘될 기회가 많지 않다. 다양한 현상이 교차되는 보다 심층적인 문제 상황에서 전체와 부분을 통합할 수 있는 맥락을 발견하고 이를 통해 보편적인 원리와 가치를 이끌어 낼 수 있는 사고를 촉발하는 학습 경험은 학생이 배움의 보람을 만끽하게 되는 순간이라 할 수 있다.

문제는 이러한 학습 상황이 펼쳐지기 쉽지 않다는 것이다. 돌이켜보면 정말 오랫동안 수많은 수업에서 전달해야 하는 학습 내용을 어떻게 잘 구조화해서 정확하게 학생들에게 설명할 것인가에 최선을 다해 골

몰하지 않았나 싶다. '잘 가르치는 교사'란 시험에 나올 만한 핵심 내용을 간추려서 학생들이 기억하기 좋을 만큼 맛깔난 잔칫상을 차릴 수 있는 능력을 발휘할 수 있느냐로 판별되는 것이라고 착각한 셈이다. 학생들은 어떨까? 교사가 이러하니 학생들에게 학교 공부는 암기투성이가 될 수밖에 없다.

어느 순간 공부란 무엇일까, 무엇을 가르치고 배워야 할까를 깊이 성찰하게 되었던 계기는 겨울의 한 마디에서 우연히 만난 한 권의 책 덕분이었다. 그 책은 한마디로 단호하게 교사가 묻고 교사가 대답하는 수업이 최하품 수업이라고 딱 잘라 말했다. 솔직히 거친 항변이 울컥 밀려올라오지 않은 것은 아니었으나 곰곰이 생각해 보니 그 지적은 수업에서 탐구의 주도권이 누구에게 있어야 하는지를 말하는 것이었다. 결국 그해에 수업을 학생의 질문으로 시작해서 학생의 질문으로 끝내야겠다는 야심 찬 포부를 기획했다.

도전은 험난했다. 질문은 어떻게 생성해야 하고 어떻게 구성해야 하는 걸까? 어떤 질문을 수업의 처음에 시작하고 어느 순간에 또 다른 질문으로 이어 나가야 하는 걸까? 어떤 질문이 학생들의 사고를 끌어내어 한 단계 향상된 지평으로 건너갈 수 있게 할 수 있을까? 어떻게 물어야 학생들이 스스로 그 질문의 바다에서 끝없이 사고의 맥락을 풀어 나갈 수 있을까? 쉽게 답이 찾아지지 않는 계속되는 고민과 실험으로 몇 달간 수업은 온통 실험실 같았다. 다행히 부족한 저자의 실험에 기꺼이 동참해 준 훌륭한 학생들을 만나 수업에서 학생들의 능동적인 배움을 자극할 질문과 질문을 연결한 결과물이 'Q · T 네트워크 프로그램'이다.

이 수업에서 학생들은 학습할 내용에 대한 자신의 질문을 모둠에서 모아 선별하고, 선별된 질문을 학급 전체가 공유했다. 그리고 그렇게 모은 질문에 대해 토의하고 다시 질문하며 서로의 생각을 포개어 나가는

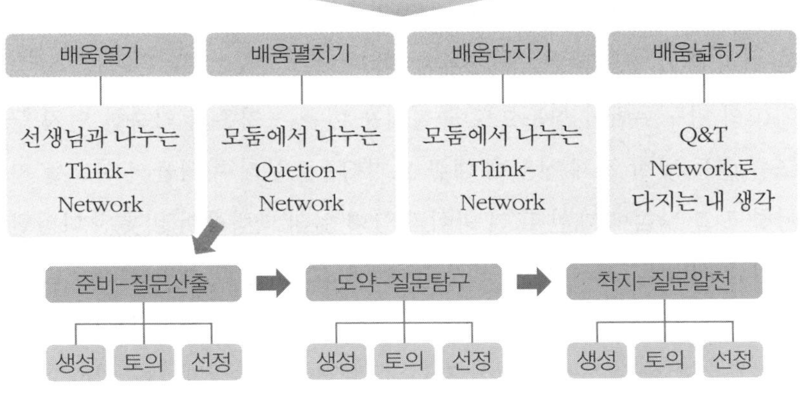

[그림 4-1] 'Q · T 네트워크' 질문수업 활동 프로그램 모형

과정에서 학생들은 사고의 상호작용을 내면화하며 매시간 각본 없는 드라마를 연출했다. 그 상황에서 교사는 '오, 놀라운 그 생각을 인물의 행동을 근거로 구체적으로 제시해 주겠어요?' '또 다른 생각은 없나요?' 등 학생들의 생각을 이어 나가는 징검다리 역할이면 충분했다. 적어도 이 프로그램에서 학생들은 능동적 질문 생산자요, 실천적 의미 생산자였다.

수업을 이끄는 핵심적인 질문은 깊이 있는 학습을 위한 가교이다. 학습자의 탐구 과정에 막힘이 없도록 지원하고 사고의 깊이를 확장해 나가도록 조력할 수 있는 장치는 수업의 윤활유가 된다. 질문으로 시작해서 질문으로 끝나는 수업은 자연스럽게 한 차시로 끝나는 수업이 아닌 장기적 플랜을 토대로 학생들의 사고를 자극하고 스스로 자료를 조사하며 의미를 생성하는 활동을 이끌 수밖에 없었는데, IB에서도 이처럼 질문으로 계획된 탐구학습을 적극 권장한다는 것을 IBEC 과정을 이수하며 알게 되었다. 다만, IB 수업에서의 질문은 교사가 사전에 단원 전체를 조망하며 학생의 탐구 과정에서의 깊이 있는 사고를 이끌고 전이 목표에 도달하기 위해 개념적 이해에 근거해 철저하게 계획된 설계라는 점이 나의 질문수업을 성찰하게 했다.

IB의 탐구수업이 질문으로 구성되는 이유는 기존의 익숙한 인지 구조를 흔들 낯선 문제 상황에 대한 호기심으로부터 학생들의 사고를 자극하고 그 낯섦에 대한 도전 의식과 함께 삶의 맥락에서 비롯된 다양한 현상을 개념적 사고로 확장시키는 탐구의 한 계단 한 계단을 스스로 오르게 하기 위함이다. 그 과정에서 교사는 지원자이고 조력자일 뿐이다. 교사가 제시한 질문을 학생이 자신의 학습 조건에 맞게 재구성하고 이와 관련한 문제 상황에 접근할 방법이나 이를 해결하기 위한 전략을 스스로 선택할 수 있는 책임 있는 탐구학습자를 IB는 키우고자 하는 것이다. 그러기에 IB 탐구학습에서 탐구질문은 깊이 있는 탐구학습을 위한 징검다리가 된다.

따라서 탐구질문은 학습자가 어제의 학습을 통해 알고 있을 만한 사실을 회상하게 하거나 수업의 시작을 알리려는 동기유발 차원에서, 교사의 설명을 이해했는지 확인하기 위한 또는 학습자의 이목을 집중시키기 위한 단순 유도질문과 구별된다. 이러한 유형의 질문만 가득한 수업을 하고 학생들의 사고를 자극하는 질문형 수업을 했다고 오해하면 안 된다. 수업을 위해 교사가 제시하는 모든 질문이 유용한 역할을 하는 것은 맞지만, 그 질문이 모두 심층적인 사고를 발휘하고 기능을 이해하며 적용하기 위해 지속적인 탐구를 실행해야 하는 학습자에게 적합한 질문은 아니다(Mctighe & Wiggins, 2013/2022).

그렇다면 어떤 질문이 학생들의 사고를 촉발하고 개념과 개념을 연결하여 전이 가능한 깊이 있는 학습을 가능하게 할 수 있을까? 다음에

제시된 질문을 비교해 보고 탐구질문으로 적합하다고 생각하는 질문을 골라 보자.[1]

① 이 글의 종류는 무엇인가? ( )
② 작품에서 주인공과 갈등을 일으키는 인물은 누구인가? ( )
③ 이 글의 작가는 어느 시대 사람인가? ( )
④ 위대한 작가는 어떻게 독자를 사로잡는가? ( )
⑤ 언어생활에서 무엇을 믿어야 할지 어떻게 알 수 있는가? ( )
⑥ 언어는 인간이 지식을 공유하고 협력하는 데 항상 긍정적으로 작동하는가? ( )

탐구질문을 고르며 느꼈겠지만, 탐구질문은 수업의 방향과 흐름을 결정한다. 탐구질문을 구성할 때 가장 중요한 지표이면서 교사의 영감을 자극하는 것이 탐구진술, 즉 전이목표가 되는 이유이다.[2] '위대한 작가는 어떻게 독자를 사로잡는가?'라는 탐구질문을 개발한 교사가 어떤 수업을 설계할지 상상해 보자. 적어도 학생들은 이 질문을 탐구하기 위해 위대한 작가는 어떤 사람이며, 작가가 독자를 사로잡는다는 것은 어떤 의미이며, 독자가 작가에게 매료되는 이유는 무엇인지, 작가는 독자를 사로잡기 위해 어떻게 글을 쓰는지, 그 방법이 작가를 위대하게 만드는 이유인지 등에 대해 심도 있게 사유하게 될 것이다. 즉, 탐구질문은 수업 설계에서 단원 학습의 최종 목표에 도달하기 위한 실행전략이라고 생각하면 된다. 때문에 탐구질문은 수업에서 중추적인 수업활동이

1) 정답은 이 장의 마지막 쪽에 제시했다.
2) 2022 개정 교육과정을 재구성하여 탐구질문을 작성한다고 하면, 각 교과에 제시된 핵심아이디어를 토대로 전이목표를 추출하고 성취기준을 참고하여 탐구질문을 구성할 수 있다.

나 형성평가로 구현되거나 총괄평가를 위한 최종 탐구 과제와 직접적 또는 간접적으로 연계되어야 한다. 탐구질문을 구성했는데, 수업에서 탐구질문이 활용되지 않고 탐구질문과 무관하게 수업이 운영되어 탐구 질문이 수업 설계안에만 존재하거나, 평가와 연계되지 않는다면 그 수업은 적어도 깊이 있는 이해를 위한 탐구수업과는 거리가 멀다.

그러니 탐구질문은 학습 과정에서 학생들의 사고를 촉진하고, 다음 단계의 이해로 나아갈 수 있도록 이끌어야 한다. 단순한 사실과 정보에 대한 표면적 학습에서 벗어나 깊이 있는 학습으로 나아가기 위해 적재 적소에 주어진 문제 상황과 관련하여 교사가 제시한 질문을 탐구하거나 혹은 발견한 문제 상황에 대해 스스로 질문을 구성하며 학습 경험의 폭과 깊이를 확장하는 스위치 역할을 탐구질문이 해 주는 셈이다. 그렇다면 교사가 제시하는 질문이 학생들마다의 모든 상황에 항상 적합하고 유용할까?

저명한 교육학자인 그랜트 위긴스(Grant Wiggins)가 학교에 방문해 교사들에게 학급 전체 학생을 대상으로 가르치는지, 가장 유능한 학생들만을 대상으로 가르치는지 질문했다고 한다. 대부분의 교사가 당연히 학급의 전체 학생을 대상으로 수업한다고 대답했지만, 교사의 이러한 대답에 학생들은 절반만 동의했다는 이야기에서 위긴스가 질문을 던진 내심은 우리 교실 상황에서도 고려해 볼 만하다.

뛰어난 인지력과 판단력을 지닌 학생은 학습에 필요한 개념과 전이 가능한 사고 체계를 스스로 생성할 수 있는 역량이 있지만, 배움의 속도가 느린 학생은 다양한 현상과 사례를 일반화할 수 있는 사고를 터득하는 데 도움이 필요하다. 다양한 개별 학습자가 존재하는 교실의 학습 상황에서 탐구질문은 학습자의 이러한 간극(間隙)을 좁혀 학습자가 저마다의 속도에 맞춰 도달해야 할 목표에 이를 수 있도록 길을 열어 주는 방향키가 되어 줄 수 있다. 한 명의 교사가 여러 학생을 상대하며 지식을 전달하는 폐쇄형 구조가 될 수도 있는 교실 공간을 탐구질문을 유연하게 활용함으로써 함께 상호작용하며 탐색하는 개방형 구조로 전환해 나갈 수 있다. 탐구질문은 학습해야 할 대상이 아니라 학생의 학습을 촉진하기 위한 도구이기에 탐구질문을 잘 활용하면 교실 공간에서 학습자 한 명 한 명의 학습 상황을 고려하는 개별화 전략이 가능해지는 것이다. 수업을 학습 내용의 전달 과정이 아닌 이해와 전이를 위한 탐구 과정이라고 볼 때, 수업을 위해 교사가 개발해야 하는 질문은 달라질 수밖에 없다.

그렇다면 지금까지 우리 교실의 학습 과정에서 교사가 활용한 질문은 IB 수업의 탐구질문과 다른 것일까? 학생들의 적극적인 참여와 사고력 향상을 위하여 질문을 활용한 수업이 권장되었던 것도 사실이고, 소크라테스(Socrates)의 담론을 전제로 발문의 유형 및 성격이 어떠하냐에 따라 질문을 활용한 수업의 질이 달라질 수 있으니 좋은 질문을 만들어야 한다고 강조했던 것도 사실이다. 질문과 관련된 각종 연수 프로그램에 참여하거나 다양한 질문수업 개발 등 많은 교사의 노력으로 수업에서 질문을 활용하는 것에 대한 논의는 이제 진부할 정도이다.

그 질문들은 모두 IB의 탐구질문과는 다른 것일까? 탐구질문과 탐구질문이 아닌 질문이 학습자의 학습 효과, 즉 수업의 성패에 미치는 영향은 다를까? 어쩌면 우문(愚問)처럼 들리는 이런 질문들에 꼭 맞는 현답(賢答)을 제시할 수는 없겠으나 몇 년간 교실을 실험실로 만들며 좌충우돌했던 저자의 질문수업에서 늘 아쉬움으로 남았던 문제를, 특히 수업에서 학습자의 심층적인 사고를 촉발하여 전이 가능한 깊이 있는 학습이 될 수 있는 질문이 어떤 형태여야 하며 어떻게 활용되어야 하는지에 대한 고뇌를 풀어 나갈 수 있는 방향을 IB의 탐구질문은 가늠할 수 있게 해 준다.

3. 왜 질문이 깊이 있는 탐구를 이끌 수 있을까

탐구질문은 수업에서 학습한 지식이나 학생의 배경지식을 지적 호기심으로 연결시키는 질문이다. 지적 호기심은 맥락에 맞는 지식을 추구하며 불확실한 상황을 설명하고 통제할 수 있는 보편적인 원리를 발견하고자 하는 사고의 특성을 뜻한다. 이는 사실이나 정보의 관계를 탐색해 개념을 터득하고, 터득한 개념들을 다시 연결해서 심층적 사고가 일어나도록 하는 원동력이다. 학습자의 수준에 비해 단순하고 쉬운 상황, 또는 복잡하고 어렵기만 한 상황을 전제한 질문은 학습자의 호기심을 불러일으키기에 적합하지 않다. 학습자에게는 적당히 어려우면서도 서로 다른 상황에 대한 연결 관계를 탐색해 보고자 하는 영감과 사유를 촉진할 수 있는 자극이 필요하다. 그리고 이에 대해 끈기 있게 도전해 갈 수 있는 학습 의욕을 불러일으켜야 하는데, 탐구질문은 이러한 역할을 해 줄 수 있어야 한다.

또한 탐구질문은 학습자에게 학습 과정에서 마주하게 되는 어려움을 이겨 내고 학습 목표를 성취할 수 있게 도와주는 자양분이다. 수업에서 도달하고자 하는 학습의 목표가 단순한 사실이나 정보를 확인하는 것이 아니라 자기주도적인 탐구를 통해 지식을 확장하고 정교화하여 사실적 정보를 유용한 지식으로 체화하고, 이를 새로운 상황과 맥락에 적용하며 문제를 발견하거나 해결할 수 있는 핵심 내용을 깊이 있게 학습하는 과정이라면, 이 과정이 학습자에게 만만한 것은 아니다. 그런데 학생이 마주하게 될 고난과 좌절의 순간은 자칫하면 학습의 단절을 초래할 수 있기에 학생이 어려움을 극복할 의욕과 다음 단계의 사고를 촉진할 수 있는 지적 호기심을 활성화하기 위한 조력 장치로 탐구질문을 활용할 수 있다.

이처럼 학습자의 사고를 확장하고 개념을 이해·연결하기 위해서는 낮은 수준의 사고에서 높은 수준의 사고로 나아갈 수 있도록 적절하게 질문을 배합해야 한다. 이를 위해 칼라 마셜과 레이첼 프렌치의 개념기반 탐구학습과 IB MYP에서는 탐구질문을 '사실적 질문' '개념적 질문' '논쟁적 질문'의 세 가지 유형으로 구성하고 있다. DP에서는 단원 학습 후에 학생들이 알기를 기대하며 추출한 필수 이해 '내용' '기능' '개념'을 기반으로 내용기반 탐구질문, 기능기반 탐구질문, 개념기반 탐구질문을 개발하여 활용한다.

이렇게 구성된 탐구질문은 수업의 흐름과 과정에 직접적으로 관여한다. 사실적 질문은 지식의 기초를 마련하기 위해 사실을 확인하는 역할을, 개념적 질문은 전이 가능한 이해에 이르게 하기 위한 개념적 이해를 요구하는 역할을, 논쟁적 질문은 학생들이 자신의 관점을 정립해 볼 수 있는 기회를 제공하는 역할을 하게 된다.

DP의 내용기반 탐구질문, 기능기반 탐구질문, 개념기반 탐구질문은 깊이 있는 학습 맥락을 요구하며, 개별 교과의 전문적 탐구와 심층적인 이해를 위해 전문적 학습자로서의 자질을 함양할 수 있도록 구성된다. 첫째, 내용기반 탐구질문은 단원 학습에 필요한 기본적인 사실과 정보를 확인하고 이를 토대로 전이목표에 이르기 위한 필수 학습 내용을 이해하여 심층적인 사고 체계를 구축하는 데 바탕이 되는 역할을 한다. 둘째, 기능기반 탐구질문은 전이목표에 도달하기 위해 단원 학습을 통해 반드시 익혀야 하는 기능(skills) 및 절차를 탐구할 수 있도록 구성된다. 특히 기능기반 탐구질문은 교과별로 정해진 평가 영역에 도달해야 하는 DP의 특성상, 학생들이 학업을 마치고 DP를 이수하기 위한 평가에 필요한 기능을 별도의 준비 없이 수업 시간에 충분히 익힐 수 있도록 장려하고 있다. 셋째, 개념기반 탐구질문은 전이목표, 즉 교과의 개념어를 포함한 학습 지향점에 도달할 수 있도록 탐구활동을 일으킨다. 사실은 지식에 해당하고 개념은 이해에 해당한다고 볼 때, 개념적 질문은 이해를 통한 전이 가능성에 그 목표를 둔다고 볼 수 있다.

이러한 탐구질문의 위계는 'Q · T 네트워크 프로그램' 질문수업을 설계하며 질문의 순서와 구성을 단순히 작품을 이해하거나 교육과정에 제시된 단원의 지식 구성 순서에만 초점을 두었던 지엽적인 시각을 교정하는데 큰 영감을 주었다. 수업을 진행하면서 학생들이 서로 흥미진진하게 질문을 탐구하며 적극적으로 상호작용하는 과정에서도 한 걸음 더 깊이 있고 정교하게 사고를 진전시키지 못하는 아쉬움이 항상 마음 한 켠을 무겁게 했는데, 그 부족함이 질문을 구성하는 교사의 미흡함이었음을 IB 프로그램을 공부하면서야 깨달은 것이다.

그러나 다행히 늘 부족한 교사이기만 한 것은 아니었다. 단원에 대한 큰 그림을 그리고 이를 탐구의 과정으로 구성해 질문을 위계화할 수 없었던 한계를 극복해 보기 위한 자구책이었을 테지만, 짧은 소견에서도 학생 스스로 질문을 만들면 탐구의 원동력이 되지 않을까 싶어 학생이 생성한 질문을 중심으로 탐구 과정을 구성하고 이를 다시 모둠과 전체 활동으로 네트워크화해서 학습이 확장되도록 설계했다.

IB 수업에서도 수업을 위해 필요한 탐구질문이 반드시 교사에 의해서만 개발되는 것은 아니다. 학생 스스로 탐구 과제에 대한 호기심을 충족하고 이해를 심화하는 방식으로 자기만의 질문을 만들어 더욱 상세하게 학습 과제를 탐구해 나갈 수 있고, 교과나 단원의 상황에 따라 교사는 이를 적극 유도하거나 격려할 수 있다. 질문을 탐구함으로써 스스로 의미를 구성하고 이해를 위한 지평을 넓혀 나갈 수 있다면 어떤 수업

[그림 4-2] 'Q · T 네트워크 프로그램'의 질문과 생각 흐름도

에서든 질문을 누가 만드느냐는 중요한 게 아니다. 오히려 학습자 스스로 자신의 이해 수준과 속도에 맞는 탐구질문을 생성함으로써 학습에 대한 주도성을 살리고 탐구 과정에 몰입할 수 있어 개별화된 학습 과정이 펼쳐질 수 있다. 다만, 사전에 폐쇄형 질문과 개방형 질문의 차이를 경험하고, 어떤 질문을 하느냐에 따라 얻게 되는 탐구 결과가 달라질 수 있다는 것을 학생에게 안내하여 핵심적인 질문을 만들 수 있도록 조력해야 한다.

탐구질문이 항상 수업 시작 전, 즉 설계 과정에서만 개발해야 하는 것도 아니다. 교사와 학생 모두 수업이 진행되는 단계 중에 탐구를 이어나가기 위한 추가 질문을 개발할 수 있고, 탐구 과정에 대한 성찰을 통해 수업 이전에 선정된 질문을 수정하여 활용할 수도 있다. 탐구질문은 학습 단원의 형태와 범위를 계획하는 데 기여하고, 학생이 달성하기 위해 노력해야 하는 목표에 대한 비계 설정에 도움이 된다. 또한 교사의 가르침과 학생의 배움이 연결되어 사실 위주의 정보 습득에서 벗어나 학생 스스로 의미를 구성해 자신의 삶의 맥락으로 구조화할 수 있는 심층 탐구의 문을 열 수 있다면 수업에서 탐구질문은 얼마든지 유연하게 설정하여 활용할 수 있다. 그러다 보니 질문 중심의 수업은 자연스럽게 프로젝트 수업으로 연계되는 경우가 많다.

이제 탐구질문의 기본이 되면서도 대표적인 유형으로 단계에 따라 점차 고차원적인 사고를 촉진하도록 권장하는 '사실적 질문' '개념적 질문' '논쟁적 질문'에 대해 좀 더 자세히 알아보도록 하자.

1) 사실적 질문

사실적 질문은 주로 단원의 학습 내용과 관련되며, 탐구를 시작하는 단계에서 심층적 사고를 활성화하기 위해 학습자가 기본적으로 알아야 할 지식에 초점을 둔다. 개념기반 탐구수업이라고 해서 사실이나 정보를 확인하는 과정이 중요하지 않은 것은 아니다. 피셔, 프레이와 해티(Fisher, Frey, & Hattie, 2016)는 학습을 정보 인지 및 사실 확인의 표면적 학습, 개념과 원리를 이해하고 응용하여 문제를 해결하는 심층적 학습, 개념과 원칙 및 기능을 완전히 새로운 상황에 적용하는 전이 학습의 세 수준으로 구분하고, 표면적 학습과 심층적 학습이 함께 이루어져야 전이 학습이 가능하다고 밝히고 있다.

즉, 고차원적인 사고를 발휘하기 위해서는 기초 지식이 충분히 뒷받침되어야 하는데, 사실적 질문은 이러한 기초 과정을 다지기 위해 필요한 질문이다. 따라서 사실적 질문은 단원에서 추출한 탐구 대상에 접근하여 탐구 과정을 수행하는 데 학습자가 어려움이 없도록, 필요한 바탕 지식과 개념에 대한 이해를 마련하기 위해 개발하는 질문이라고 생각하면 된다. 흔히 우리 수업에서 실험이나 토의 · 토론 등의 단계로 넘어가기 위해 교사가 학생들이 사전에 인지해야 한다고 판단해 설명하게 되는 지식 · 이해의 단계조차 질문을 통해 학생 스스로 탐구하도록 돕는 과정 설계는 눈여겨 볼 만한 지점이다.

사실적 질문은 탐구의 기초가 되는 정보를 정리하고 필요한 기능을 확인하는 역할을 하지만, 특정한 맥락에만 해당하는 구체적인 질문이기 때문에 전이되지 않아 그 역할이 한정적일 수 있다. 그러나 학습자가 탐구 대상에 집중할 수 있도록 지원하고, 비판적이고 해석적인 사고를 통해 개념적 이해를 발휘할 수 있도록 조력하기에 탐구에서 사실적 질문의 역할은 주춧돌과 같다고 할 수 있다. 탐구 과정에서 꼭 필요하다고 생각하는 사실적 정보에 입각하여 개발하기에 학습자는 이 질문을 통해 장거리 달리기를 위한 기초 체력을 마련하기 때문이다.

사실적 질문은 한 단원에서 세네 개 정도 구성하기를 권장하지만, 단원의 성격이나 수업 상황에 따라 얼마든지 융통성 있게 설계하고 활용할 수 있다.

2) 개념적 질문

개념적 질문은 개념기반 학습에 익숙하지 않은 우리에게 다소 낯선 질문일 수 있으며 단순한 사실이나 정보를 확인하기 위한 사실적 질문과는 확실히 구별된다. 학습자가 단원의 탐구 주제나 학습에 필요한 개념의 의미 또는 개념과 개념 간의 연결성, 개념 간의 상호 영향 관계, 개념의 본질에 대해 깊이 있게 이해하고 탐구할 수 있도록 돕는 질문이 개념적 질문이다. 따라서 개념적 질문은 사실적 질문을 통해 확인하고 기억한 정보를 바탕으로 학습자의 비판적이고 심층적인 사고와 응용을 이끌며, 학습자의 지식을 실제 맥락으로 전이시키는 핵심적인 기능을 수행한다고 볼 수 있다. 때문에 구체적인 상황이나 사례에서 벗어나 '왜' 또는 '어떻게'를 포함한 질문의 형태를 통해 보편적이고 일반적인 아이디어나 원리를 추론할 수 있는 방식으로 구성된다.

개념적 질문은 학습자의 폭넓은 사고와 다양한 반응을 유도하고 허용하는 만큼 매우 개방적인 질문이지만, 그렇다고 해서 제한 없이 모든 아이디어를 바람직하다고 포용하는 것은 아니다. 학생이 탐구 과정에서 탐구질문에 대한 자신의 주장을 논리적으로 전개하고 예시나 증거를 통해 그 타당성을 입증해야 하기에 개념적 질문은 비교 · 대조 · 분석 · 적용의 기회를 장려하는 것이 좋다.

개념적 질문의 가장 중요한 성격은 전이 가능성이다. 학습과 탐구 과정을 단원의 전이목표나 탐구진술문에 해당하는 일반적 원리로 안내하는 길잡이 역할을 하기에 학생들은 이 질문에 대한 탐구의 결론에서 자신이 이해한 바가 궁극적으로 학습 목표에 도달했는지를 확인할 수 있을 뿐만 아니라 한 단원의 학습이 마무리되었다 할지라도 새로운 상황에 적극적으로 활용할 수 있는 학습의 지속성을 얻게 된다. 이는 개념적 질문이 특정 상황이나 사례에 국한되지 않고 새롭고 다양한 맥락에 적극적으로 전이할 수 있는 유연하고 일반적인 개념 이해를 촉진하는 질문이기 때문이다. 개념적 질문은 결국 학생들의 사고에 튼튼한 뿌리와 자유로운 날개를 동시에 부여해 준다고 볼 수 있다. 수업의 내용을 잘 정리해서 기억하고 정답을 찾으면 되는 방식의 학습에 익숙한 우리 교육 상황에서 개념적 질문은 시사하는 바가 많다고 생각한다.

개념적 질문은 한 단원에서 두세 개 정도 구성하기를 권장하지만, 이 또한 단원의 성격이나 수업 상황에 따라 교사의 자율권이 보장된다.

3) 논쟁적 질문

논쟁적 질문은 탐구의 마무리 단계에서 학습자가 사실적 질문과 개념적 질문을 통해 이해하고 습득한 일반적 원리를 개별적이고 독립적으로 입증하기를 기대하는 질문이다. 탐구의 과정에서 파악한 지식과 개념을 연결하여 깊이 있게 이해한 원리를 실제 맥락에서 체화할 수 있도록 자기만의 관점을 고려하는 체험을 통해 학생들은 자신의 이해를 전이하는 가능성을 시험해 볼 수 있다.

논쟁적 질문은 이처럼 하나의 질문에 대해 다양한 의견이 존재할 가능성과 논란의 여지가 있는 질문으로 학습자의 호기심을 자극하고 학생들의 비판적 사고와 토론을 장려한다. 이 때문에 쉽게 '예' 또는 '아니요'로 대답할 수 없으며, 간혹 그렇게 대답할 수 있는 질문이라 할지라도 이후 자신의 의견을 정당화할 수 있는 구체적인 근거를 사용하여 왜 그러한 입장을 취했는지 논증할 수 있어야 한다. 때로 학생들의 사고를 보다 촉발적으로 활성화하기 위해 교사는 논쟁적 질문을 통해 갈등을 조장하거나 의도적으로 도전적인 질문으로 구성할 수도 있으며 이를 통해 비판적인 사고와 효과적인 의사소통 기능을 훈련할 수 있다.

그러나 논쟁적 질문이 반드시 찬반 토론이나 대립적 토론의 상황을 전제해야 하는 것은 아니라는 점은 주목해야 한다. 학습자가 질문의 상황에 대한 다양한 관점이나 양면을 고려하고 탐구한 개념과 원리를 토대로 자신의 입장을 고찰해 논리적으로 설명할 수 있는 대화의 장을 펼치는 것도 가능하다. 이 과정에서 학생은 다양한 의견을 존중하고 자신의 탐구 과정에 대한 성찰이 일어나 더 깊은 배움과 성숙한 시민의식을 함양할 수 있다.

논쟁적 질문은 한 단원에서 한두 개 정도 구성하는 것이 적절하다.

수업을 바꾸고 싶다는 열망 하나로 교실을 실험실처럼 여기며 좌충우돌했던 그때 학생들이 쏟아 놓았던 그 귀한 질문들을 사실적 · 개념적 · 논쟁적 질문으로 위계화해 구성할 수 있었다면 그 수업들은 어떻게 달라졌을까? 더 나은 도전과 도약을 위해 다시 짚어 보자. 학생들은

〈표 4-1〉 'Q · T 네트워크 프로그램' 참여 학생의 수업 성찰문 중 일부

내 단점은 혼자서 생각하면서는 답을 잘 찾아내지 못한다는 점이다. 표면적인 답은 대충 찾아낼 수 있지만 그 속까지는 들여다보지를 못한다. 그 이유를 생각해 보니까 나는 질문이 없다. 모든 것을 당연한 것으로 여겨서 질문해야 할 이유를 못 느꼈다. 그런데 막상 나는 그 당연하고 사소한 것들을 알지 못했다. 모둠 친구들과 질문을 나누면서는 그 사소한 것들은 물론 더 나아가서 복잡한 것까지 대답할 수 있어야 해서 생각을 많이 했다. 질문도 많이 했다. 그 과정에서 얻는 것은 즐거웠다. 질문을 하나씩 연결해 가는 과정이 재미있다. 확장시키는 과정도 재미있다. '배우니까' 재미있다. 진짜 배운다는 게 뭔지 느낀 것 같다. 배움이 우선이 되는 수업이었다. 로봇이나 인터넷 강의가 학교 수업을 대체할 수 없다는 것을 유일하게 느낀 수업이었다.
-○○고, 2학년 7반, 홍○○

교사가 제시하는 작품에 대한 정보나 안내 없이 주도적으로 시를 읽고 각자 궁금한 것을 질문으로 생성한 후 모둠의 숙의 과정을 거쳐 가장 중요하다고 생각하는 질문을 골라 제출했다. 그렇게 모인 8개의 질문을 하나하나 토의하고 토론하는 단계에서 또 다른 질문이 파생되고, 질문에 대한 의견을 함께 검토하며 자신들만의 견해를 생성해 가는 과정은 경이롭고 때로는 온몸이 짜릿할 정도로 황홀하기까지 했다. 이 수업에 참여한 학생이 작성했던 〈표 4-1〉의 수업 성찰문 중 일부를 보면 비단 그 몰입감은 교사만 만끽했던 게 아님은 분명하다.

〈표 4-2〉는 'Q · T 네트워크 프로그램' 중 이상화의 「빼앗긴 들에도 봄은 오는가」라는 시를 학습하기 위한 성취기준과 학생들이 제시했던 질문 사례이다. 학생들의 질문은 지금 보아도 작품의 핵심을 감상하기 위해 논의해 볼 만한 가치가 있는 요소들을 용케 담고 있다. 그리고 질문들을 잘만 엮으면 학생들의 삶의 맥락을 토대로 깊이 있는 이해와 탐구를 통해 비판적 · 창의적 사고 역량 및 자아와 세계를 이해할 수 있는 소양도 키울 수 있다.

〈표 4-2〉 **'Q · T 네트워크 프로그램' 배움펼치기 과정에서 학생들이 생성한 질문 사례**

성취 기준	[12문학02-01] 문학 작품은 내용과 형식이 긴밀하게 연관되어 이루어짐을 이해하고 작품을 감상한다. [12문학02-02] 작품을 작가, 사회 · 문화적 배경, 상호 텍스트성 등 다양한 맥락에서 이해하고 감상한다. [12문학02-04] 작품을 공감적, 비판적, 창의적으로 수용하고 그 결과를 바탕으로 상호 소통한다.
이름	시 「빼앗긴 들에도 봄은 오는가」 – 배움펼치기 질문 사례
구○○	화자는 왜 다리를 절며 하루를 걸을까?
김○○	보리밭이 머리를 감았는데 왜 화자의 머리가 가뿐할까?
김○○	왜 들을 빼앗긴 상황인데 즐겁고 긍정적인 분위기일까?
김○○	빼앗긴 들에 봄이 왔을까?
김○○	화자는 하늘과 들에게 무엇을 듣고 싶었던 것일까?
김○○	화자는 왜 들길을 걷고 있으며 어디로 가는 것일까?
김○○	화자는 왜 '푸른 웃음'과 '푸른 설움'을 동시에 느꼈을까?
구○○	화자는 왜 답답해하는 것일까?
류○○	왜 나비와 제비에게 깝치지 말라 했을까?
송○○	왜 혼자서라도 가쁘게 가자는 것일까?
신○○	빼앗긴 땅에서 왜 좋은 땀을 흘리겠다는 것일까?
안○○	하늘과 들은 왜 입술을 다문 것일까?
안○○	누구랑 같이 왔을까?
오○○	아주까리 기름을 바른 이는 누구이며, 그 사람들이 지심 매던 들을 왜 다 보려고 한 걸까?
오○○	화자가 자신의 혼을 짬도 모르고 끝도 없이 닫는다고 표현한 이유는 무엇일까?
유○○	보리밭이 왜 고마울까?
이○○	왜 화자는 혼자가 아니라고 생각하는 걸까?
이○○	왜 들을 빼앗겨 봄조차 빼앗긴다고 한 걸까?
이○○	맨드라미 들마꽃에도 인사를 하겠다는 이유는 무엇일까?
이○○	화자는 누구에게 질문을 한 거며 질문을 한 이유는 무엇일까?
이○○	자신의 손에 호미를 쥐어 달라고 한 이유는 무엇일까?

정○○	자기를 우습다고 표현한 의도가 무엇일까?
차○○	화자는 들을 되찾고 싶은 마음은 없는 걸까?
최○○	땅을 빼앗긴 화자의 마음은 어떨까?
최○○	일제 강점기에 창작된 이 시를 지금 배워야 하는 이유는 무엇일까?
최○○	화자는 어쩌다 들을 빼앗겼을까?
팽○○	하늘과 들이 입술을 다문 것은 시대상황과 어떤 관계가 있을까?
표○○	왜 나비와 제비에게 깝치지 말라 했을까?
현○○	보리밭이 머리를 감았는데 화자는 왜 자기 머리가 가뿐할까?
홍○○	왜 다리를 절며 하루를 걸을까?

그런데 IB의 탐구 수업을 알고 나니 세 개의 성취기준을 중심으로 수업을 설계했음에도 불구하고 학생들의 귀한 질문을 단지 작품 하나를 감상하는 데에만 사용했다는 아쉬움을 깨닫게 된다. 물론 질문에 대해 토의하는 과정에서 작가가 추구한 올바른 삶이 무엇이며, 개인과 사회의 바람직한 관계와 시대가 어떻게 개인의 삶을 규정할 수 있는지에 대해 우리는 자신의 언어와 경험을 담아 분명 이야기했을 것이다. 그러나 어찌 보면 가장 중요했을 그 핵심을 구체적인 학습경험으로 가시화하지 못하고 학생 스스로 잘 내면화했을 것이라 바라고 믿기만 한 것은 아니었을까? 한 단계 더 깊은 개념의 연결을 통해 확장된 맥락으로 전이할 수 있는 심층적 학습의 기회를 교사의 한계로 그만 놓쳐버렸던 것은 아니었을까?

학생을 전문가로 키우고자 하는 IB의 교육철학이 무엇을 의미하는지 이제 조금 알겠다. 그러니 다시 이 수업을 설계한다면 교과 목표와 성취기준에서 핵심개념을 추출하고 전이목표를 설정하여 관련 작품을 선정할 것이다. 그리고 학생들의 깊이 있는 탐구를 활성화할 수 있는 탐구질문을 생성하되 전이목표를 향한 한 걸음 한 걸음이 될 수 있도록 질문을 위계적으로 재구성하겠다. 물론 그 위계적 구성의 중심축은 개념적 연결을 통한 학습경험의 확장이며, 이를 위해 필요한 학습기능을 익힐 수 있는 탐구질문 역시 놓치지 않아야 한다. 질문을 타고 끝없이 넘나드는 학생들의 탐구 맥락이 거칠고 투박하더라도 그 상호작용의 축적을 이루어나가는 수업의 과정은 장인이 되기 위해 묵묵히 구슬땀을 흘리는 숙련공의 길과 다르지 않을 것이다.

다행히 2022 개정 교육과정은 2015 개정 교육과정이 제시하지 못했던 분발의 기회를 열어 준다. 2022 개정 교육과정은 깊이 있는 학습을 위해 개념적 이해와 탐구학습을 강조하기 때문이다. 그렇다면 이를 수업에 실현하기 위해 탐구질문을 적절히 활용하는 것은 선택이 아닌 필수라고 할 수 있다.

우리의 교육과정에 제시된 교과별 핵심 아이디어, 내용 요소, 성취기준을 토대로 어떻게 탐구질문을 구성할 수 있을까? 〈표 4-3〉은 IB 단원 계획을 설계하며 공부했던 내용을 적용해 2022 개정 교육과정의 '공통국어1' 과목의 '읽기' 영역에서 저자가 직접 탐구질문을 개발한 과정을 담은 사례이다. '공통국어1'은 고등학교 1학년 과목이지만, IB의 MYP 과정이 3~5년으로 이루어지고, 우리의 고등학교 1학년 과정은 DP를 준비하는 Pre-DP 단계에 해당한다고 볼 수 있기에 MYP의 탐구질문을 적용하여 설계했다.

탐구질문은 MYP의 탐구진술문(DP의 전이목표)에 도달하기 위한 징검다리이므로, 먼저 2022 개정 교육과정에 제시된 '공통국어1' 읽기 영역의 핵심 아이디어를 분석하여 16차시 정도의 수업을 전제로 탐구진술문을 추출했다. 그리고 교육과정에 제시된 내용 요소를 토대로 수업의 흐름을 고려하며 탐구진술문에 도달하기 위한 탐구질문을 〈표 4-3〉과 같이 구성했다.

〈표 4-3〉 **2022 개정 교육과정 '공통국어1' 과목의 '읽기' 영역에서 탐구질문 구성하기**

'읽기' 영역의 핵심 아이디어	• 읽기는 독자가 자신의 배경지식이나 경험을 활용하여 언어를 비롯한 다양한 기호나 매체로 표현된 글의 의미를 능동적으로 구성하는 행위이다. • 독자는 다양한 상황 맥락과 사회적 · 문화적 맥락 속에서 자신의 읽기 목적을 달성하기 위하여 다양한 유형의 글을 읽는다. • 독자는 읽기 과정을 점검 · 조정하며 읽기 과정에서 부딪히는 문제를 해결하기 위해 적절한 읽기 전략을 사용하며 글을 읽는다. • 독자는 읽기 경험을 통해 읽기에 대한 긍정적 정서를 형성하고 삶과 공동체의 문제 해결을 위해 공동체 구성원과 함께 독서를 통해 소통함으로써 사회적 독서 문화를 만들어 간다.
범주	내용 요소
지식 · 이해	• 사회적 · 문화적 맥락 • 인문, 예술, 사회, 문화, 과학, 기술 등 다양한 분야의 글 • 다양한 설명 방법을 활용하여 주제를 제시한 글 • 다양한 논증 방법을 활용하여 주장을 제시한 글 • 생각과 감정이 함축적이고 복합적으로 제시된 글
과정 · 기능	• 논증 타당성 평가 및 논증 재구성하기 • 진로나 관심 분야에 대한 주제 통합적 읽기 • 읽기 과정과 전략에 대해 점검 · 조정하기
가치 · 태도	• 독서 공동체와 사회적 독서에 참여 • 지식 교류와 지식 구성 과정에서 독서의 영향력에 대한 성찰

핵심 아이디어에서 추출한 전이목표 (MYP의 탐구진술문)	언어 기호는 의미와 맥락을 구성하여 영향력을 발휘함으로써 개인과 공동체의 문제를 해결하는 데 기여한다.

<table>
<tr><td rowspan="3">탐구 질문</td><td>사실적 질문</td><td>• 읽기 과정에서 맥락을 파악해야 하는 이유는 무엇인가?
• 내가 읽고 있는 것은 그것을 읽는 방법에 어떤 영향을 미치는가?
• 글쓴이의 생각을 확인하는 방법은 무엇인가?
• 읽기 목적을 달성하는 방법은 무엇인가?</td></tr>
<tr><td>개념적 질문</td><td>• 글쓴이의 생각을 수용하는 '좋은 이유'는 어떻게 구성되는가?
• 읽기 과정에서 무엇을 믿어야 할지 어떻게 알 수 있는가?
• 기호와 매체는 의사결정 과정에서 어떤 사회적 힘을 발휘할 수 있는가?</td></tr>
<tr><td>논쟁적 질문</td><td>• 언어자료(글)는 인간이 자원을 모으고 지식을 공유하고 협력하는 데 항상 긍정적으로 작동하는가?
• 언어로 표현된 자료는 삶과 공동체의 문제를 바람직한 방향으로 해결하게 하는가?</td></tr>
</table>

IB 단원 설계는 전이목표를 향해 탐구질문을 씨실과 날실처럼 엮는 위계도이다. 이를 설계하는 과정을 익히며, 탐구질문을 잘만 구성하면 국어 수업은 지금까지와는 정말 다른 실천의 장을 만들 수 있음을 생각했다. 읽기 영역 학습 후, 제시된 다섯 개의 선지에서 하나의 답을 찾아야 하는 평가로 귀결되는 수업과 '언어 자료는 인간이 자원을 모으고 지식을 공유하고 협력하는 데 항상 긍정적으로 작동하는가'에 대해 토의하고 자신의 관점을 논술하는 수업이 만드는 세상이 같지 않다는 것을 우리는 이미 알고 있다.

4. 어떻게 깊이 있는 탐구를 위한 질문을 구성할까

1) MYP의 언어습득(영어) 탐구질문 구성 사례

언어습득 교과의 핵심개념으로 연결(connection)을 선정하고, 관련개념으로 메시지(message), 공감(empathy)을 선정했다. 고민이 있는 대상과 조언 메시지를 제공하는 글쓴이와의 관계를 연결하기 위한 의사소통 전략으로 공감을 활용했을 때 그 효과를 경험하는 것으로 설계한 단원의 탐구질문 사례이다.

▶ 사실적 질문

–조언이 상대에게 수용되지 않는 이유는 무엇인가?

What is the reason your advice may not be accepted by the other person?

–우리는 상대방의 문제에 대해 어떻게 공감의 메세지를 표현하는가?

How do we express an empathetic message about the other person's problem?

–구체적인 시간과 장소를 어떻게 표현하는가?

How do we express a specific time and place?

–동시에 일어나는 두 가지 일을 어떻게 설명하는가?

How do you explain two things happening at the same time?

▶ 개념적 질문

–공감은 조언의 메시지와 상대를 어떻게 연결하는가?

How does empathy connect the message of advice to the audience?

-담화 맥락에서 어떻게 상대방의 심정이나 태도를 추론하는가?

How do we infer the other person's feelings or attitudes from the context of the discourse?

▶ **논쟁적 질문**

-공감을 통한 연결은 관계 형성에 얼마나 기여하는가?

How much does connecting through empathy contribute to relationship building?

2) MYP의 교과 통합(과학 & 개인과 사회) 탐구질문 구성 사례

학생은 기후 변화, 탄소중립과 관련하여 피상적인 이해에 머무르는 경향이 높다. 실제 세상에서의 기후 문제를 이해하고 사회가 긍정적으로 변화하도록 실천하기 위해 과학과 사회의 학문적 관점을 통합하여 실질적인 과제에 참여할 수 있도록 해야 한다. 과학 교과에서 지구 온난화로 인한 기후 변화를 복사평형 관점에서 설명하고, 탄소중립의 정의를 이해한다. 사회 교과에서는 온실기체 배출 원인을 분석하고 탄소중립 방안을 조사한다. 학생은 각 교과에서 학습한 내용을 바탕으로 학교 차원에서 실천할 수 있는 기후행동 제안문을 작성한다. 제안한 기후행동의 환경적 · 사회적 · 경제적 영향을 판단하고 실천한다. 이를 위해 탐구질문을 다음과 같이 구성했다.

▶ **사실적 질문**

-(과학) 복사평형 관점에서 온실 효과와 지구 온난화는 어떻게 다른가?

-(과학) 탄소중립 방안이 온실 기체의 배출량과 어떤 관계가 있는가?

-(사회) 순환경제의 의미와 중요성은 무엇인가?

-(사회) 우리 지역에서 실시하고 있는 탄소중립 방안은 무엇인가?

▶ **개념적 질문**

-인간 활동과 환경 시스템을 이해하는 것은 왜 지속가능한 미래를 위해 중요한가?

-탄소중립 방안이 시스템 관점에서 어떻게 지속가능한 미래를 촉진할 수 있을까?

▶ **논쟁적 질문**

-영향력 있는 변화는 사회적 수준에서 잘 일어나는가? 개인적 수준에서 잘 일어나는가?

3) DP의 언어와 문학 탐구질문 구성 사례

IB 언어와 문학 교과의 탐구 영역 중 '시간과 공간'이라는 단원을 수업하기 위해 문학 장르에서는 시와 희곡, 비문학 장르에서는 광고를 선택했다. '시간과 공간' 단원에서는 시간과 공간으로 설명할 수 있는 문화적 · 역사적 맥락이 텍스트의 수용과 생산 과정에 영향을 미칠 수 있었음을 확인하고 텍스트와 관련된 맥락을 탐구한다. 또한 학생들은 텍스트가 생산된 시기의 맥락과 수용하는 시기의 맥락이 다를 때 텍스트와 어떤 방식으로 소통해야 하는지 알아야 한다. 생산된 시기의 사회적 · 문화적 · 역사적 상황에 대한 텍스트의 특정 관점을 파악함과 동시에 이러한 관점을 비판적으로 수용하여 또 다른 텍스트의 관점이나 문화적 맥락을 올바르게 이해하는 통찰력을 키우게 된다. 이는 텍스트가 세상을 반영하기도 하지만 왜곡할 수 있다는 점을 인지하고, 텍스트가 어떻게 정치적 또는 사회적 상황을 바라보고 있는지 이면의 의도를 입체적으로 해석하는 역량이다. 더 나아가 텍스트가 단순히 현실을 수동적으로 반영한 대상으로만 존재하는 것이 아니라 당대 사회적 · 문화적 · 역사적 맥락 속에서 적극적으로 현실에 개입하거나 시간과 공간이 변해도 계속해서 새로운 해석으로 의미를 생성하는 주체가 될 수 있음을 이해하는 것이다. 결국 언어는 고정된 메시지를 전달하는 수단이 아니라 문화적 · 역사적 맥락과 적극적인 상호작용을 하면서 텍스트를 생산하고, 이 텍스트가 특정 맥락에 대해 독자들이 이해하고 해석하는 공간으로서 역할을 하며 강력한 힘을 가질 수 있다는 점을 확인한다.

일련의 탐구 과정을 구체화하기 위해 시에서는 시대 인식의 문제가 작품 이해에 큰 비중을 차지하는 김수영 시인의 『김수영 전집 1: 시』를 선택했다. 희곡에서는 이강백의 『희곡전집 1』을 선택하고 그중에서도 특히 정치적 · 사회적 문제를 구체적이고 날카롭게 조명하여 시대적인 관심을 드러내면서도 특수한 공간 설정을 통해 인간 실존의 내면에 관한 문제에 몰입하여 인간과 세계의 관계에 대한 인식을 작품에 구현한 「파수꾼」을 집중 탐구 작품으로 선정했다.

비문학 장르로서 광고에서는 1960년대부터 지금까지 사회적 · 문화적 변화에 능동적으로 대처하며 장수 브랜드로서 정평을 얻고 있는 '박카스'의 광고 시리즈를 선택했다. 광고는 언어적 내용인 이야기와 이를 시청각적으로 표현하는 형식인 담화로 구성된 내러티브를 통해 브랜드 이미지를 형성하는데, 내러티브가 구현되기 위한 특정한 시간과 공간의 구성은 감성적 상상력을 자극하여 설득력을 발휘하게 되는 토대가 된다. 따라서 광고 시리즈는 그 시대의 사회적 · 문화적 상황과 언어 맥락적 특징을 분석해 볼 수 있는 좋은 텍스트가 될 수 있다.

이러한 단원 구성 및 텍스트 선정을 토대로 다음과 같이 탐구질문을 구성하였는데, 여기에는 이해를 돕기 위한 사례로 일부만 제시한다. 전 과정은 제3부의 단원 설계 사례를 참고하면 된다(전이목표는 앞 장에서 확인).

▶ **내용기반 탐구질문**

–시에서 화자가 처한 상황, 그 상황에 대한 내면 심리(정서) 및 태도는 어떠한가?
–시인이 주제를 드러내기 위해 사용한 문학적 장치는 무엇인가?
–시에서 작가의 의도를 드러내는 특정 시어들은 무엇이며, 작품의 맥락에 어떻게 관여하는가?
–「파수꾼」에 드러난 갈등 양상과 표현 방식은 주제 형성에 어떻게 관여하는가?
–「파수꾼」에서 상징성을 갖는 소재는 무엇이 있으며 그것의 역할은 무엇인가?
–「파수꾼」에 등장하는 인물과 공간은 어떤 전형성을 갖는가?
–「파수꾼」의 창작 배경과 작가 의식은 작품의 주제를 형성하는 데 어떻게 작동하고 있는가?
–상업 광고 '박카스' 시리즈에서 정보를 구성하는 방식은 주제를 어떻게 형상화하는가?
–상업 광고 '박카스' 시리즈에서 제작자가 의도를 드러내기 위해 매체 언어를 어떻게 활용하는가?
–텍스트(시, 희곡, 광고)의 시간적 · 공간적 배경은 무엇이고, 작품에 어떻게 관여하는가?

▶ **기능기반 탐구질문**

–시공간의 영향을 받으며 형성 및 변형되는 텍스트의 의미를 해석할 수 있는가?
–텍스트를 해석하기 위해 시공간과 관련된 사회적 · 문화적 자료를 조사할 수 있는가?

–동료 및 교사와의 토의 · 토론을 통해 유의미한 피드백을 얻기 위해 어떻게 소통해야 하는가?
–시청각 자료에 담긴 정보 및 제작자의 의도를 자신의 관점에서 비판적으로 평가할 수 있는가?
–텍스트에 대한 자신의 해석을 작품에서 찾은 근거와 함께 제시할 수 있는가?
–각 텍스트와 연관된 세계적 이슈를 독자의 구체적 맥락으로 어떻게 표현하는가?
–에세이를 서론, 본론, 결론의 논리적 구조 및 주장과 근거를 갖춰 쓸 수 있는가?
–말하기를 위한 개요를 효과적으로 사용하는 방법은 무엇인가?
–텍스트 이해를 위한 자료를 직접 수집 · 정리 · 구성하여 포트폴리오를 제작할 수 있는가?

▶ **개념기반 탐구질문**

–작가를 둘러싼 시공간은 작품 형성에 어떤 영향을 미치는가?
–개인이 속한 시간과 공간은 텍스트를 이해하고 해석하는 데 어떻게 영향을 미치는가?
–시간의 흐름과 공간의 변화에 따라 텍스트의 의미와 영향은 어떻게 변화하는가?
–사회적 · 문화적 맥락은 텍스트의 언어에 어떤 영향을 주는가? 그 언어는 어떻게 사회적 특징과 정체성을 재현하는가?

4) DP의 언어습득(영어) 탐구질문 구성 사례

학생들이 지역사회라는 맥락 속에서 의사소통 능력을 향상시키고 자신이 속한 공동체의 소중함을 깨달으며, 다양한 공동체를 존중하는 태도를 함양할 수 있도록 사회구조(social organization)를 주제(theme)로 단원을 설계했다. 이 단원은 자원봉사, 지역사회의 숨겨진 명소, 지역 역사에서 중요한 인물을 탐구하는 세 가지 하위 주제로 구성했다.

자원봉사와 관련하여 학생들은 자신이 참여한 지역사회 봉사활동 경험을 공유하고, 더 나은 지역사회를 만들기 위해 필요한 봉사활동을 모색하며 의사소통 능력을 향상시킨다. 이 활동은 IB 중핵과정의 CAS 영역과 연계되어, 교과에서 학습한 내용을 삶의 맥락으로 확장하는 기회를 제공할 수 있다.

지역사회의 숨겨진 명소를 소개하는 블로그 작성 활동을 통해 학생들은 자신의 지역사회를 탐색하고, 선정한 명소를 소개한다. 이 과정에서 필요한 자료를 조사하고, 의사소통의 목적과 형식에 맞게 구성하는 능력을 배우게 될 것이다.

지역의 역사에서 중요한 인물을 선정하여 모의 인터뷰를 수행하는 활동에서 학생들은 의사소통의 대상에 따라 달라지는 언어 사용을 탐구할 것이다.

이러한 활동을 통해 학생들은 블로그 및 인터뷰와 같은 의사소통 방식, 상황과 맥락에 적절한 시제 사용, 특정 대상에 대한 구체적인 정보 전달 방법에 관한 지식과 기능을 익히고, 이를 다양한 상황에 적용할 수 있는 능력을 갖추게 될 것이다.

이와 같은 단원의 성격 및 언어 활동을 토대로 다음과 같은 탐구 질문을 작성했다.

▶ **내용기반 탐구질문**

–공동체란 무엇이며 왜 중요한가?

What is community and why is it important?

–지속가능한 공동체를 만들기 위해 어떤 노력을 해야 할까?

What can we do to create sustainable communities?

–참여한 봉사활동은 무엇이며 지역사회에 어떤 도움이 되었는가?

What volunteer activities have you participated in and how have they benefited your community?

–자원봉사가 개인의 성장과 발달에 어떻게 도움이 되는가?

How does volunteer work help your personal growth and development?

–지역사회의 역사에서 중요한 인물은 누구이며 지역사회에 어떤 영향을 미쳤는가?

Who is an important person in the history of your community and how did he or she impact your community?

–지역사회의 역사에서 중요한 인물에 대해 연구하는 것이 왜 중요한가?

Why is it important to research an important person in the history of your community?

–지역의 숨겨진 명소에는 무엇이 있으며 왜 중요한가?

What are some of the hidden local attractions and why are they important?

–지역의 숨겨진 명소를 널리 알리고 보존해야 하는 이유는 무엇인가?

Why should you publicize and preserve the hidden local attractions?

–블로그의 종류에는 무엇이 있으며 그 형식은 어떠한가?

What are the different types of blogs and what are their formats?

–흥미롭고 유익한 블로그 작성 전략에는 무엇이 있는가?

What are some strategies for writing an interesting and informative blog?

–효과적인 인터뷰를 위해 어떤 질문지를 작성할 것인가?

How do you create a questionnaire for an effective interview?

–효과적인 인터뷰 전략에는 무엇이 있을까?

What are some effective interviewing strategies?

–다양한 시제에는 무엇이 있으며 어떤 의미의 차이를 지니는가?

What are the different tenses and how do they differ in meaning?

–어떤 상황에서 과거 시제, 현재 시제, 현재완료 시제를 사용하는가?

In what situations do you use the past tense, present tense, and present perfect tense?

–관계사의 종류에는 무엇이 있으며 어떤 차이가 있는가?

What are the different types of relative clauses and how do they differ?

–관계사는 문장에서 어떻게 활용되는가?

How are relative clauses used in sentences?

▶ **기능기반 탐구질문**

–다양한 자료를 바탕으로 이해하고 의사소통할 수 있는가?

Can you understand and communicate based on various materials?

–필요한 정보를 조사하여 의사소통에 맞게 구성할 수 있는가?

Can you research information needed and organize it for communication?

–의사소통의 대상에 적절한 언어를 사용할 수 있는가?

Can you use language appropriate for the audience you're communicating with?

–상황과 맥락에 적절한 시제를 사용할 수 있는가?

Can you use the appropriate tense for situation and context?

–관계사를 사용하여 구체적인 정보를 전달하고 의미를 명확하게 할 수 있는가?

Can you use relative clauses to convey specific information and clarify meaning?

–블로그 포스트 형식에 맞춰서 블로그를 작성할 수 있는가?

Can you write a blog post according to the blog post format?

–인터뷰의 구조를 이해하고 인터뷰 질문지와 대본을 작성할 수 있는가?
Can you understand the structure of an interview and write an interview questionnaire and script?
–자연스럽고 원활한 인터뷰를 수행할 수 있는가?
Can you conduct a smooth and natural interview?
–제시된 시각 자료의 한 장면을 묘사하고 해석할 수 있는가?
Can you describe and interpret a scene in the visual stimulus presented?

▶ **개념기반 탐구질문**

–지역사회와 지역 문화를 이해하는 것이 다양한 문화를 이해하고 의사소통하는 데 어떤 영향을 주는가?
How does understanding your community and local culture impact your ability to understand and communicate across cultures?
–왜 의사소통의 대상에 따라 언어 사용이 달라져야 하는가?
Why should language use vary depending on who you're communicating with?
–정보와 근거가 의사소통에 미치는 영향은 무엇인가?
How does information and evidence impact communication?
–관계사는 어떻게 청중(독자)의 이해도를 높이는가?
How do relative clauses enhance audience(readers) understanding?
–다양한 시제에 따라 의미가 어떻게 달라지는가?
How does the meaning change with different tenses?

• 123쪽의 정답: ①~⑥ 모두 탐구질문이다.

1+1을 2보다 더 크게 만드는 교수·학습 접근 방법

박정민

1. 수업 시간에 제공한 그 많았던 1은 어디로 갔을까

"우리가 지난 시간에 무엇을 배웠지?"

이 질문에 시원하게 답하는 학생이 몇 명이나 있었던가? 단순히 몇 쪽인지, 무슨 소설, 무슨 시를 배웠다는 정도의 대답이나 일주일 지나면 잊어버릴 그런 내용이 아니고, 정말 교사가 알려 주고 싶었던 학습 목표에 근접한 대답을 하는 학생이 과연 있었던가? 그런데 다시 생각해 보자. 저 질문에 교사가 원하는 답을 학생이 할 수 있도록 그 '무엇'을 가르치는 수업을 해 본 적이 있던가?

교사는 교육과정에 맞춰서 교과에서 제공해야 하는 내용인 각종 '1'을 매시간 열심히도 학생들에게 전달했다. 이때 학생들이 수업에 흥미를 갖고 적극적으로 학습에 참여해서 제발 이 1에서 0.5라도 얻어 가기를 바라며 시도하는 접근 방법들은 교사의 큰 숙제였다. 학습 내용과 관련된 재미있고 흥미 있는 영상을 활용하기도 하고 새로운 게임으로 수업 내용에 대한 문턱을 낮추고자 노력하기도 했다. 다양한 교수 · 학습 접근 방법을 배우기 위해 여러 연수에 참여하여 그 수업 사례를 참고하고, 교과 수업에 적용해서 학생들의 참여를 북돋기도 했다. 학생들이 지루해하지 않고, 수업에 지속적으로 참여할 수 있도록 계속해서 새롭고 재미있는 교수 · 학습 접근 방법을 찾아다녔다. 언제까지 이것을 배우러 다녀야 할까? 아이디어가 없으면 가르칠 수 없는 것일까?

그리고 학생들은 수업 시간에 열심히 참여하고도 왜 다음 시간만 되면, 일주일만 지나면, 한 학기가 지나면 아무것도 기억이 안 난다고 우울해하는 것일까? 학생들은 어떻게 1을 배우고 있는 것일까? 정리되지 않는 지식 저장 창고가 우리 교육의 최종 목표는 아닐 텐데 학생들에게 교사가 제공하는 이 1은 어떤 의미로 접근되어야 하는 것일까? 교수 · 학습 접근 방법에 대해 중심을 잡지 못한 채 의심의 찌꺼기가 가득한 수업이 계속되었다.

그런데 IB의 교수 접근 방법(Approaches To Teaching: ATT)과 학습 접근 방법(Approaches To Learning: ATL)의 목표와 원칙을 확인한 뒤, 그동안 알고 있던 교수 · 학습 접근 방법은 학습 내용을 잘 전달하는 것만 고려한 일회성 전략이었다는 점을 깨달았다. 교수 · 학습에 대한 철학 없이 그저 가르치는 기계적 기술로만 접근했다는 점이 문제였던 것이다. 잘 가르치는 기술은 교사의 몫이다. 교사가 잘 가르친 것이 학생의 배움으로 전환되는 것은 전혀 다른 문제이다. 많고 많은 교과 관련 단편 지식을 학생들에게 넣어 주는 데 급급한 수업은 학생들에게 왜 배우느냐는 의문만 남긴다. 학생들이 진짜 배웠다고 말할 수 있는 교수 · 학습 접근 방법은 도대체 무엇일까?

물음에 대한 답을 수업과 수행평가의 관계를 성찰하며 찾을 수 있었다. 고등학교 '독서' 교과의 수행평가를 위해 '관심 분야의 글을 함께 읽고 저자에게 할 질문 만들기' '질문을 공유하고 그중 답변하고 싶은 질문을 한 가지 선택해서 자료를 조사하고 답변 만들기' '활동 후 심화 독서를 계획하고 독서 서평문 작성하기'를 단계적으로 설계했었다. IB를 배운 뒤 이 수행평가에 대해 다른 시각으로 보며 '교사는 어떻게 1을 제공했는가?' '평가와 관련된 모든 1을 학생에게 분명하게 제공했는가?'에 대해 고민했다. 물론 여기서 독자가 오해하면 안 되는 부분이 있다. IB를 배운 뒤에도 저자는 이 수행평가의 골격을 그대로 사용할 수도 있다. 깊이 반성한 부분은 수행평가를 위한 수업의 과정이었다. 평가를 위해 교사는 어떤 교수·학습 접근 방법을 수업에서 사용하며 교과 지식 1이 학생의 것이 될 수 있게 수업을 설계했는가? 그리고 학생들이 1에 적절한 기능을 사용하면서 배울 수 있도록 학습 접근 방법에 대해 끊임없이 생각할 수 있는 기회를 제공하고 노출시켰는가? 이 부분이 너무나 아쉬웠다.

IB를 공부하기 전에는 '질문 만들기' 활동을 하면서 학생들의 질문 수준보다는 질문을 직접 만드는 기회를 준 수업이었다는 점에 만족했었다. 학생들이 글을 읽고 사실 확인 질문이 아닌 사고 확장 질문을 스스로 만들어 오기를, 교사는 활동만 내주고 기다리기만 한 것은 아닐까 되돌아보았다. 학생들의 탐구질문이 진정한 탐구질문의 역할을 하기 위해서는 수업에 접근하는 교사의 교수법 변화가 먼저라는 점이 새삼 느껴졌다. 그리고 수업 시간에 지문을 읽고 좋은 질문을 만드는 법, 자료를 조사하는 법, 서평을 쓰는 법에 대해서 알려 준 적이 없다는 점을 깨달았다. 이미 중학교에서 배운 내용이라고 생각했기 때문이다. 다른 과목 수행평가 때도 했을 것이고, 학생들은 어차피 수행평가 때 늘 해 왔을 방법이라고 당연히 치부했던 부분이었다. 못하면 '대체 왜 못하지?'라고 답답하게 생각했을 뿐, 다시 가르칠 생각을 하지 않았다. 이미 배웠을 것이다, 진도 나가기가 급급하다, 이런 핑계로 사실은 평생 학습자로서 학생들에게 가장 기본이 되고 필요한 '학습 기능'을 오히려 뒷전으로 미룬 것이다.

'학습 방법에 대한 학습'이야말로 교사가 수업 설계를 할 때 중심에 두고 지켜야 할 교수 · 학습 접근 방법의 기본이라고 깨달았다. 교과 내용뿐만 아니라 학습 방법을 교사가 의도적으로 관심을 가지고 계속해서 학생들이 수업 속에서 접할 수 있게 해 준다면 어떤 문제 상황 속에서도 이 기능을 학생들은 주체적으로 활용하며 해결하는 면모를 보이게 될 것이다. 그리고 이는 지금까지 수많은 교육과정의 개정 속에서도 변하지 않는 우리 교육의 목표이기도 하다.

미래 사회를 살아갈 학생들에게는 교과의 내용뿐만 아니라 깊이 사고하고 문제를 해결할 수 있는 힘이 필요하다. 그리고 이 사고방식을 문제가 발생하는 다양한 삶의 맥락에서 주체적으로 적용할 줄 알아야 한다. IB에서는 교수 · 학습 접근 방법을 구체적으로 제시하고 다양한 교과에서 '탐구-실행-성찰'의 과정을 통해 학생들이 '배우는 것'을 배울 수 있도록 강조한다.

우리는 수업활동의 재미만을 고민하지 않는다. 수업에서 얻을 수 있는 '배움의 재미'를 느끼고 싶다. 교사로서 수업 방식에서 얻을 수 있는 즐거움도 있지만, 수업을 통해 얻게 된 지식과 기능을 또 다른 맥락에 적용하며 느끼는 고차원적인 사고의 즐거움을 학생들에게 알려 주고 싶다. 학생들이 파편적 지식들만 얻는 수업을 원하지 않는다. 파편적 지식들을 여러 방법으로 차근차근 엮어서 실제 삶 속에서 도움이 될 수 있는 수업이 되기를 원한다. 학생들에게 의미 없는 1의 나열은 그냥 무수히 많은 1이 수집된 상황이고, 먼저 입력된 1의 값은 인간의 불완전한 기억력에 의해 삭제될 뿐이다. 이제 우리는 1과 1이 만나 2보다도 더 큰 의미로 만들 수 있는 교육을 해야 한다. 복잡한 미래 사회 속에서 학생들이 학교에서 배운 것을 실제 문제 상황에서 직접 드러내며 활용하는 자신감이 생기기를, 그리고 끝없이 배우고 도전해야 하는 삶 속에서 스스로 배우는 능력으로 웰빙, 즉 잘 사는 삶의 튼튼한 기반을 마련할 수 있기를 기대하며 교수 · 학습 접근 방법에 대한 고민과 성찰을 이어간다.

2. 1+1을 2보다 더 크게 만드는 수업이란 무엇일까

학생이 1을 학습하는 접근 방법과 교사가 1을 가르치는 접근 방법은 단순한 도구의 의미는 아니다. 학습 접근 방법은 학생들이 학습할 때 필요한 기능이고, 교수 접근 방법은 교사가 교육 프로그램을 진행하는 교육 원칙이다. IB에서는 교수 · 학습 접근 방법에 자신들의 교육철학을 담고자 했고, 그 중요성을 모두가 공유할 수 있도록 IB 설계 모형인 프

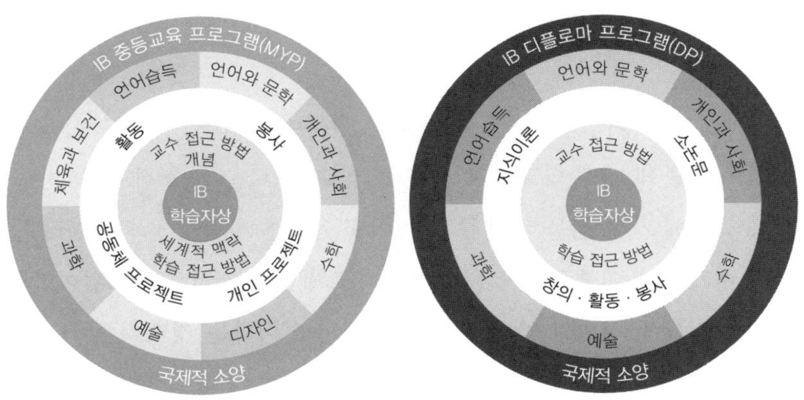

[그림 5-1] IB 프로그램 설계 모형

출처: 경기도교육청(2023a)을 바탕으로 재구성함.

레임워크의 가장 중심에 위치한 학습자상 바로 옆에 자리를 마련했다. 이는 교수 · 학습 접근 방법을 통해 학생들이 IB 학습자상을 개발할 수 있도록 하기 위한 IB만의 기본 원칙이라고 할 수 있다. 다시 말해, 학습자가 삶에 주어진 문제 상황을 깊이 있게 사고하고 능동적으로 해결할 수 있도록 그 방법을 알려 주는 것이 바로 IB의 학습 접근 방법과 교수 접근 방법의 최대 목적이다.

IB를 배우면 배울수록 정말 잘 만든 교육 시스템이라고 생각했고, 또 욕심이 났다. 다양한 교육이론에서 모두가 공통적으로 말하는 요즘 교육목표의 키워드, 예를 들어 '미래 사회' '문제 해결' '융합' '탐구' '평생 학습자'가 진부하고 아주 먼 나라의 이야기처럼 들릴 때, IB는 진짜 이러한 말들을 이룰 수 있는 '구체적인 방법'을 심지어 실천까지 하고 있었다. 지금보다 더 복잡하고 섬세해져서 우리가 상상도 할 수 없는, 누구도 답을 알려 주지 않을 앞으로의 사회를 살아갈 학생들에게 꼭 필요한 지식과 기능을 수업에서 '어떻게' 알려 줄 것인가? 학생들은 이 지식을 '어떤' 방법으로 배울 것인가? 여기에 대해 먼저 고민하고 답을 보여 주고 있는 IB를 공부하면서 같은 목표를 가진 좋은 선배를 만난 기분에 반가웠다.

학생들에게 '너희 이거 왜 몰라?'라는 질문이 아니라, 겪어 본 적 없는 삶의 문제들에 대해 학교에서 배운 '지식'과 새로운 것을 배우는 '방법'으로 해결해 가는 힘을 키워 주는 것이 교육하는 사람들의 숙명이라 말하며 여기에 대해 좋은 방법을 찾아보자고 방향을 제시하는 느낌이다.

배움은 특정 시기가 아닌 인생 전반에서 일어나는 것이기에 학생들은 학교 수업에서 배울 내용뿐만 아니라 배우는 원리와 방법을 익히고 그것을 다양한 상황 속에서 연습할 수 있어야 한다. 여러 지식 1만 반복해서 알려 주고 배우는 교육방식은 이미 오래 전부터 한계를 보이고 있다. 교육적 가치는 찾기 어렵고 줄 세우기가 최대 목적이 된 듯 서열화된 성적에만 연연하고 있는 것이 사실이다. 1+1을 2보다 더 크게 만드는 수업, 즉 학교에서 배운 지식들이 삶을 살아가는 데 진짜 힘이 될 수 있게 만드는 수업이 우리에게 필요하다.

이를 위해 교사는 학생들의 의미 있는 학습이 일어날 수 있도록 내용과 탐구 기회를 제공하는 수업을 적절한 교수 접근 방법을 통해 마련해야 한다. 학생들이 비판적인 관점으로 문제를 해결할 수 있도록 분위기를 조성해야 하며, 평가와 연결된 학습에 대해서도 명확하게 알려 주어야 한다. 학생들은 학습 내용을 얻기 위해 스스로 전략을 사용하여 탐구하고 답을 찾아가는 학습 접근 방법에 대해 배운다. 배우는 방법을 배우기 위해 학생들의 배경지식이 활용되는 도전적인 과제를 제시해야 하는 것은 교사의 몫이다. 학생들은 자신의 학습 접근 방법에 대해 돌아보며 다양한 방법을 이해하고 적용하거나 점검할 수 있는데, 이때 교사와 학생, 학생과 학생 사이에서 의미 있는 피드백이 일어나야 한다. 특히 교사는 학생의 배움을 돕는 지원자로서, 기존의 수준보다 높은 수준의 상호 작용을 하여 학생이 깊이 있는 이해를 얻을 수 있도록 한다.

이제 학생들의 배움에 필요한 학습 접근 방법에는 무엇이 있으며, 이들을 수업에서 어떻게 적용할 수 있는지, 그리고 교사가 어떤 수업을 설계해야 우리가 진정으로 원하는 교육목표와 교육철학에 다가가는 수업을 펼칠 수 있는지 구체적인 '공식'을 확인해 보고자 한다.

3. 수업과 학습에서 더 큰 배움을 얻을 수 있는 공식은 무엇일까

IB의 학습 접근 방법은 학습에 필요한 여러 기능이며 이 기능을 학습 상황에서 활용할 수 있도록 학생들은 주도적으로 배우고 꾸준하게 연습해야 한다. 그렇다면 우리가 가르치고, 배울 수 있는 학습 기능은 어디까지일까? 학습 문제를 해결하는 사고력뿐만 아니라 학습에 대한 동기, 과정을 인내하는 태도, 심지어 학습을 스스로 설계해서 더 높은 성취를 달성하는 능력까지 포함한다. 그리고 학습자는 이렇게 배운 기능을 배움이 일어나는 어떤 상황 속에서든 능동적으로 활용할 줄 알아야 한다.

IB에서는 다섯 가지 학습 접근 방법의 범주를 사고 기능, 의사소통 기능, 대인관계 기능, 자기관리 기능, 조사 기능으로 제시하고 있다.

다섯 가지 기능은 이미 우리도 수업을 설계하고 실행할 때 고려하고 활용하며 학생들에게 학습되기를 기대한다. 다만 우리 교육과정과 달리 IB의 가장 큰 특징은 학습 접근 방법인 이 다섯 가지 기능을 학습자가 PYP, MYP, DP 과정 내내 모든 교과군에서 지속적으로 학습하고 개발한다는 점이다.

우리 교육과정에서는 소위 '도구 교과'의 특정 과목에서 특정 기능을 담당해서 알려 주고, 이를 다른 교과나 여러 상황에서 활용할 수 있게 구성된 것처럼 보인다. 예를 들어, 국어과 교과의 과목 중 '화법과 작문'이나 '언어와 매체'에서 의사소통 기능이나 조사 기능을 집중적으로 학습한다. 다른 교과에서는 '화법과 작문' 과목에서 토의나 토론과 관련된 기능을 배웠을 것이라 생각하고, 교사와 학생의 별다른 소통 없이 평가 기준에 관련 요소를 넣는다. 또는 '언어와 매체' 과목에서 배웠을 것이라 가정하고, 조사 기능에 대한 수업 설계 없이 매체를 활용해서 조사한 자료로 특정 단원의 내용 요소 관련 문제를 해결해야 하는 활동을 실시한다. 이러한 학교 현장의 모습은 2022 개정 교육과정의 국어과 교과의 과목 구성과 성취기준을 확인했을 때, '화법과 언어'나 '매체 의사소통'에서 비슷할 것으로 보인다.

하지만 IB는 학습을 위해 필요한 다섯 가지 접근 방법을 모든 교과에서 명시적으로 드러내고 수업이 진행되는 동안 계속해서 기능의 수행과 성취 정도를 확인할 수 있도록 한다. 기능은 단원 설계나 교육과정의 제일 마지막 장에 들어가는 부수적인 것이 아니라 학습해야 하는 수업의 중요 요소로서 작용하고, 추후 총괄평가에서 활용해야 하는 것이다. 이를 위해 교사는 학생들이 학습 접근 방법을 익힐 수 있도록 교과와 관련된 기능으로 이루어진 학습 활동이나 형성평가를 제공한다. 예를 들어, 학생이 조사 기능을 배우고 연습하도록 '같은 사건에 대한 자료들의 해석 방식을 논리적으로 증명하기' '자료의 출처와 신뢰성 파악하기' '다양한 미디어 자료를 찾아서 비교 · 분석하기' 등의 방법들을 활용할 수 있다.

때로는 학습 접근 방법이라는 기능 자체를 배울 수 있는 시간이 필요하다. 이런 과정 속에서 학생은 교사와의 피드백을 통해 추후 접하게 될 다양한 학습 상황과 평가에 적합한 학습 접근 방법을 결정하고 수행할 수 있게 된다. 또한 교사는 수업 시간에 교과서나 영상 등을 활용할 때에도 학습 접근 방법을 확인할 수 있는 적절한 상황이 나온다면 의도적으로 짚어 주며 학생들이 익숙해질 수 있게 기회를 제공한다.

IB의 여섯 가지 교수 접근 방법을 살펴보면 교사의 역할은 학생이 학업에 얼마나 유능한가를 평가하는 것이 아님을 바로 알 수 있다. 학생들에게 동일한 내용을 제공하고 이를 평가하는 방식은 적절한 교수법과는 거리가 멀다.

IB의 교수 접근 방법에서는 제일 먼저 탐구 기반의 교수법을 명시하고 있다. IB 학습자상에서도 알 수 있듯이, 평생 학습자로서 필요한 역량 중 하나를 '탐구하는 자세'로 여긴다. 따라서 IB의 모든 교과는 탐구기반 교육을 실시해야 한다. 이를 위해 교사는 일반적으로 구조화된 문제가 아닌, 다양한 답이 존재하는 실제 맥락의 문제를 학생들에게 제시하고, 학생들은 이 문제를 해결하기 위해 호기심을 갖고 다양한 해결 방안을 찾아보며 자신만의 답을 알아 내는 경험을 한다. 학생에게 교사가 제공하는 정보를 강요하기보다는 학생이 자신의 학습에 주도적으로 참여하여 학생들이 스스로 조사하고, 질문하며 가설을 세우는 등의 탐구를 수행한다. 교사는 학생들이 도전할 수 있는 과제를 설정하고, 명확한 목표를 제시하며, 점진적으로 사고할 수 있도록 활동을 설정한다. 그리고 점수를 매기는 평가 대신 학생의 탐구 방법과 과정에 대한 적절한 피드백을 진행하여 다음 탐구 수행에 도움을 준다.

IB에서는 단편적 지식이 아닌 개념적 이해를 기반으로 한 교수법을 강조한다. 개념은 교과 내에서뿐만 아니라 교과군 간의 여러 지식을 관련성 있는 상위 아이디어로 연결하는 초점이다. 교사는 학생들이 개념으로 사고하는 능력을 키울 수 있도록 수업활동을 설계해야 한다. 교과에서 제시하는 개념을 중심으로 수업이 진행될 수 있도록 교사는 학생들에게 의도적으로 개념을 상기시키며, 학생들은 모든 사고의 중심에 개념을 두고 학습한다. 지금 해결해야 하는 눈앞의 문제 상황에만 학생들이 머무르지 않도록, 개념이라는 보편적 원리를 찾아 심층적으로 분석하는 기회를 제공해야 한다. 학생들은 기존에 가지고 있던 지식이나 새로 알게 된 사실적인 정보를 연결하여 추상적이고 복잡한 문제를 해결할 수 있는 개념을 찾아 이해하면서 더 높은 수준의 사고력에 도달한다. 학생들이 새로운 상황이나 복잡한 어려움에 놓여도 개념적 이해를 통해 스스로 해결 방안을 찾아 내는 능력을 내면화하는 것이다.

여러 사실적 정보를 연결해 개념적이고 이론적인 이해에서만 끝나는 것이 아니라, 지역과 세계적 맥락을 연결하여 학생들이 탐구한 내용을 실제로 적용할 수 있는 기회를 마련하는 지역적 · 세계적 맥락을 기반으로 한 교수법이 필요하다. 개념은 관념적이고 추상적이기 때문에 학생들이 겪을 다양하고 구체적이며 실제적인 삶의 맥락 속에서는 여러 관점으로 해석이 가능하다. 교사는 개념이 학생의 삶에서 다양하게 적용될 수 있다는 사실을 알고 있어야 하고, 이를 학생들이 학습을 통해 확인하고 연습할 수 있도록 수업을 설계한다.

학생들은 자신이 속한 지역을 넘어서 전 세계의 구성원으로서 살아가게 된다. 학생이 접하는 주변 세상을 이해하며 살아가기 위한 배움뿐만 아니라 타인이 속한 상황과 비교하고 세계적 관심사를 지속적으로 탐구하는 교수 접근 방법을 요구한다. 국제적 소양을 '가르치는' 방법은 논쟁적 문제의 다양한 관점을 의도적으로 학생들에게 소개하고, 여러 지역적 혹은 세계적 맥락에서 배운 내용을 어떻게 적용할 수 있는지 스스로 방법을 인식할 수 있도록 안내하는 것이다.

효과적인 팀워크와 협력을 강조한 교수법 역시 중요하다. 여기서 협력이란 학생 사이의 협력뿐만 아니라 교사와 학생 사이의 관계까지도 포함한다. 학습은 특정한 맥락 속에서 끊임없이 상호작용하여 이루어지는 것이기 때문에 교사는 교육 활동에서 협력의 규칙을 세우며 개개인의 역할을 정해서 효과적으로 협업하도록 유도한다. 특히 교사는 어떤 경우에는 개인이 책임을 질 수 있는 개인 점수 부분과 모둠이 모두의 성과에 대한 책임을 질 수 있는 모둠 점수 부분까지 균형 있게 설계해서 학생들이 활동을 통해 협업의 올바른 방향을 이해하도록 제시한다.

교사와 학생 사이의 협력 관계를 형성하기 위해서는 가장 기본적으로 학생과 많이 대화해야 한다. 교사는 대화를 통해 학생을 제대로 이해하고 학습 과정 중 학생이 제대로 배우는지 피드백으로 확인한다. 그리고 학생은 자신의 학습에 대해 교사와 공유하며 학습에 책임감을 가질 수 있기 때문에 이 과정에서 교사가 가르치고 학생이 배우는 지점을 향한 협력이 일어난다.

교사는 학생 개개인의 차이를 고려하고 각각에 맞는 효과적인 전략을 수업에 활용하는 학습 제약을 해소하기 위해 구성된 교수법을 고려한다. 학생들은 각자 처한 상황과 배경지식, 학습에 대한 속도와 관심사가 모두 다르다. 교사는 이 점을 유념해서 개별화되고 차별화된 교수법을 고민함으로써 각각의 학생에게 맞는 학습 경험을 제공하여 모두가 학습 목표에 도달할 수 있도록 한다. 학습에 대한 학생의 선호도와 개개인의 강점에 관심을 갖고 이해하며 자존감을 구축해 주어야 한다. 또한 학생의 배경지식을 미리 파악하여 기존의 지식을 바탕으로 새로운 지식을 배울 수 있도록 적절한 개인 학습 기회를 마련할 필요가 있다. 예를 들어, 단순화된 자료를 제공한 뒤 점차 정교하고 복잡한 자료를 증가시키거나 이해를 돕기 위해 제공되는 내용을 여러 방법으로 설명한다. 또는 난이도를 결정할 수 있는 다양한 수준의 과제를 제시하거나 협력 학습을 독려할 수 있다.

평가를 적용한 교수법 역시 IB의 중요한 교수 접근 방법 중 하나이다. 평가를 적용한다는 말은 평가를 위한 수업과는 전혀 다른 의미이다. IB에서 평가는 학생들의 학습 정도를 파악하고 적절한 목표를 설정하기 위한 수단이자 과정으로, 결국 모든 평가의 목적은 학습이다. 따라서 학생들은 평가의 목적, 기준 등을 처음부터 교사에게 제공받아 알고 있어야 하며, 자신의 학습 결과물이 어떻게 평가받는지를 명확히 숙지해야 한다. 형성평가를 통해 학생들은 자신의 학습 과정에 대한 피드백을 받으며, 교사는 학생과 진행하는 수업 중 모든 활동을 돌아보고 수업 방향을 수정할 수 있다. 학생들은 지속적인 형성평가를 통해 학습 전략과 학습에 필요한 기능을 제대로 활용하고 있는지 스스로 확인한다. 이러한 과정을 거쳐 이미 제시된 기준에 따라 총괄평가를 실시해 학생의 성취도를 파악한다.

학습과 평가는 별개의 것이 아니다. 하지만 배운 것을 시험에 출제했다는 교사와, 배우지 않은 것이 출제되었다는 학생의 말에서 우리 교육의 모순점을 찾을 수 있다. 학습한 것을 평가하기 위해 평가 내용과 기준에 대한 명시적이고 지속적인 안내가 학습의 과정 중에 이루어져야 한다. 저자는 수업 시간이 아닌 학습의 과정임을 강조한다. 또한 수업에서 배우는 기능을 포함한 모든 내용들이 학습 포트폴리오 즉, 수업 과정의 형성평가로서 총괄평가로 가기 위한 단계로 설계된다면 수업 내용과 평가의 연결은 자연스럽게 학습 과정에서 안내될 수 있을 것이다.

IB의 교수 · 학습 접근 방법을 공부하고 비슷한 듯하지만 우리 교육에 적용하기에는 사뭇 다르기에 많이 혼란스러웠던 것이 사실이다. 어떻게 해야 제대로 수업에 대한 고민을 해결해 보고 좋은 방향으로 활용해 볼 수 있을까? 이에 대한 답을 찾기 전에 먼저 우리 교육과정과 비교해 보고자 한다. 2022 개정 교육과정에서도 IB의 교수 · 학습 접근 방법에 대응되는 '교수 · 학습' 부분이 분명 존재한다. 총론뿐만 아니라 각 교과별로도 내용 체계 및 성취기준을 제시한 뒤 교수 · 학습의 방향과 방법을 안내하고 있다(교육부, 2022a).

2022 개정 교육과정에 제시된 '핵심 아이디어' '교과 내 영역 간, 교과

간 내용의 연계성' '삶과 연계한' '탐구 방법' '학생의 능동적 참여' 등의 구절들만 보더라도 IB에서 제시한 교수 접근 방법과 연결할 수 있는 지점들이 상당해 보인다.

학습 접근 방법과의 연결점은 어떠한가? 2022 개정 교육과정에서 '교수 · 학습 방법'은 '학교 교육과정의 설계와 운영'의 목차에 포함되어 있어 개인적으로는 학생이 학습에 접근하는 방법이 아니라 교사가 학생의 학습을 유도하는 설계 방법처럼 해석되었다. 또한 2022 개정 교육과정에서는 '내용 체계'의 범주를 '지식 · 이해' '과정 · 기능' '가치 · 태도'로 나누고 있다. 우리 교육과정에서는 각 교과 내용과 관련된 기능을 학습하기 때문에 IB에서 요구하는 모든 교과를 관통하는 '학습'과는 차이가 있는 것처럼 느꼈다.

IB 교육에서는 학습자상을 실현할 수 있는 방법으로 모든 교과를 아우를 수 있는 '배움'이라는 공통의 목표를 위한 '교수 · 학습 접근 방법'을 중심에 두고 있다. 반면 우리 교육과정에서는 교과마다 중점을 두는 역량이 다르기 때문에 교과마다 적절한 '교수 · 학습 방법'을 제시한다.

하지만 이런 교수 · 학습 방법이 IB처럼 실제로 수업에서 충분히 고려되고 있는가에 대한 물음에는 선뜻 대답하기 어렵다. 우리의 교육과정에도 분명 문장화되어 있는 그 방법들이 왜 실제 수업에서는 잘 구현되지 못하고 있는 것일까? 교사로서 '교육과정 총론'을 살피고, '교과 성취기준' 부분뿐만 아니라 교수 · 학습 부분까지 녹여 낸 수업을 설계하고 있는가에 대해 당당하기 어려운 것도 사실이다. 실제 교육 현장에서 평가, 점수, 입시가 공교육의 주요 역할처럼 되어 가고 있는 안타까운 상황이지만, 이것 때문에 교수 · 학습에 대한 고민이 충분하지 못했다는 변명 또한 부끄럽다.

IB에서는 교수 · 학습 접근 방법을 고려해야만 평가가 가능하다. 수업 안에 설계된 교수 접근 방법과 학생들이 활용하는 학습 접근 방법이 평가의 근간이 된다. 우리 교육 현장에서도 '교육과정–수업–평가–기록'의 일체화를 위한 많은 교사의 노력이 끊임없이 이루어지고 있다. 이번 IB의 교수 · 학습 접근 방법을 접목한 단원 설계의 도전 역시 더 좋은 교육의 방향을 제시하고자 하는 새로운 시도라고 생각한다.

그럼 이제 스스로에게 성찰과 새로운 기회를 줄 시간이다. 암묵적이었던 교수 · 학습 방법을 IB처럼 명시적이고 의도적으로 꺼내 보려 한다. 과연 '개념'이라는 큰 덩어리로 학생들이 교과에서 배운 지식들을 엮을 기회를 어떻게 줄 수 있는가? 진도 나가기에 급급하여 단편적 지식 전달에만 머물렀던 것을 어떻게 실생활과 연관된 문제로 학생들에게 탐구 기회를 제공할 것인가? 수업 사이의 연관성을 계속해서 고려하며 수업을 설계할 수 있는가? 한두 차시 정도의 목표만을 해결하기 위한 수업은 지양하고 긴 호흡의 수업 목표를 설정할 수 있는가?

4. 2보다 더 큰 배움을 얻을 수 있는 수업을 설계해 볼까

1) DP 언어와 문학을 중심으로

교수 · 학습 접근 방법을 실제 수업에서 어떻게 활용하는지 '언어와 문학' 중 탐구 영역 '시간과 공간'의 수업을 통해 설명하고자 한다. IB를 공부한 뒤, 이를 실제 수업에 적용해 보고자 직접 '시간과 공간' 탐구 영역 46차시의 단원을 설계해 보았다.[1] 그중에서도 '시' 문학 작품과 관련된 총 16차시 수업에서 학생들의 성취를 이끌어 내기 위해 설계한 교수 · 학습 접근 방법을 제시하고자 한다.

'시간과 공간' 단원에서는 시간과 공간으로 설명할 수 있는 문화적 · 역사적 맥락이 텍스트의 수용과 생산 과정에 영향을 미칠 수 있었음을 확인하고 텍스트와 관련된 맥락을 탐구한다. 또한 학생들은 텍스트가 생산된 시기의 맥락과 수용하는 시기의 맥락이 다를 때 텍스트와 어떤 방식으로 소통해야 하는지 알아야 한다. 생산된 시기의 사회적 · 문화적 · 역사적 상황에 대한 텍스트의 특정 관점을 파악함과 동시에 이러한 관점을 비판적으로 수용하여 또 다른 텍스트의 관점이나 문화적 맥락을 올바르게 이해하는 통찰력을 키우게 된다. 이는 텍스트가 세상을 반영하기도 하지만 왜곡할 수 있다는 점을 인지하고, 텍스트가 어떻게 정치적 상황 또는 사회적 상황을 바라보고 있는지 이면의 의도를 입체적으로 해석하는 역량이다. 더 나아가 텍스트가 단순히 현실을 수동적으로 반영한 대상으로만 존재하는 것이 아니라 당대 사회적 · 문화적 · 역사적 맥락 속에서 적극적으로 현실에 개입하거나 시간과 공간이 변해도 계속해서 새로운 해석으로 의미를 생성하는 주체가 될 수 있음을 이해하는 것이다. 결국 언어는 고정된 메시지를 전달하는 수단이 아니라 문화적 · 역사적 맥락과 적극적인 상호작용을 하면서 텍스트를 생산하고, 이 텍스트가 특정 맥락에 대해 독자들이 이해하고 해석하는 공간으로서 역할을 하며 강력한 힘을 가질 수 있다는 점을 확인한다. 더불어 학습하는 과정에서 세계적 이슈를 고려하여 학습한 텍스트들 사이의 연관성을 찾고, 이러한 이슈가 언제 어디서나 고려할 수 있는 요소임을 깨닫는 과정에서 텍스트에 대한 이해를 삶의 맥락으로 확장하는 경

1) 구체적인 설계안은 제3부 제9장에서 확인할 수 있다.

험을 얻는다.

그럼 이제 목표를 달성하기 위해 교사가 고려한 교수 접근 방법을 살펴보고자 한다.

첫째, 탐구기반의 교수법이 수업 전반에 걸쳐 적용될 수 있도록 했다. 문학 작품을 이해하고 분석하며 전이목표를 달성하기 위해 필요한 활동이 단계별로 진행되는데, 학생들이 필수 이해 내용에 대해 배경지식을 활용해 적극적으로 탐구할 수 있는 기회를 제공한다. 짧은 시간 동안 한 편의 시만 낱낱이 파헤쳐 암기식 분석 내용만 열거하는 것이 아니라 김수영 시인의 단행본 시집 한 권을 16차시 동안 감상하면서 교사에 의해 설계된 질문과 학생이 스스로 의미 있는 질문을 만들어 그 답을 찾는 과정에 참여하게 된다. 기존의 수업 방식과 달리 답이 먼저 제공되지 않으며, 학생들은 끊임없이 질문에 대한 답을 찾고 그 근거를 작품의 주요 부분을 인용해서 정리해야 한다. 또한 시인 한 명의 여러 작품을 읽음으로써 시인이 작품을 창작했을 당시의 사회적 · 역사적 · 문화적 맥락을 심도 있게 조사하고 작품에 준 영향과 작가의 의도, 더 나아가 현재 우리 시대에 미칠 수 있는 영향에 대해서 깊이 학습할 수 있도록 한다. 특히 질문 중에는 학생들이 작품의 내용을 이해하고 분석할 수 있도록 돕기 위한 것도 있지만 탐구의 과정마다 시간과 공간이 작품의 내용 및 형식을 어떻게 규정하는지를 확인할 수 있도록 설계된 것도 있다. 이 과정 속에서 학생들은 작품의 분석과 '시간과 공간'이 작품과 어떻게 연결될 수 있는지 여러 관점에서 심층적으로 사고하게 될 것이다.

둘째, 교사는 개념적 이해를 기반으로 한 교수법을 적용해 학생들의 탐구 과정이 개념적 이해의 토대가 될 수 있도록 구성했다. '시간과 공간' 탐구 영역에서는 시를 이해하기 위한 시의 내용과 표현 관련 탐구질문을 해결하는 것뿐만 아니라 '언어와 문학'의 일곱 가지 개념 중 '관점' '문화' '정체성' '소통'에 기반하여 작품을 둘러싼 시간과 공간, 다양한 사회적 · 문화적 상황이 작품의 생산과 수용에 어떤 영향을 주었는지, 작가와 독자가 속한 시간과 공간은 텍스트의 해석에 어떤 영향을 미치는지, 더 나아가 사회적 · 문화적 맥락과 작품 사이의 연관성에 대해 질문하고 답하게 된다. 나열된 지식을 개념으로 묶어 낼 수 있는 고차원적인 사고 과정이 필요하다. 이러한 교수법은 결국 학생들이 하나의 작품에만 국한되어 '그 작품'만 알게 되는 것이 아니라 관련된 핵심개념을 파악해서 언어와 문학에 대한 일반화된 지식을 배경지식으로 학생이 습득하게 되고, 어떤 언어 상황 속에서든 자연스럽게 활용할 수 있게 된다. 이때의 언어 상황이란 다른 교과의 학습일 수도 있으며 학생들의 실제 삶 속의 모든 경우를 말한다.

셋째, '언어와 문학'은 지역적 · 세계적 맥락을 기반으로 한 교수법과 특히 밀접한 관련이 있다. 언어와 실제적 맥락은 필연적이고 상호 영향을 끼치는 관계이다. 실제 상황을 사례로 언어를 탐구하거나 언어를 학습하고 실제적 맥락에 적용하며, 이를 위해 학생들은 언어적 감각과 지식을 배워야 한다. '시간과 공간' 영역에서도 김수영 시인이 작품을 창작했을 때의 여러 맥락적 상황과 관련된 자료를 조사 · 탐색하며 학생들이 작품을 읽는 지금 우리 사회 공동체에서는 어떤 의미를 가질 수 있는지 파악하고 세상과의 상호 관계성을 찾아볼 수 있도록 수업을 설계했다.

넷째, 수업 전반에 학생들 사이의 모둠 활동과 교사와의 상호작용을 끊임없이 함으로써 효과적인 팀워크와 협력을 강조한 교수법이 적용될 수 있도록 구성했다. 학생들은 서로 탐구질문에 답을 제시하기도 하고 탐구질문을 만들기도 하며 자신의 관점을 작품을 근거로 모둠원들과 소통한다. 그리고 다양한 의견을 조율하기 위해 피드백을 주고받는다. 16차시의 수업이 모둠 활동으로 진행되기 때문에 학생들에게 협력은 성공적인 배움을 위한 가장 기본적인 태도이다. 자신의 의견을 피력하기 위한 방법, 상대의 의견을 경청해서 공동의 목표를 해결하기 위한 피드백 방법 등을 활동 중에 계속 연습하고 활용한다. 또한 교사 역시 학생들의 활동 내용에 적절하게 개입하고 상호작용을 통해 배움의 방향성을 이끌어 주고, 해결의 실마리를 제공해 준다.

다섯째, 설계한 수업에서는 『김수영 전집 1: 시』를 통해 김수영 시인의 여러 작품을 학생들이 자연스럽게 접하게 되는데, 이는 학습 제약을 해소하기 위해 구성된 교수법을 고려할 수 있는 전략이기도 하다. 우리나라의 정치적 · 사회적 격동기에 살며 작품 활동을 했던 김수영 시인의 작품으로 수업을 진행하며 학생들은 '시간과 공간'에 대한 전이목표를 달성하고자 노력한다. 이때 학생들은 각자의 기존 지식이나 학습에 대한 관심도, 속도에 따라 자신의 수준보다는 어렵지만 도전해 볼 수 있는 작품 혹은 자신의 수준에서 문제를 해결할 수 있는 적절한 작품을 선택해서 자신의 학습 상황에 적합한 맞춤형 학습을 수행할 수 있다. 모든 학생이 반드시 똑같은 작품을 일률적으로 학습해야 하는 것은 아니기에 학생의 이러한 주도적 학습 경험은 과제 해결 또는 토의를 위한 작품 선정의 자율성 보장에서부터 시작된다.

마지막으로, 평가를 적용한 교수법을 통해 수업의 모든 과정에서 이루어지는 학습결과를 성찰할 수 있다. 수업에서 진행되는 각종 학습 결과물은 '시간과 공간' 탐구 영역에 대한 학생 개개인의 포트폴리오이며, 이는 학습이 이루어지는 과정을 확인할 수 있는 자료이다. 진정한 과정 지향적 평가란 학생의 이런 누적된 학습 과정의 기록과 함께 성취를 향해 가는 학습 포트폴리오를 활용하는 것이며, 모든 활동이 형성평가의 역할을 하여 문제를 해결하는 학생의 사고 과정과 이해 정도, 목표에 대한 도달 수준을 교사가 가시적으로 확인할 수 있다. 물론 그 안에는 교사의 지속적인 피드백도 포함된다. 또한 형성평가 내용은 학생에게도 자기 스스로 학습 정도를 점검하고 성찰할 수 있는 좋은 자료가 된다.

학생들이 수업 중에 직접 만든 질문 혹은 교사가 제시한 질문에 대해 작품 속에서 근거를 찾아 적절한 답을 제시한 모든 형성평가 결과는 자연스럽게 추후 총괄평가를 대비하고 연습하는 텍스트 분석 과정이 된다. 김수영 시인의 작품을 비교하며 주어진 문제를 해결하는 총괄평가는 그동안의 수업을 통해 일어난 배움의 총체적 결과물이다. 학생이 제출한 답안에 대해서도 교사는 채점과 점수만 제공하는 것이 아니라, 적합한 피드백을 제공한다. 수업의 모든 과정이 결국 총괄평가의 연습이 될 수 있게 설계한다면 교사와 학생 모두 평가와 수업의 이중성에 의한 부담감이 사라지고 전이목표로 향해가는 진정한 배움이 일어나는 수업이 될 수 있다.

학습 접근 방법 역시 다섯 가지의 기능이 수업에 적극적으로 활용되고 향상될 수 있도록 고안했다. 학습 과정에서 학생들이 학습 접근 방법을 분명하게 인지하고 적용할 수 있도록 설계했는데, 수업 사례에서 확인할 수 있는 기능들은 〈표 5-1〉과 같다.

〈표 5-1〉 **'시간과 공간' 단원에서 학생들이 개발하게 될 학습 접근 방법**

1. 텍스트를 시공간의 영향과 연결하여 해석할 수 있다. **(사고 기능)**
2. 텍스트를 광범위하게 해석하기 위해 시공간과 관련된 사회 · 문화적 자료를 조사한다. **(조사 기능)**
3. 동료 및 교사와의 토의 및 토론을 통해 유의미한 피드백을 수집할 수 있다. **(의사소통 기능, 대인관계 기능)**
4. 텍스트에 대한 자신의 해석을 텍스트에서 찾은 근거와 함께 제시할 수 있다. **(사고 기능)**
5. 지역적 · 사회적 이슈를 작품에 기반하여 구체적 맥락으로 표현할 수 있다. **(의사소통 기능)**

6. 학생들은 명확한 서론, 본론, 결론, 주장문과 근거를 제시하며 에세이를 작성할 수 있다. **(사고 기능, 의사소통 기능, 자기관리 기능)**
7. 텍스트의 부분에 대한 이해를 작품 전체에 대한 이해로 확장하여 분석적 말하기나 에세이를 쓸 수 있다. **(사고 기능, 의사소통 기능)**
8. 텍스트에 대한 이해를 위해 자료를 수집, 정리, 구성, 해석하여 포트폴리오를 제작할 수 있다. **(조사 기능, 자기관리 기능)**

내용 요소, 개념 요소와 더불어 '필수 이해 목표'로서 중요하게 다루는 각각의 기능을 활동 상황에 맞게 적용했고, 학생들이 학습 과정에서 적절하게 개발하고 있는지 교사와 학생은 계속해서 확인할 수 있도록 수업 전반에 제시하고자 노력했다.

2) 교수 · 학습 접근 방법을 고려하여 실제 수업 세부 보기

지금까지 수업의 전체 윤곽을 살펴 가며 교수 · 학습 접근 방법을 고려했음을 분명히 했다. 이제 이 수업의 실제 활동 내용을 차시별로 정리하고, 해당 활동에서 고려한 교수 · 학습 접근 방법과 이를 통해 기대할 수 있는 학생의 변화를 살펴보자.

1~5차시 활동을 통해 학생들은 시인이 작품을 생산할 때 시인을 둘러싼 시간과 공간에 따른 사회적 · 문화적 · 역사적 맥락이 어떤 영향을 끼치는지 확인하기 위해 시인에 대한 배경지식을 마련한다. 학생들은 작품을 해석하기 위해 시인과 관련된 자료를 스스로 조사하고 필요한 자료를 모둠원과 협력하며 수집할 수 있다. 김수영 시인을 둘러싼 다양한 시공간적 맥락을 마주한 학생들은 그의 작품 세계가 당시 사회적 · 문화적 · 역사적 사건과 밀접한 연관성이 있음을 깨닫는다. 시대 상황과 작품의 창작 시기를 고려하며 김수영의 전기 시와 후기 시를 학생들

차시	1~5차시
학습 접근 방법	조사 기능, 사고 기능, 자기관리 기능
활동	김수영 시인의 '작가 노트' 작성하기
활동 내용	-『김수영 전집 1: 시』를 읽고 수업 참여 -모둠별로 김수영 시인의 생애와 시인이 살았던 당시 시대상 조사하여 발표하기 -모둠에서 시인의 작품 창작에 가장 영향을 미쳤을 것 같은 사회적 · 문화적 · 역사적 맥락을 시대별로 구분 지어 선정하고, 선정한 이유를 각각 작품을 근거로 들어 정리하기 -모둠 구성원이 근거로 든 작품들을 각자 하나씩 맡아 '작가 노트'를 작성하고 모둠에서 공유하기

은 직접 구분하고, 시간과 공간이라는 맥락이 작품 생산에 어떻게 영향을 미치는지 여러 작품을 비교 · 분석하며 나름의 가설을 세워 본다. 작품의 세부적 요소를 파헤치는 것이 아니라 김수영 시인의 작품 세계와 소통하며 맥락과 작품의 관계를 살펴보는 눈을 키울 수 있다. 교사는 학생들이 '김수영 시인의 시가 당시 사회적 상황의 영향을 받았다.'라는 단편적 사실만 아는 것에서 끝나지 않도록 하나의 작품을 근거로 들어 탐구할 수 있는 활동을 제시한다. 학생들이 세운 가설의 타당함을 논리적으로 설명할 수 있도록 스스로 생각을 표현하는 활동은 그동안 배웠던 작품 해석에 대한 지식의 활용 및 문제 해결을 위해 적절한 학습 방법으로 접근하는 등 정교한 탐구력을 요구한다. 이후 근거로 든 작품에 대해 모둠별로 구성원이 각자 하나씩 맡아 '작가 노트'를 작성하는데, 모둠 구성원의 관심도와 배경지식의 수준 등을 고려하여 적절하게 시와 시대상을 선택할 수 있도록 피드백을 주어서 모든 학생에게 맞춤형으로 작성 기회를 제공한다. 또한 선정한 작품의 시작(時作) 과정을 상상해서 쓰는 활동은 시인이 창작할 때 어떤 관점으로 당시 사회적 · 문

화적 · 역사적 맥락을 바라보았는지에 대해 보다 심층적으로 이해하는 시간을 갖는다. 그리고 학생들이 작성한 모든 학습 결과물은 총괄평가를 위한 준비 단계가 될 수 있음을 안내하며 교사는 피드백을 제시할 수 있다.

차시	6~8차시
학습 접근 방법	의사소통 기능, 대인관계 기능, 사고 기능, 자기관리 기능
활동	김수영 시인의 **대표 시** 분석하기
활동 내용	-모둠에서 '작가 노트'를 작성한 시 중 김수영 시인을 대표한다고 생각하는 시 두 편을 선정해서 그 이유를 쓰고 작성한 '작가 노트'와 함께 온라인 학습 플랫폼에 공유하기 -다른 모둠의 시 두 편을 선택하여 시의 내용과 형식을 분석할 수 있는 탐구질문에 답하기 -원래 자신의 모둠이 공유했던 시 두 편의 탐구질문에 달린 내용과 형식 관련 답을 읽고 추가 의견을 제시하거나, 궁금한 점에 대해 질문을 하며 서로 소통하기

6~8차시를 위해 모둠에서는 먼저 '작가 노트'를 작성한 시 중 김수영 시인의 대표 시라고 생각하는 시 두 편을 온라인 학습 플랫폼에 공유한다. 그리고 모둠의 의견을 그렇게 생각한 이유를 작성해서 학급 전체와 토의할 수 있는 장을 만든다. 이후 탐구질문에 따라 시의 내용과 표현을 분석하게 되는데, 학생들이 기존의 배경지식을 활용하고 이전에 공부한 것과 연관 지어서 사고할 수 있도록 교사는 피드백으로 도움을 준다. 또한 시인의 의도를 보여 주는 시어, 설정된 시공간 등을 확인하고 작품 맥락에 어떻게 영향을 미치는지 등을 자유로운 분위기 속에서 토의하며 학생들 사이에서도 피드백이 이루어진다. 학생들이 객관식 문제를 풀기 위해 형식의 개별적인 효과를 찾는 연습을 하는 것이 아니라, 시인

이 형식적 요소를 사용한 이유에 대해 깊이 고민하며 내용과 형식의 복합적인 구성을 읽는 역량을 키우기 위한 활동이기 때문에 탐구질문의 역할이 중요하다. 교사가 제시하는 탐구질문 외에 학생들은 스스로 의미 있는 질문을 제시할 수도 있다.

또한 작품에 대해 자신의 의견을 결정하고 시의 의미가 어떻게 형성되었는가에 대해 근거를 텍스트에서 찾아 제시하는 학습 기능을 발휘한다. 모든 작품을 다 읽었지만 깊이 있게 분석하는 시가 제한되어서 수업이 취지에 어긋나는 방향으로 진행되는 점을 막고자, 모둠에서 제시한 시 두 편을 다른 모둠에 공유하도록 설계했다. 다른 모둠이 선정한 시 두 편을 분석해 본다. 그리고 자신의 모둠이 선정한 시 두 편에 달린 다른 모둠원들의 의견을 보며 추가 질문을 하는 소통의 과정은 의사소통 기능은 물론이고, 김수영 시의 특징과 시인의 의도, 맥락의 영향성에 대한 '시인-텍스트-독자-또 다른 독자' 사이의 소통까지도 기대할 수 있다. 교사가 먼저 답을 제공하는 기존의 수업과 달리 학생들은 진정으로 내 것이 되는 지식을 경험하는 활동을 수행한다.

차시	9~13차시
학습 접근 방법	의사소통 기능, 대인관계 기능, 사고 기능
활동	'시간과 공간' 관련 개념기반 탐구질문을 만들고 답하며 시 감상 활동
활동 내용	-'시간과 공간'에서 활용할 수 있는 탐구질문을 모둠별로 세 개씩 직접 만들고 온라인 학습 플랫폼을 통해 공유한 뒤 피드백하기 -김수영 시인의 대표 시를 근거로 모둠 탐구질문 중 한 가지 해결하기

9~13차시에서는 학생들이 스스로 활동에 활용할 수 있는 개념기반 탐구질문을 만들 수 있도록 기회를 제공한다. 교사는 학생들에게 탐구

질문의 예시를 제공해야 한다. 탐구질문을 만드는 방법과 예시는 학생의 비계 설정을 위한 교사의 도움이다. 그리고 그 도움은 생각보다 더 친절해야 한다. '시공간적 맥락은 작품의 의미 형성에 어떤 방식으로 재현되는가?' '시인의 정체성은 시의 내용과 형식을 어떻게 창의적으로 드러내는가?' '작품은 당대 혹은 현재 독자의 관점에 어떤 영향을 주고 있는가?'와 같은 질문을 보여 주며 학생들에게 수업의 핵심과 개념을 바탕으로 질문을 만들어야 함을 강조한다. 탐구질문을 학생들이 주도적으로 만들어 보고 공유하는 것에서 그치는 것이 아니라 다른 모둠의 탐구질문을 확인하고 피드백과 수정하는 과정을 거친다. 이 과정은 좀 더 심도 있게 탐구질문에 접근하며, 학생들이 스스로 깨우칠 수 있는 충분한 시간을 제공하는 것은 물론이고, 수업을 통해 얻어야 할 것을 다시 한번 상기하며 작품을 감상하는 방향을 제시한다. 이후 학생들은 모둠별로 탐구질문을 하나씩 선정하고, 그 탐구질문에 대한 답을 하기 위해 모둠에서 공유했던 여러 시 중 한 편을 근거로 제시하며 심층적으로 분석한다. 학생들이 작품과 작품을 둘러싼 다양한 맥락을 김수영 시인의 여러 작품에 유기적으로 연결하지 못하고 하나의 작품에 적용해 단편적 의

차시	14차시
학습 접근 방법	조사 기능, 사고 기능
활동	현재 사회적 · 문화적 맥락에서 김수영 시인의 시 감상하기
활동 내용	–김수영 시인의 시에서 찾을 수 있는 보편적 가치의 주제에 대해 정리하기 –김수영 시인의 대표 시들 중에서 한 편을 선택해서 '김수영 시인이 시를 창작할 당시 맥락과 김수영 시에서 찾을 수 있는 보편적 주제의 연결'과 '현재 사회적 · 문화적 맥락과 김수영 시에서 찾을 수 있는 보편적 주제의 연결' 작성하고 발표하기

미로만 생각했다면, 이 활동을 통해 여러 개념을 기반으로 작품들을 총체적으로 탐구하고 연관성을 찾아보며 '시간과 공간'을 고려한 작품 감상의 눈을 키운다.

14차시에서는 이전 차시에 개념기반 탐구질문을 통해 학생들이 발견한 김수영 시의 보편적 가치의 주제에 대해 정리하고, 이 주제를 작품의 생산 당시 맥락과 수용 당시 맥락에서 어떻게 연결해서 소통할 수 있는지 탐구한다. 이 활동은 결국 작품 자체를 읽고 창작 당시에만 국한되어 해석하는 것에 그치지 않고 학생들이 실제 삶의 맥락을 염두하고 탐색하며 이를 표현하는 기능에도 몰두할 수 있도록 한다. 김수영 시인의 시는 '사회적 불평등' '인간의 존엄성' '억압과 저항' '자유' 등 특정 사회에 한정되지 않고 현대 사회에서도 충분히 고려해야 할 인간의 보편적 가치에 대한 주제를 담고 있다. 또한 이는 우리나라에만 한정된 것이 아니라 전 세계적으로 공감하는 내용이다. 따라서 학생들은 언어와 문학에 대한 학습이 실제 삶에서 세상과의 상호 관계성과 자신의 가치관을 정립하는 데 큰 영향을 미칠 수 있다는 점을 깨닫고 활동에 몰두할 수 있다.

차시	15~16차시
학습 접근 방법	사고 기능, 의사소통 기능, 자기관리 기능
활동	'시간과 공간' 총괄평가를 준비하기 위한 형성평가 안내와 실시
활동 내용	–총괄평가를 대비하는 형성평가에 대한 구체적 지침 안내 –형성평가: 비교 에세이 작성

IB에서 형성평가는 총괄평가에 도달하기 위한 과정이며, 이 총괄평가는 졸업 시기에 치러야 하는 외부평가 형식을 그대로 따르도록 규정하고 있다. 이번에 설계한 수업활동에서 학생들은 매시간 포트폴리오

를 제작하고 피드백 과정을 거치게 된다. 이런 학습의 과정을 다양한 형태의 형성평가라고 보아도 무방하다. 다만 '시간과 공간' 탐구 영역을 마무리한 뒤, 실제 점수화될 총괄평가 실시에 대한 학생들의 인지가 부족할 수 있기 때문에 이를 위한 이론 수업과 총괄평가와 비슷한 형성평가를 마련하는 것도 꼭 필요한 부분이다. 이를 통해 학습 과정 안에서 평가를 활용하게 되는 것이다. 결국 학습을 위한 다양한 형성평가는 총괄평가를 향하고 있으며, 총괄평가는 외부평가의 준비 과정이기 때문에 수업과 평가는 밀접한 관계를 가지고 연속적인 선에 놓인다.

이번 수업을 통해서 학생들이 총괄평가를 연습할 수 있도록 비교 에세이 쓰기의 형성평가를 설정해 두었다. 실제 총괄평가에 준하는 비교 에세이 준비를 위한 형성평가에 대한 구체적인 안내를 제공한다. 학생들은 제시된 질문에 대해 자기 관점과 근거로 구성된 한 단락의 글을 써야 하며, 주장에 대한 근거는 김수영 시인의 작품을 토대로 비교하며 논리적으로 구성해야 한다. 지금까지 활동에서 근거로 활용하고 공유한 김수영 시인의 작품에 한정하고, 40분 이내의 주어진 시간에 작성하는 평가 진행 방식과 조건에 대한 충분한 숙지가 필요하다.

비교 에세이를 위한 형성평가 문항은 '문학은 현실을 반영해야 하는 사회적 책임이 있는지에 대해 공부한 김수영 시인의 시 두 편을 골라 비교해 보시오.'이며, 학생들은 문제를 해결하기 위해 적합한 작품을 선정하고 텍스트가 사회, 문화, 역사와 어떤 영향을 주고받을 수 있는지에 대해 고민하고 분석할 것이다. 학생들은 고차원적인 사고 기능을 활용하여 문제 상황을 해결하기 위해 그동안의 학습한 내용을 활용하고, 그 안에서 자연스럽게 깊이 있는 이해에 도달할 것이며, 주어진 평가의 조건과 기준에 부합하는 답안 제시를 위해 노력할 것이다. 학생들은 그동안 했던 활동에서 다양한 탐구질문에 대한 답을 작성하거나 글을 써 보고 모둠 구성원들과 토의하면서 작품을 근거로 자신의 의견을 제시하는 결과물을 제출해 왔고, 이 모든 것은 이번 차시에서 실시하는 형성평가의 토대가 될 수 있다. 그리고 이번 형성평가도 이후 총괄평가의 연습으로서 학생들에게 충분한 도움이 될 수 있기 때문에 학생들이 성실하게 임할 수 있도록 교사의 피드백이 중요하다.

IB를 배우고 이를 수업에 적용하기 위해 한 단원의 수업을 구성해 보면서 지금까지 해 왔던 수업과 가장 큰 차이점은 '긴 호흡'으로, '교수 · 학습 접근 방법'을 핵심으로 적용하여 설계한 만든 수업의 짜임새였다. 수업과 평가의 이원화가 아닌, 그 사이에 '교수 · 학습 접근 방법'이라는 다리를 탄탄하게 놓은 수업 구성으로 학생이 스스로 학습할 수 있는 능력까지도 배우고 익힐 수 있다는 점은 우리의 교육에 새로운 패러다임을 제시한다.

하루아침에 모든 것을 바꿀 수는 없다. 하지만 방법을 알았다면 시도는 해 봐야 한다. 교사가 가르치는 것이 아닌 학생이 배우는 것으로 시각을 전환해서 교수 · 학습 접근 방법을 바라보고자 한다. 학생은 수업의 대상이 아니라 배움의 주체이다. 수업에, 학습에 '어떻게' 접근하느냐를 고민하고 성찰할 것이다. 그동안 교사로서 가졌던 숙제를 해결하기 위해 IB에서 배운 내용들을 공교육 수업에 전이하고 녹여 낼 수 있게 노력하고자 한다. 그리고 이러한 변화가 교실 속 학생들이 사회로 나아가 배워야 하는 것을 스스로, 그리고 올바르게 배우며 자신의 삶을 온전히 만들어 갈 수 있는 데 도움이 되기를 진심으로 바란다.

탐구하고 전이하는 학습 경험, 활동

박화정

1. 탐구와 전이는 어떻게 경험될까

2022 개정 교육과정에서 영어과의 총괄적인 핵심 역량은 영어 의사소통 역량이다. 이는 학생의 실제 삶과 연계한 맥락에서 영어로 표현된 다양한 형태의 정보를 습득하고 자신의 생각과 느낌을 자유롭게 표현하면서 협력적으로 상호작용할 수 있는 역량을 뜻한다. 중학교 영어 수업에서 그러한 영어 의사소통 역량을 기르기 위해 활동을 계획하다 보면, 자주 난관에 봉착한다. 영어로 표현된 다양한 정보를 활용하여 학생들의 실제 삶과 연계하여 의미 있는 경험을 설계하고 싶었지만, 학생들이 이해할 수 있는 영어 표현의 수준이 상당히 낮아서 생각보다 다양한 정보에 접근이 어려웠기 때문이다. 국어나 사회 교과처럼 모국어인 한국어로 활동하는 수업에 비해 외국어인 영어로 접할 수 있는 정보의 양과 질은 제한적일 수밖에 없었고, 학생들의 영어 문장 구성 능력도 수준이 높지 않아 실생활과 연결된 과제를 산출하기에는 표현할 수 있는 내

용이 다양하지 않았다. 그래서 프로젝트 수업이나 활동 중심 수업에서 학생들이 산출해야 하는 과제를 위해 자료를 조사하고 내용을 조직하는 과정에서 한글 자료를 활용하거나, 포스터나 UCC와 같은 산출물에서 영어 표현보다는 그림이나 영상에 더 초점을 두고 학생들이 활동하게 되는 경우가 생겼다. 영어 수업 안에서 다른 나라의 문화나 가치, 태도 등을 영어로 소통하여 이해하고 표현하기를 바랐는데, 그 내용에 초점을 두고 수업을 진행하면 학생들은 언어습득이 제대로 되지 않은 채 수업활동에 참여하게 되었다. 고민이 되었다. 세계 속 한 구성원으로서 학생들이 영어 의사소통 역량을 균형 있게 기르기 위해 다양한 문화와 가치, 태도 등 상황적 맥락을 다른 교과의 영역과 융합하되 언어를 습득할 수 있도록 학습 활동을 구성하고 싶었다. 그런 시기에 IB의 MYP 언어습득으로서 영어 교과의 개념기반 탐구수업을 접한 것이다.

도구교과인 언어 수업에서 탐구를 한다? 언어 기능 요소에서 개념을 도출한다? 그 개념들로부터 일반화된 지식을 생성하여 다양한 상황에 전이시킨다? 너무나도 생소한 수업 방식이었지만, MYP 영어 수업에서

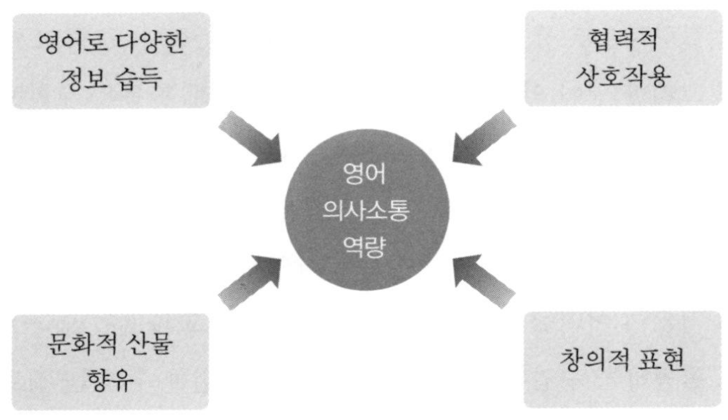

[그림 6-1] 영어과 총괄 핵심역량

출처: 교육부(2022c).

〈표 6-1〉 MYP 언어습득 관련개념

교과군	관련개념					
2. 언어 습득	1~2단계(수준)					
	발음	대상	맥락	관습	형식	기능
	의미	메시지	유형	목적	구조	단어 선택
	3~4단계(수준)					
	대상	맥락	관습	공감	기능	관용표현
	의미	메시지	시점	목적	구조	단어 선택
	5~6단계(수준)					
	주장	대상	편견	맥락	공감	관용표현
	추론	시점	목적	문체적 선택	주제	어투

출처: 경기도교육청(2023b).

제시하는 주요개념인 '의사소통(communication)' '연결(connection)' '문화(culture)' '창의성(creativeness)'은 우리 교육과정의 영어과에서 지향하는 역량과 크게 다르지 않았고, 무엇보다 단계별로 제시한 관련개념들은 학생들의 수준을 고려할 뿐만 아니라 영어 의사소통 역량에 초점을 맞춘 우리 교육과정의 방향과 맞닿아 있었다.

IBEC 학위과정에 들어가서 IB 프로그램을 우리 공교육 현장에 어떻게 접목시킬 수 있을지 고민하기 시작했다. 현실적으로 안 된다는 생각보다, 현실적으로 가능한 부분이 무엇인지 찾는 데 집중했다. IB 프로그램을 공부하고 수업에 적용하며, 끊임없이 질문하고 탐구하며 답을 찾아 나가기 시작했다. 다음은 IB를 공부하며 던졌던 질문들이다.

- 사람들은 왜 외국어를 배울까?
- 사람들은 다른 나라의 언어를 깊이 이해함으로써 무엇을 소통할 수 있을까?

- 언어를 정확하게 사용하는 것은 왜 중요할까?
- 의사소통 시 내용의 구체성은 왜 중요할까?
- 글의 전달력은 왜 중요할까?
- 읽기, 쓰기, 말하기, 듣기, 보기를 목적이 아닌 수단으로 바라볼 때 교수·학습 경험 계획은 어떻게 달라질까?

이 질문들은 사실 학생들의 질문으로부터 시작되었다. "번역기가 있는데 왜 영어를 이렇게 힘들게 배워야 해요?" "문법 틀려도 말 통하는 거 아닌가요?" "에세이는 결론만 쓰면 안 되나요?" 등의 질문들을 매년 들어 왔다. 반복되는 질문에 교사로서도 고민이 되었다. 그리고 IB를 공부하며 그 질문들을 개념적으로 바꾼 것이 앞서 제시한 질문들이다. MYP 영어 수업에서는 탐구진술문의 형태로 저 질문들에 대한 개념적 지식을 일반화된 문장으로 제시하고 있었다. 단원 전반의 학습 과정에서 탐구진술문을 주축으로 이루어지는 탐구질문들은 학생들이 사실적 지식을 바탕으로 개념적 탐구를 통한 이해에까지 도달하도록 이끌어 주었다. 영어 의사소통 역량을 기르는 데 필요한 낱낱의 사실적 지식과 기능을 탄탄하게 습득하고, 그것들을 통합하여 개념을 형성하고, 그 개념 간의 관계를 탐구하고 창의적으로 사고하여 다양한 상황에서 배운 것들을 전이할 수 있는 역량을 기르는 평가와 수업을 설계할 수 있는 시스템이었다. IB는 교수 · 학습 경험 안에 전이와 이해의 증거로서의 탐구하는 활동(action)을 중요시하고 있었다. 이 탐구과정을 통해 학생들은 단원의 목표였던 탐구진술문의 내용을 경험하여 알게 되고, 이해하고 실천할 수 있게 된다.

2. 개념기반 단원 활동을 어떻게 적용할까

2022 개정 교육과정 도입을 앞두고, 현장 수업에 개념을 기반으로 하는 MYP의 탐구활동을 영어 수업에 적용해 보기로 했다. 언어습득으로서의 영어 수업에서도 탐구활동이 가능할 수 있는지 직접 경험해 보고자 했다. 학생들이 지식과 기능을 익히는 수준을 넘어 일반화할 수 있는 개념적 이해를 실생활 맥락에 전이하는 경험을 학습 과정에서 가능하도록 설계해 보고 싶었다.

1) 단원 계획을 고민하다

중학교 3학년 영어 수업에서 '또래 상담 프로젝트: 친구에게 조언하기'라는 주제로 단원을 설계했다. MYP의 언어습득 교과의 주요개념과 관련개념, 그리고 세계적 맥락을 바탕으로 개념기반 탐구수업을 설계해 보고 싶었다. 먼저, 이 단원에서 학생들이 깊이 이해하고 실생활에서 만나는 문제에 전이하기를 바라는 개념이 무엇인지 고민했다. 그저 기능적으로 해결책만 제시하는 조언이 아닌, 세계적 맥락으로서 타인과의 '관계(relationship)'를 이어 주는 '연결(connection)'을 주요개념으로 정하고, 의사소통 전략으로서의 '공감(empathy)'과 '메시지(message)'를 관련개념으로 설정했다. 단원 학습활동 경험을 통해 타인과 나의 메시지가 연결되기 위해 공감의 표현이 어떤 역할을 할 수 있는지 이해하고 복잡하고 새로운 실제 상황에 적용하여 문제를 해결할 수 있기를 바랐다. 그리고 학생들의 적극적인 참여와 주도적인 활동을 유도하기 위해 실제 친구의 고민에 대해 공감하여 조언하는 편지쓰기를 총괄평가로 실시했다. 탐구진술문은 〈표 6-2〉에서 보듯이, 공감을 통한 조언 메시지는 고민이 있는 친구가 받아들이기 쉽다는 것을 이해하기를 바랐고, 단원 학습을 통해 그것을 이해한 학생들이 총괄평가에서 진심으로 공감하며 조언 메시지를 영어 편지로 쓸 수 있기를 기대했다.

〈표 6-2〉 **탐구진술문**

▶ 공감이 담긴 조언은 조언이 필요한 상대와 메시지를 효과적으로 연결한다. Empathetic advice strengthens your audience's connection to your message.

총괄평가에서의 성공적 수행을 위한 학습으로서의 형성평가도 중요했다. 이 단원의 학습 경험을 통해 학습자들이 이해하고 수행할 수 있기를 바라는 것이 수업 중에 일어나는 모든 활동과 수시로 일어나는 평가를 통해 확인되고 적절한 피드백이 제공될 때 학생들의 배움과 성장이 일어나기 때문이다. 이 과정에서 학생들의 수준과 특성을 파악한 개별화 교육도 가능해진다. 학생들의 배움을 확인하기 위해 탐구질문과 안내질문을 효과적으로 활용했다. 〈표 6-3〉에서처럼 학생들이 배운 내용을 바탕으로 사고를 확장시켜 자신만의 의미를 구성하여 개념적 이해에 도달할 수 있도록 교사가 끊임없이 질문을 던지고 학생들의 탐구를 활성화하는 과정이 단원 활동 내내 이어졌다.

단원 활동 내용과 관련하여 2015 개정 교육과정에서 영어과 읽기와 쓰기 영역의 성취기준 두 가지를 선택했다.

〈표 6-3〉 2015 개정 교육과정 영어과 성취기준

- ▶ [9영03-05] 일상생활이나 친숙한 일반적 주제의 글을 읽고 필자의 심정이나 태도를 추론할 수 있다.
- ▶ [9영04-02] 일상생활에 관한 자신의 의견이나 감정을 표현하는 문장을 쓸 수 있다.

필자의 심정이나 태도를 추론하는 것은 상대방의 감정에 공감하는 데 필요한 의사소통 능력이다. 공감을 위해서는 친구의 고민에 대한 글을 읽고 내용을 파악할 수 있어야 하고, 그 심정과 바라는 것이 무엇인지 분석하고 추론하는 읽기 능력을 길러야 한다. 그리고 파악된 고민의 내용과 감정에 대해 공감을 표시하는 과정에서 자신이 경험한 비슷한 감정과 의견을 표현할 수 있는 쓰기 능력을 길러야 한다. 또한 공감의 표현이 어떻게 상대방의 마음을 열어서 조언의 메시지를 쉽게 받아들이게 만드는지 이해하는 과정이 필요하다. 이 개념기반 탐구수업에 〈표 6-3〉의 두 가지 성취기준을 달성하기 위한 지식과 기능을 학습 과정에 필요한 재료로 사용했다. 다양한 사례 속에서 사용된 표현들을 익히고, 그 표현들로 인한 효과들을 경험하고 종합하여 학생들은 지식을 생성해 나갔다. 그것은 탐구진술문의 방향과 맞닿아 있었고, 단원 활동 전체의 방향을 통일성 있게 연결해 주었다. 저자는 차시별 수업의 학습 경험 안에서 영어 의사소통 표현을 탄탄하게 익혀야 하는 맥락을 제공하면서 학생들을 개념적 사고와 탐구로 안내했다.

2) 활동 내용 설계의 실제

IB의 MYP 프로그램 내용의 구성은 형식이 정해져 있지는 않다. 학생들이 단원 안에서 명확하게 배워야 할 개념과 학습 내용 요소들을 단원의 목표와 성취기준을 고려하여 구성한 것을 명시한다. 여기서 보여 줄 단원의 활용 내용은 학생들이 주도적으로 탐구하고 이해하기를 바라는 사실적 지식과 개념을 차시별로 명시하고, 안내질문(guiding question)을 통해 학습 내용의 방향을 제시했다. 총 16차시의 단원으로 공감이 상대와 메시지를 어떻게 연결하는지에 대한 탐구진술문의 개념적 이해를 위해 긴 호흡의 일관되고 체계적인 탐구학습 활동을 포함한다.

개념적 사고의 기반이 되어 줄 영어 표현과 내용 및 기능을 배우는데, 단순히 사실적 수준에서 멈추는 것이 아니라 그 지식과 기능을 왜, 어떤 가치와 태도로 실천할 것인지에 대한 맥락이 학습에 반영된다. 그러한 교수·학습 과정은 탐구질문으로 학생들의 고차원적 사고를 자극하여 지적 흥미를 일으키고 활발한 개념적 사고를 할 수 있도록 이끈다.

〈표 6-4〉 **차시별 수업 내용**

<table>
<tr><th colspan="2">내용</th></tr>
<tr><td>1차시: 단원열기</td><td>• 연결(connection)
• 탐구질문: 공감을 통한 소통은 관계형성에 얼마나 기여하는가? 조언이 상대에게 수용되지 않는 이유는 무엇인가?
– 공감의 역할</td></tr>
<tr><td>2차시: 어휘 및 구문 학습</td><td>• 메시지(message)
• 탐구질문: 우리는 상대방의 문제에 대해 어떻게 공감의 메세지를 표현하는가?
– 감정, 공감, 조언 관련 표현 및 의미</td></tr>
<tr><td>3~4차시: Listening & Speaking</td><td>• 공감(empathy)
• 탐구질문: 우리는 상대방의 문제에 대해 어떻게 공감을 표현하는가?
– 걱정 표현
– 공감, 조언 표현</td></tr>
<tr><td colspan="2">〈중략〉</td></tr>
</table>

14차시: Feedback & Editing	• 메시지(message) • 평가 요소 – 글의 형식 – 글의 내용 – 언어사용 – 문장 구성 및 필수 구문
15차시: Revising	• 메시지(message) • 탐구질문: 우리는 상대방의 문제에 대해 어떻게 공감의 메시지를 표현하는가? – 글의 완성도
16차시: Reflection	• 연결(connection) • 탐구질문: 공감을 통한 소통은 관계형성에 얼마나 기여하는가? – 성찰일지

그저 단순히 공감과 조언에 관련된 표현을 배워서 문장을 작성하는 단계를 넘어, 왜 그 표현들이 필요한지, 그 표현들을 사용하여 얻어지는 의사소통적 효과가 무엇인지를 사례를 분석하여 일반화가 가능한 지식을 도출할 수 있기를 바랐다. 이러한 바람을 이후 등장할 〈표 6–5〉의 학습 경험과 교수 전략으로 반영했다.

3) 학습 과정 설계

개념탐구 과정은 교사에게도 어렵다. 이를 학습 과정 속에 녹여 내려면 교사가 먼저 개념적으로 사고해야 했다. 일련의 사실과 지식, 기능을 종합하고 분석하여 개념을 찾고 일반화한다. 깊은 이해를 학생들의 실제 삶의 맥락 속에서 활용하여 문제를 해결하는 경험을 실제 수업안에서 할 수 있도록 교수 · 학습 과정을 설계하는 것이 중요했다. 단원의 목표로서의 탐구진술문 이해는 이 학습 과정의 범위를 결정했다.

(1) 학습 경험 및 교수 전략 계획

'조언하기'라는 의사소통에 필요한 표현과 내용에 관련된 지식과 기능을 '연결'이라는 주요개념을 탐구하는 과정에서 배우고 활용할 수 있도록 학습 경험 및 교수 전략을 계획했다. 상대방과의 '연결'을 위한 '공감'과 '메시지'는 관련개념으로 설정했다. 학생들이 학습 과정에서 조언과 감정에 관련된 표현을 익히고, 공감이 있는 조언과 공감이 없는 조언의 사례를 비교 · 분석하여, 실제로 친구들과 조언을 주고받는 경험을 통해 조언을 위한 의사소통에서 공감의 표현이 어떤 역할을 하는지 귀납적으로 깨달을 수 있도록 학습 경험을 설계했다. 상대방의 문제에 대한 공감 표현이 조언에 대한 상대방의 유대감을 강화한다는 것을 경험적으로 이해하게 하고, 새로운 상황에서 다른 사람이 얘기하는 고민 속 감정을 파악하여 그에 걸맞은 공감과 조언을 제시하기 위해 배운 지식과 기능을 활용하며 이해를 전이시킨다. 탐구진술문의 내용을 수업안에서 실제로 경험하여 이해할 수 있도록 세심하게 설계하는 것은 쉽지 않았지만, 학생들이 자신의 실생활에서 실제적인 문제를 해결하기 위해 이 단원에서 배운 지식과 기능을 개념적 이해를 바탕으로 활용할 수 있기를 바랐다. 탐구질문으로 학습의 방향을 끊임없이 상기시키며 진행하는 동안 학생들은 '공감을 통한 조언하기'를 '연결'이라는 개념을 통해 깊이 있게 탐구했다. 언어습득에 대한 동기가 친구에게 조언해야 하는 실제 상황의 맥락에 의해 부여되고, 실제 수행을 위해 지식과 기능이 필수적인 상황이 학습 과정 안에 연출되었다.

이렇게 단원 목표 달성을 위해 학생들이 탐구진술문의 내용을 이해할 수 있도록 단원의 활동을 긴 호흡으로 설계할 때, 각 수업의 교수 · 학습 방법과 내용을 일관성 있게 유지하는 데 탐구질문 외에도 세세하게 학습을 가이드하는 안내질문이 유용했다. 단원 전체의 활동을 통해 이해해야 할 개념의 방향을 탐구질문으로 잡았다면, 구체적인 질문으로 학생들의 사고가 사실적 수준에서 개념적 이해로 발전하도록 촘촘하게 학습을 안내했다. 단원의 교수 · 학습 방법은 이 질문들을 해결하기 위한 다양하고 적절한 탐구활동들로 설계했다. 이때 학생들은 동료들과의 관계에서 의견을 나누고 결론을 도출할 때 상대방의 의견에 경청하고 궁금한 것을 질문하고 응답하며, 우호적인 관계 속에서 자신의 의견을 설득력 있게 전달하는 경험을 통해 대인관계 기능과 의사소통 기능을 개발한다. 그리고 스스로 자신의 학습 목표를 설정하고, 학습 방법을 선택하여 탐구 과정에서 질문을 만들어 볼 수 있었으며, 질문을 해결해 가는 과정이 자연스럽게 개념 기반 학습활동과 연결되었다. 또한 교사는 연역적으로 답을 알려 주는 형태의 수업이 아닌, 학생들이 스스로 질문을 통해 자신만의 의미를 개척하고 다양한 상황에 적용하여 도출된 개념적 아이디어를 일반화할 수 있도록 탐구학습을 유도했다.

〈표 6-5〉 **학습 경험 및 교수 전략**

학습 경험 및 교수 전략
〈5~9차시〉 Reading Comprehension
〈5~6차시〉 Exploring Empathetic Advice 1
▶ 안내질문: • 주어진 글에서 인물의 문제와 감정은 무엇인가? • 각 인물의 문제에 대한 조언은 어떻게 표현되고 있는가? ▶ 수업 열기: • 두 친구의 고민에 대한 대화를 읽고, 안내질문과 관련하여 모둠별로 이야기하고 발표하기

▶ Summarising & Group discussion:

- Reading Text
  - –각 인물의 고민과 그에 대한 공감 표현이 없는 해결책들이 제시된 글 읽기
  - –모둠에서 함께 소리내어 읽고 인물들의 문제와 감정 및 제시된 해결책 파악하기
  - –조언하는 글의 목적이 무엇인지에 대해 토론하기
- Research
  - –효과적인 조언의 방법 조사하기(또래상담 중심으로)
  - –공감을 표현하며 해결책을 제시하는 과정을 정리해 보기 (감정 읽어 주기–비슷한 경험 공유하기–해결책 제시하기)

▶ 교수 전략:

- 글을 읽을 때, 감정표현, 해결책 제시하는 표현 등 조언하기와 관련하여 활용할 수 있는 표현들을 주의하며 읽을 수 있도록 안내하기
- 조언의 목적과 관련하여 효과적인 조언하기 방법 조사시 모둠에서 함께 인터넷 사용하도록 지도하기

〈7차시〉 Exploring Empathetic Advice 2

▶ 탐구질문:

- 어떻게 하면 상대방이 나의 조언을 잘 받아들일까?

▶ Read and Think:

- 글을 읽고 인물의 문제와 감정 파악하기
- 인물의 고민에 대한 두 가지 유형의 조언을 읽고 공통점과 차이점 파악하기 (색깔이 있는 펜으로 감정 읽어 주기, 비슷한 경험 공유하기, 해결책 제시하기 부분에 다른 색깔로 줄 긋기)
- 해결책만 제시하는 조언과 공감이 있는 조언과의 차이점 파악해 보고, 조언을 듣는 사람 입장에서 의견 나누기

▶ 교수 전략:

- 조언의 목적에 대해 환기시키기

〈8차시〉 Exploring Empathetic Advice 3

▶ 탐구질문:

- 어떻게 하면 상대방이 나의 조언을 잘 받아들일까?

▶ Think and Write:

- 모둠에서 Sumin이라는 가상 친구의 고민 설정하기
- Sumin의 문제와 감정 파악하여 영어로 작성하기
- Sumin이에게 공감을 표현하여 해결책 제시하는 조언 작성하기

▶ 교수 전략:

• 공감과 해결책 제시할 때 필요한 표현을 학습 자료 및 동료, 교사와 상호작용하여 얻도록 격려하기

〈9차시〉 Exploring Empathetic Advice 4

▶ 탐구질문:

• 어떻게 하면 상대방이 나의 조언을 잘 받아들일까?

▶ Group Discussion – Generalization:

• 공감을 표현하며 해결책을 제시하는 것이 상대방과 나의 메시지의 연결에 어떻게 영향을 끼치는지 모둠별로 토론하기

• 개념적 질문을 사용하여 일반화하기: 그룹별로 개념적 이해(일반화)에 대한 진술을 포스트잇에 작성하기

• 발표를 통해 토론한 내용 공유하기

Think about the question in the box and complete the sentence with your group members.

Q: How do writers make their advice acceptable to the audience?

공감이 있는 조언은 ________________________________ 이다.

▶ 탐구질술문:

• 공감이 담긴 조언은 조언이 필요한 상대와 메시지를 효과적으로 연결시킨다.

▶ 교수 전략:

• 일반화 진술에 필요한 개념박스 마련하여 제시하기

• 다양한 의견이 나올 수 있도록 이전 차시의 수업에서 배운 내용과 경험 환기시키기

〈후략〉

안내질문을 사용한 교수 전략은 학생들이 학습 과정에서 사실적 지식과 기능을 배울 때 단원 목표에서 제시된 개념을 연결하여 고차원적 사고를 통한 개념적 이해에 도달하도록 도울 수 있었다.

그리고 〈표 6-5〉의 9차시 수업에서 그동안의 수업활동을 통해 얻은 개념적 이해를 학생들의 언어로 표현해 보는 시간을 가졌다. 공감 표현이 있는 조언이 의사소통에서 어떻게 영향력을 가지는지에 대해 모둠

별로 토론하여 포스트잇에 적어서 정리하고 다른 모둠 친구들과 공유했다. '공감이 있는 조언은 __________이다.'의 형태로 일반화 진술문을 작성하여 자신들이 이해한 개념을 성찰하고 정리했다. 학습이 어려웠던 학생들도 모둠 안에서 동료 학생들과의 토론과 상호작용을 통해 개념을 이해하게 되었다. 이 활동을 통해 학생들은 독자와의 관계에서 '연결' '공감' '메시지'라는 개념 간의 관계를 탐색하고 탐구한 내용들을 정리하며 스스로 일반화시키고 의미를 구성했다. 또한 배운 내용들을 근거로 자신이 구성한 의미를 뒷받침했다. 이러한 개념기반 탐구학습의 경험을 통해 새로운 상황에 전이 가능한 이해를 학생들이 스스로 구성하도록 함으로써 사실과 지식, 기능을 넘어서는 사고를 유도하여 학습한 것에 대해 오랫동안 기억을 유지할 수 있기를 바랐다.

(2) 형성평가 설계

총괄평가를 시행하기 전에 학습 과정에서 형성평가를 통해 학생의 수업 내용에 대한 이해정도를 확인하고 피드백을 제공했다. 학습 자료와 동료들과의 상호작용 속에서 자신의 위치를 확인할 수 있도록 적절한 평가 도구를 제공하고 동료와 교사의 피드백을 활용하여 부족한 부분을 채우고, 방향을 수정해 가면서 성장할 수 있도록 돕는 과정이었다. 형성평가는 따로 떼어서 실시한 것이 아니라 수업의 과정에서 학생 성장의 정도를 확인하고 피드백하는 학습으로서의 평가 과정이었다.

형성평가의 주요한 목적은 고민에 대한 조언에 공감이 중요한 역할을 한다는 개념을 촘촘하게 설계된 학습 경험을 통해 학생들이 얼마나 배워 가고 있는지 확인하고 배우는 속도와 수준에 따라 피드백을 제공하여 학생이 최종적으로 단원 목표를 달성하고 총괄평가의 수행을 성공적으로 해낼 수 있도록 돕는 것이었다. 고민과 조언으로 이루어진 대화를 듣고 내용을 파악하면서 조언에 필요한 표현을 익혔다면, 그 표현들을 활용하여 대화문을 만드는 형성평가를 통해 학생들의 이해 정도를 확인했다. 감정 표현을 배우고 나서, 청소년의 문제와 심리학적 해결책이 제시된 글을 읽고 각 청소년의 문제들을 분석하며 감정을 추론하여 영어로 표현할 수 있는지 확인했다. 공감하는 표현을 배우고 나서는, 주어진 고민에 대해 공감을 담아 조언하는 문장을 완성할 수 있는지 확인하여 문장 구성이 어려운 학생들에게 개별적인 피드백을 제공하여 학습을 도울 수 있었다. 글쓰기 수업에서 조언하기에 필요한 어휘와 문장 구성 시 지켜야 할 어법을 배운 후에 규칙에 맞게 문장 오류를 수정할 수 있는지도 확인했다. 이 모든 학습으로서의 형성평가들은 '공감이

〈표 6-6〉 **형성평가**

형성평가	• 고민과 조언의 대화를 듣고 내용 파악하기, 표현 익히기, 대화문 만들기 • 인물의 문제와 감정을 파악하기, 감정과 의견 표현하기 • 주어진 고민에 대해 공감을 표현하며 조언하는 문장 완성하기 • 상황에 적절한 어휘와 정확한 문법 사용하여 문장 오류 수정하기 • 동료 평가: 피드백 질문을 통해 동료가 쓴 조언 평가하여 피드백하기

〈표 6-7〉 **개별화 교육**

개별화	• 모둠 내 상호작용 관찰: 모둠에서 친구들과 함께 대화를 분석하여, 해석이 어려운 친구들이 도움을 받을 수 있도록 한다. • 도움이 더 필요한 학생에게 문제를 해결할 수 있는 질문으로 학습 자료 및 동료와 연결한다(예: "이 인물의 문제를 나타내는 문장은 어디 있을까?" "인물 이름을 텍스트에서 먼저 찾아보면 어떨까?"). • 쓰기 과제 해결을 위해 관련된 어휘를 다양하게 제공하고, 문장 구성 중 일부를 제시하거나 예시문을 활용할 수 있도록 자료를 제공한다. • 학습 수준이 우수한 학생들에게는 다양한 어휘와 복잡한 문장 구성을 구사할 수 있도록 인터넷 자료 검색을 활용하거나 교사 피드백을 제공한다.

담긴 조언은 조언이 필요한 상대와 메시지를 효과적으로 연결시킨다.' 라는 탐구진술문을 학생들이 이해할 수 있도록 이끌어 주었다.

4) 자료 계획

학생들의 탐구와 개념적 이해를 촉진하기 위해서는 단원 목표와 관련된 다양한 사례를 충분히 제공해 주는 것이 필요했다. 특히 귀납적 탐구과정을 위해서 사실적 지식과 그에 필요한 기능들을 익힐 수 있는 자료도 필요했다. 그래서 수업 내 동료 및 학습 자료와의 활발한 상호작용을 이끌어 내는 활동지 또한 다양하게 준비했고, 무엇보다 일관성 있게 단원의 목표를 향해 안내해 줄 체계적인 자료를 제공하려고 노력했다.

〈표 6-8〉 **자료**

자료	• 대화 속 공감의 유무를 비교하는 영상 • 공감의 절차를 설명하는 영상 • 고민과 조언 담화 텍스트 • 고민과 조언 스토리 텍스트 • 공감을 통한 조언하기 연습 활동지 • 문제와 해결책에 대한 텍스트 분석 활동지 • 이메일 양식 활동지 • 글쓰기 과정 양식 활동지 • 동료 평가 피드백 질문지

이 단원학습을 통해 아이들이 탐구진술문의 내용을 경험으로써 이해하도록 수업하고 싶었다. 나아가 '조언을 요청하는 사람에게 공감은 항상 유대감을 형성하는가?'라는 질문에 자신의 의견을 설득력 있게 말할 수 있기를 바랐다. 그것은 단원 학습을 통해 깊은 이해를 경험한 학생들

이 대답할 수 있는 영역일 것이다. 단원 전체의 학습 경험을 통해 개념적으로 사고하고 실천해 보았기 때문이다. 그 과정을 통해 학생들은 자신만의 지식을 스스로 생성하여 또 다른 문제 상황들에 적용할 수 있게 되는 것이다.

학생들이 학습 과정을 통해 단원의 주요개념을 이해하도록 활동을 계획하는 수업은 활동 중심 수업과는 차이가 있었다. 개념을 중심으로 사전지식과 새로 배우는 지식, 기능들을 연결하여 자신만의 이해를 스스로 생성하고 일반화하게 한다. 학생들의 이해는 새로운 상황에서 개념적 사고를 통해 가지고 있는 지식과 기능을 변형하여 적용하는 수행을 통해 증명된다. 그래서 교사는 학생들의 사전지식과 학습 내용의 연결을 위해 실생활 맥락을 수업 안으로 가져오고, 개념적 사고를 자극하는 탐구질문을 통해 학생들의 이해와 전이를 촉진한다. 그것이 IB에서 그리고 2022 개정 교육과정에서 말하는 이해고 전이일 것이다.

학생들이 몰입하고 주도적으로 참여하는 수업을 꿈꾼다. 교실에서 학생들은 바쁘고, 교사는 안내자와 촉진자 역할을 하는 수업을 원한다. 개념 탐구가 있는 수업이 그 길을 열어 주고 있다. 단순한 지식과 기능들의 훈련도 버릴 것이 없었다. 하지만 목표하는 바가 학생들의 실제 실생활 맥락과 사전에 가지고 있던 지식에 연결되어 있고, 스스로 주도성을 가지고 문제를 해결할 수 있는 역량을 기르는 것일 때 학생들은 흥미를 느끼고 학습하고자 하는 동기를 가지고 활동했다. 단원 설계 전체를 관통하는 탐구진술문과 탐구질문이 이끄는 학습 경험을 통해 도달해야 하는 단원 목표는 총괄평가로 확인했다. MYP 단원 설계의 흐름은 '교육과정–수업–평가'가 자연스럽게 일체되었고, 단원의 주요개념과 관련 개념, 세계적 맥락은 다양한 교수·학습 과정에서 교과의 본질과 단원 목표에서 이탈하지 않도록 중심을 잡아 주었다. 이제 학생들을 만나고 탐구하고 성찰하며 실천하는 것을 통해 교사의 배움을 성장시키는 것은 우리의 몫일 것이다.

교육과정의 중핵, 창의적 체험활동

안연경

1. 진정한 의미의 창의적 체험활동은 무엇일까

'또 그날이 오고야 말았다. 내일 동아리는 뭘로 때우지?' 수업과 시험 문제 출제, 수행평가, 각종 업무로 바쁜 나날을 보내느라 잠시 잊고 있던 동아리활동이 바로 내일이다. 퇴근 후 갖고 있는 자료를 주섬주섬 찾아보고, 작년에 했던 동아리활동을 떠올리며 내일 세 시간을 어떻게 때울지 고민한다. 매년 해야 하는 동아리활동인 줄 알면서도, 학교생활기록부에서 동아리의 중요성이 커지고 있다는 사실을 알면서도 왜 미리 알차게 준비하지 못하고 이렇게 닥쳐서야 고민하는 걸까? 이런저런 생각을 하다가 문득 동아리에 들어온 학생들을 생각하면 이런 고민조차 소용없다는 생각이 든다.

저자가 운영하는 영어 동아리는 학생들에게 별로 인기가 없다. 필요한 스펙을 만들 수 있는 동아리에 지원자가 몰려서 어쩔 수 없이 밀려난 학생, 학급에서 동아리를 정할 때 가위바위보에 져서 온 학생이 대부분이다. 내일 이 학생들과 무엇을 할까? 동아리활동이 알차게 이루어지지 않는 것은 교사의 준비가 부족하기 때문이기도 하지만 무기력한 학생들도 한몫한다고 변명거리를 찾는다.

어디 동아리활동뿐이랴. 자율활동도 문제이다. 학교생활기록부의 자율활동에 공통 문구를 입력하는 시대는 지났다. 차별화된 학교생활기록부를 위해 알찬 학급활동을 구상하고 학생들에게 다양하고 그럴듯한 활동을 시키고 이를 학생별로 개별화하여 학교생활기록부의 자율활동 항목을 '잘' 써 줘야 한다. 자율활동은 학교생활기록부의 다른 항목보다 담임 교사의 능력이 온전히 드러나는 것 같다. 담임을 잘 만나면 자율활동이 알차고 풍부해지고, 담임을 잘못 만나면 그저 그런 활동들로 채워지는 것이다. 대학 입시에서 학생이 좋은 평가를 받으려면 담임 교사가 좋은 활동을 계획해서 실행해야 한다고 학교생활기록부 연수에서도 여러 번 강조했다. 다른 학급에 뒤처지지 않기 위해 어떤 학급활동을 해서 학교생활기록부를 '잘' 적어 줄 수 있을지 고민에 빠진다.

진로활동은 또 어떤가? 학생들은 원하는 진로가 다르다. 여러 차례 상담을 통해서 학생마다 진로를 파악하여 맞춤형 진로 설계를 해 준다. 그리고 교사는 학생이 자신의 꿈을 이루어 나가려면 어떤 책을 읽어야 하고, 어떤 활동을 해야 할지 조언하고 도와주며, 이 모든 것을 종합하여 학교생활기록부에 '잘' 써 주어야 한다. 학교생활기록부를 '잘' 쓰기 위하여 학생들에게 진로 관련 심화 활동도 마련할 수 있는 다양한 기회를 주어야 한다. 진로와 관련된 분야의 논문도 좀 읽게 하고, 미흡하지만 논문과 같은 깊이 있는 글쓰기도 시도해 보면 도움이 된다고 강조도 한다. 하지만 현실은 학생이 관심 분야에 호기심이 생겨서 논문을 읽었어도 학교생활기록부에 '논문'이라는 단어조차 입력할 수 없다. 논문이라는 단어 대신 다른 표현을 찾아서 에둘러 입력해야 한다. 논문 형식의 글쓰기를 한다고 하면 어떨까? 아마도 아이들은 사교육의 도움을 받게 되겠지. 사교육의 영향이 뻔해서 논문 형식의 글쓰기에 대해서는 일찌감치 미련을 버린다.

봉사활동도 별반 다르지 않다. 대학 입시에서 개인 봉사활동은 더 이상 중요하지 않게 되었다. 개인 봉사활동을 학교생활기록부에 입력할 수 있지만 대학 입시에서는 반영하지 않기 때문이다. 학생들은 개인 봉사활동을 거의 하지 않고 있으며, 대학 입시에 반영되는 학교 봉사활동만 중요하게 생각한다. 각 학교는 어떤 봉사활동 계획을 세워서 진행할지 고민이다. 어떤 교내 봉사활동을 해야 학생들의 대학 진학에 도움이 될까? 봉사활동은 이미 '봉사'의 의미가 사라진 채 학생들의 스펙 쌓기를 위한 활동으로 전락한 것 같다. '이런 봉사활동이 무슨 의미가 있을까?'라는 생각이 들지만 대학 입시용 봉사활동 계획에 대한 고민도 결국 교사의 몫이다.

교사를 고민에 빠뜨리는 문제가 한 가지 더 있다. 고교학점제와 2022 개정 교육과정이 도입됨에 따라 각 학교는 수업량 적정화(유연화) 방안을 고민하고 있다. 2015 개정 교육과정에서 1단위의 수업량은 50분을 기준으로 17회를 이수하는 것으로 3년간 총 이수 단위는 204단위였다. 반면 2022 개정 교육과정에서 1학점의 수업량은 50분을 기준으로 16회 이수하여 3년간 192학점을 이수하면 된다(교육부, 2021).

전체적인 수업량이 감소함에 따라 학교는 교과 융합 수업, 미이수 보충 지도 등 다양한 프로그램을 자율적으로 운영해야 한다. 교과별로 또는 학년별로 모여서 수업량 적정화(유연화) 방안을 논의한다. 남는 시간에 어떤 프로그램을 운영할까? 아무래도 인문계 고등학교는 대학 입시를 배제할 수 없다. 대학 입시에 도움이 될 만한 활동을 고민한다. 학교생활기록부의 개인별 세부능력 및 특기사항을 채울 수 있는 프로그램을 운영하기로 한다. 집단지성의 힘으로 좋은 프로그램을 구상했다. 그러나 교사들이 모여서 아무리 좋은 프로그램을 계획했어도 학생들의 참여가 없으면 소용없다. 학교는 활동에 참여하지 않는 학생들을 억지로 참여시킬 수 없다.

창의적 체험활동과 수업량 적정화(유연화)에 관한 고민이 거듭될수록 이런 활동들이 과연 무슨 의미가 있을지 회의가 든다. 학업에서 채울 수 없는 다양한 활동을 통해 올바른 인성과 가치관 정립, 자기주도성과 창의력 함양, 공동체의 구성원으로서 바람직한 태도 등을 배울 수 있는 기회가 바로 창의적 체험활동일 것이다. 또한 교과에서 배운 내용을 다양한 활동과 접목시켜 더 깊이 이해하고 적용하는 시간이 바로 수업량 적정화(유연화)일 것이다. 그러나 실제 학교에서는 교사가 이 모든 것을 계획하고 실행해야 하며, 이는 수업과 평가에서 한참 벗어난 과중한 업무로 다가온다. 또한 학생들에게는 창의적 체험활동과 수업량 적정화(유연화)를 위한 프로그램이 그저 시간을 때우고 적당히 활동해서 대학 입시에 필요한 스펙을 만드는 기회에 그치는 것 같아서 씁쓸하다. 사실 그조차도 정시 전형으로 대학에 진학하고자 하는 학생들에게는 "저는 '정시 파이터'여서 그런 건 필요 없어요."라는 말로 외면당하는 상황은 무엇인가 크게 잘못된 교육의 방향성을 보여 준다.

창의적 체험활동과 수업량 적정화(유연화)는 교사 주도로 이루어지는 것이 맞을까? 지금은 학습자 주도성이 강조되는 시대가 아닌가? 이런 활동들은 수업과 별개로 운영되는 것이 맞을까? 교과와 연계시키면 더 알차게 운영되지 않을까? 창의적 체험활동을 의미 있게 운영하려면 어떻게 해야 할까? 학생들의 진정한 배움과 성장이 이루어지는 창의적 체험활동은 어떻게 가능할까? 이런 고민 속에서 창의적 체험활동과 관련된 다양한 사례를 찾아보다가 IB의 중핵과정을 알게 되었다.

IB의 중핵과정은 우리 교육과정의 창의적 체험활동과 유사한 과정으로 학생들의 균형 있는 성장을 위해 설계되었으며 지식이론(Theory of Knowledge: TOK), 소논문(Extended Essay: EE), 창의 · 활동 · 봉사(Creativity, Activity, Service: CAS)의 세 가지 요소로 이루어져 있다. 중핵과정은 교과와 밀접한 연관성을 갖고 운영되며 학생들에게 광범위하고 균형 잡힌 교육과정을 제공한다. 지식이론과 소논문의 경우, 평가가 이루어지지만 창의 · 활동 · 봉사는 평가가 이루어지지 않는다. 대신 창의 · 활동 · 봉사에서 학생은 자신의 활동을 증명해야 하고, 심사를 통과해야 디플로마를 취득할 수 있다.

IB 중핵과정을 처음 알게 되었을 때 '과연 교과와 밀접한 연관성을 갖고 운영되는 것이 사실일까?'라는 의문이 들었다. 우리의 창의적 체험활동의 자율활동, 동아리활동, 봉사활동, 진로활동 등이 각각 목표하는 바는 있지만 현실에서는 형식적으로 이루어지는 것처럼 IB의 중핵과정 또한 별반 다르지 않을 것이라고 생각했다. 그러나 중핵과정에 대해 알면 알수록 교과와 밀접하게 연관되어 있다는 사실에 놀라웠고, 우리의 창의적 체험활동을 개선하는 데 도움이 될 만한 아이디어를 얻을 수 있었다.

2. 교과와 창의적 체험활동을 어떻게 융합할까

IB 교육과정의 두드러지는 특징 중 한 가지는 모든 것이 밀접하게 연관되어 있고 상호작용한다는 것이다. 초등학교 프로그램(Primary Years Programme: PYP), 중학교 프로그램(Middle Years Programme: MYP), 고등학교 프로그램(Diploma Programme: DP)은 각각의 수준에서 별개로 운영되는 것이 아니라 크게 보면 하나의 스펙트럼처럼 서로 이어져서 학생의 변화와 성장을 유도한다. 또한 각 프로그램을 이루는 요소들은 서로 밀접하게 연관되어 작동하며 학생들에게 풍부한 교육 경험을 제공한다.

DP 중핵과정의 세 가지 요소, 즉 지식이론, 소논문, 창의 · 활동 · 봉사는 교과와 밀접하게 연결되어 있으며 중핵과정에서 학생들은 자율성과 주체성을 적극 발휘할 수 있다. 중핵과정이 교과와 연결되어 있다는 것은 무슨 의미일까? 교과에서 배운 것을 중핵과정에서 응용하고, 중핵과정에서 배운 것은 교과 공부에 활용하도록 유기적으로 연결되어 있다는 것이다. 중핵과정은 교과에서 배운 내용을 학생이 주도적으로 심화시킬 수 있도록 고안된 장치로, 쉽게 말해서 교과에서 배운 것을 현실세계에 직접 활용할 수 있는 다양한 기회를 제공한다.

1) 지식이론

지식이론은 학생들의 지적 발달에 중요한 역할을 한다. 지식이론에서 학생들은 지식이 무엇인지, 지식은 어떻게 습득되는지, 다양한 관점에 따라 지식은 어떻게 이해되는지 탐구한다. DP에는 여섯 개의 교과군이 있고 교과마다 고유한 지식과 이를 탐구하는 방법이 있다. 지식이론은 학생들이 교과에서 배운 내용을 익히기만 하는 것이 아니라 다시 생각해 보고, 서로 다른 교과 간의 관련성을 탐구하도록 돕는다. 지식이론은 다음과 같은 방식으로 교과와 교과를 이어 주는 다리 역할을 한다.

- 지식 성찰하기: 지금까지 교과에서 배운 것을 지식이론을 통해 다시 생각해 본다. 역사 시간에 배운 사건, 과학 수업에서 했던 실험 등을 바탕으로 지식이 어떻게 형성되는지, 우리는 지식을 어떻게 알

수 있는지 등을 탐구한다.

- 지식 연결하기: 여러 교과에서 배운 지식이 서로 어떻게 연결되는지 탐구한다. 문학 작품에서 나타난 사회적 이슈가 역사 시간에 배운 사건과 어떻게 연결되는지, 수학적 원리가 예술 작품에 어떻게 적용되는지 등을 탐구한다.
- 다양한 관점 이해하기: 우리가 배운 지식을 다른 관점에서 바라보면 어떻게 해석될 수 있는지, 과학 실험의 결과가 다른 이론으로 어떻게 연결될 수 있는지 등을 탐구하며 지식을 이해하는 다양한 관점을 배우고 이미 알고 있는 지식을 새롭게 바라본다.
- 책임감 있게 행동하기: 세계적인 이슈를 둘러싼 다양한 관점을 살펴보고 자신의 입장을 정립하며 지식을 사용하는 데 있어서 어떤 윤리적인 측면을 고려해야 할지 고민한다.

지식이론에서 학생들은 단순한 교과 지식의 습득을 넘어서 지식이 어떻게 형성되는지, 한 분야의 지식이 다른 분야의 지식과 어떻게 연결되는지, 지식을 어떻게 이해하고 활용할 것인지에 대해 끊임없이 고민한다.

지식이론의 평가에서도 교과와의 연관성이 분명하게 드러난다. 여기서는 지식이론의 내부평가인 지식이론 전시회를 중심으로 지식이론과 교과와의 연관성을 살펴보자.

지식이론 전시회에서 학생들은 지식이론 내부평가 프롬프트 중 한 가지를 선택하여 해당 프롬프트와 관련된 세 가지 대상물을 선정하여 950단어 이내의 전시회 시나리오를 작성한다. 〈표 7-1〉과 〈표 7-2〉는 이 책의 두 저자가 IBEC 과정의 지식이론 수업에서 작성한 지식이론 전시회의 일부 내용을 발췌한 것이다. 첫 번째 사례는 에모토 마사루의 저

〈표 7-1〉 **지식이론 전시회 사례 1**

지식이론 내부평가 프롬프트 10. 지식의 전파 또는 전달로 어떤 도전 과제가 발생하는가?
 『물은 답을 알고 있다』 첫 번째 대상물은 2000년대 초에 발간된 에모토 마사루(江本勝)의 『물은 답을 알고 있다』(2002, 더난출판사)이다. 이 책은 내가 한창 인간의 두뇌와 학습의 원리, 앎의 본질에 대한 고민으로 많은 책을 읽던 시절에 같은 교무실에서 근무하던 동료 교사의 권유로 소장하게 되었다. 동료 교사가 이 책을 권한 이유는 간단하다. 내가 그때 인간의 학습력 및 행동이 상당 부분 DNA에 의해 결정된다는 과학자들의 지적 논리를 담은 책에 흠뻑 매료되어 있었기 때문이다. 그러니까 그 동료는 환경적 요인이 얼마나 중요한지 알려 주고자 이 책을 극찬하며 나를 넌지시 질책한 것이다. 눈치가 아주 없지 않은 데다 편향된 독서 습관을 인정하던 터라 순순히 이 책을 구입해서 읽었고, 그때의 충격이 책을 소장한 계기가 되었다. 책에서 저자는 긍정적인 언어 혹은 부정적인 언어에 따라 물의 결정이 달라진다는 이론을 다양한 장소와 환경에서 얻은 물 결정 사진을 사례로 들며 주장한다. 심지어 나쁜 말, 시끄러운 음악을 들려주면 결정이 파괴되어 나타나고, 단어의 의미에 따라 주파수가 달라져 결정 구조가 달라진다는 주장도 서슴없이 하고 있다. 물리학자 정재승 교수는 물질마다 고유의 진동 주파수를 가지고 있는 것은 사실이지만, 종이에 쓴 글씨가 단어의 의미에 따라 서로 다른 주파수를 낸다는 주장은 실소를 자아낸다고 말해, 당시 그 책을 읽으며 의아하고 불편했던 나의 머릿속을 시원하게 해주었다. 그런데 더 어이없었던 것은 이 말도 안 되는 사이비 과학책이 그 당시 많은 사람들의 극찬과 호평 속에 국내에서 꽤 오랫동안 베스트셀러의 대열에 올랐다는 것이다. 과학기술과 기기의 발달은 지식의 전파를 놀라울 만큼 빠른 속도로 확장시킨다. 그러나 그 과정에서 왜곡된 지식은 정보의 식별을 어렵게 하고, 잘못된 정보로 인해 불필요한 비용을 발생시키며, 사회적 혼란도 야기할 수 있다. 코로나19라는 팬데믹을 겪으며 불확실한 정보의 만연에 극심한 피로와 혼란을 느껴야 했던 때가 먼 옛날의 일이 아니다. 대량의 지식이 엄청난 속도로 전파되며 인류 문명의 진보를 이끈 것도 사실이지만, 이로 인해 지식의 진위 여부를 확인하기 어려워진 것 또한 분명한 사실이다. 끊임없이 밀려드는 불확실한 사실과 정보 앞에서 비판적 사고의 날을 항상 예리하게 연마해야 하는 도전 과제가 우리 앞에 놓여 있음을 잊지 않기 위해 오늘도 이 책은 버젓이 내 책장의 한 칸을 차지하고 있다.

서『물은 답을 알고 있다』를 통해 지식의 전파 과정에서 발생하는 문제점을 다루고 있다.

학생이 이 과제를 작성했다고 가정하고 지식이론 전시회가 언어와 문학 교과는 물론 다른 교과와 어떤 연관성을 갖는지 살펴보고자 한다. 지식이론 전시회 사례의 내용과 '언어와 문학' 교과의 연관성은 다음과 같이 설명할 수 있다.

첫째, 언어와 문학 교과에서는 언어가 우리의 인식과 사고에 어떤 영향을 미치는지 탐구한다. 과제에서 다룬 에모토 마사루의『물은 답을 알고 있다』는 긍정적 또는 부정적 언어가 물의 결정 구조에 영향을 준다고 주장하고 있는데, 이는 언어가 어떻게 현실을 변화시키는지에 대해 학생들이 고찰해 볼 기회를 제공한다. 언어와 문학 교과에서 학습한, 언어의 사용이 우리의 인식과 사고에 미치는 영향을 실제 사례를 검토하며 탐구해 보는 것이다.

둘째, 에모토 마사루의 책에 제시된 사례는 우리가 접하는 정보가 믿을 만한 정보인지 판별하는 능력이 중요하다는 것을 보여 준다. 언어와 문학 교과에서 학생들은 텍스트를 분석하고 비판적으로 해석하는 방법, 그리고 다양한 텍스트와 매체를 통해 제공되는 정보를 평가하는 방법을 배운다. 이 과제에서는 학생들이 수업 시간에 배운 비판적 사고 기능을 실제 사례를 분석하는 데 적용하고 있다.

셋째,『물은 답을 알고 있다』가 베스트셀러가 되고 호평을 받았다는 사실은 특정 문화적 맥락에서 아이디어가 어떻게 수용되는지 보여 준다. 언어와 문학 교과에서는 문화적 맥락이 지식의 형성과 전달에 어떤 영향을 미치는지 탐구한다. 학생들은 이 책의 사례를 통해 문화적 배경이 지식의 수용과 전달에 미치는 영향을 탐구할 수 있다.

또한 이 사례는 여러 교과와 연결하여 생각해 볼 수도 있다.

에모토 마사루의 책에 제시된 주장은 과학적 검증 과정과 과학적 방법론의 중요성을 탐구하는 과학 교과와 연결될 수 있다. 학생들은 과학적 사실과 사이비 과학의 차이를 이해하고, 과학적 증거의 중요성 및 과학적 주장의 신뢰성을 평가하는 방법을 배울 수 있다.

'단어의 의미에 따라 주파수가 달라진다.'는 주장과 관련하여, 수학 교과에서는 데이터 분석, 확률, 통계와 같은 수학적 도구를 사용하여 주장의 타당성을 평가하는 방법을 탐구할 수 있다. 학생들은 주장을 뒷받침하는 데이터의 수집과 분석 방법을 배우고, 수학적 추론을 통해 주장의 신뢰성을 검증할 수 있다.

또한 정보가 사회에 미치는 영향을 탐구하는 사회 교과도 연결이 가능하다. 학생들은 미디어 리터러시, 정보의 신뢰성 평가, 사회적 의사소통 등을 탐구하며, 사회현상을 분석하고 이해하는 데 필요한 비판적 사고 능력을 개발할 수 있다.

정보의 전달 과정에서 윤리적 고려 사항을 탐구하는 윤리 또는 철학 교과와도 연결된다. 학생들은 정보를 전달하는 데 있어서 책임감 있는 행동이 무엇인지, 윤리적 의사 결정을 내리는 과정에서 고려해야 할 요소는 무엇인지 등을 탐구할 수 있다.

이와 같이 학생들은 다양한 교과에서 학습한 내용이나 탐구의 방법을 지식이론에서 활용하고 지식이론에서 배운 비판적 사고 기능을 교과에 적용하며 지식을 더 깊이 이해하고 탐구한다.

또 다른 지식이론 전시회 사례를 살펴보자. 두 번째 사례는 마인드맵 프로그램인 'EdrawMind'를 활용하여 지식을 시각적으로 구조화하고 습득하는 과정을 보여 준다. 이 사례는 물질적 도구가 지식의 생산과 학습에 어떻게 기여할 수 있는지를 설명하며, 이러한 도구의 활용이 학습 효과와 협력적 학습 경험을 촉진할 수 있음을 강조한다.

〈표 7–2〉 **지식이론 전시회 사례 2**

지식이론 내부평가 프롬프트 23. 지식의 생산이나 습득에서 물질적 도구는 얼마나 중요한가?

이 전시회를 통해 기존의 지식을 확장하거나 개선하는 것, 새로운 정보나 통찰을 통해 지식을 생산하는 것과 물질적 도구의 관계를 설명하고자 한다. 또한 지식을 학습하고 이해하는 과정에서 물질적 도구의 중요성을 설명하고자 한다.

이 대상물은 'EdrawMind'라는 프로그램으로 제작한 마인드맵을 캡처한 사진이다. '언어와 매체'라는 과목의 수업을 진행할 때는 주로 국어 문법 개념을 하나하나 설명하고, 해당 문법 내용과 관련된 문제를 풀게 한 뒤 그 문제를 해설해 주는 강의식 수업을 했다. 그러다 보니 학생들이 집중하지 못하거나 내용이 어려워 이해하지 못해 수업을 포기하는 경우가 종종 있었다. 그럴 때 학생들에게 빈 종이를 주고, 마인드맵을 그리며 배운 여러 개념을 정리하고 예시를 작성하게 했다. 대부분의 학생은 마인드맵을 열심히 그리면서 배운 지식을 자기 것으로 만들기도 했지만, 몇몇 학생은 귀찮아하면서 수행하지 않기도 했다. 그래서 학생들의 흥미를 자극하고 협력적으로 배우게 할 유용한 방법을 고민하다가 이 프로그램을 활용하도록 했다. 학생들이 갖고 있는 전자기기에 프로그램을 다운로드하게 한 뒤, 이 프로그램을 이용해 협업해서 마인드맵을 그리게 하고 결과물을 공유하게 했다. 이 작업을 통해 학생들은 자기만의 마인드맵을 그리면서 학습한 문법 개념을 일목요연하게 정리하며 지식을 습득하고, 자기가 무엇을 알고 무엇을 모르는지를 파악하게 되었으며, 친구들과의 협업과 교사의 피드백을 통해 자기가 미처 몰랐던 부분이나 틀리게 알고 있었던 부분을 수정받을 수 있었다. 또한 교사 역시 이 프로그램의 이용 방법을 학생들에게 설명해 주기 위해 먼저 사용 방법을 익히는 과정에서 프로그램과 관련된 새로운 지식을 습득할 수 있었다.

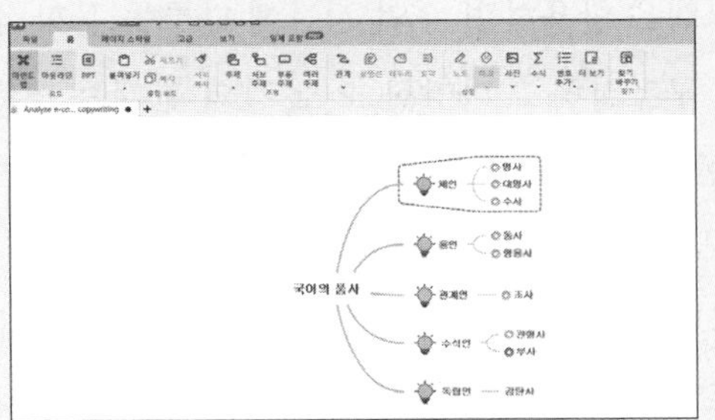

EdrawMind 마인드맵 프로그램

결국 이 마인드맵 프로그램은 지식을 시각화하여 체계적으로 정리하고 습득하며, 새로운 지식을 생산하는 데 유용하다. 또한 지식의 습득이 정확한 것인지를 메타적으로 확인하게 하는 유용한 물질적 도구라고 할 수 있다. 그뿐 아니라 이 프로그램을 사용하는 과정 자체에서 프로그램과 관련된 새로운 지식을 습득하게 하는 물질적 도구이기도 하다.

이제 물질적 도구의 역할을 중심으로 지식이론 전시회 사례의 내용과 '언어와 문학' 교과의 연관성을 살펴보고자 한다. 여기서 물질적 도구는 EdrawMind 마인드맵 프로그램이며 '언어와 문학' 교과에서 학습과 지식 생성 과정에서 다음과 같이 중요한 역할을 한다.

첫째, 언어와 문학 교과에서는 텍스트를 통해 다양한 의미와 관점을 탐구한다. 이 과정에서 학생은 복잡한 문학적 개념과 이론을 배우고 적용한다. 마인드맵 프로그램을 활용하면 수업 시간에 다루는 문학적 개념과 이론을 시각적으로 구조화하고 다양한 요소 간의 관계를 명확하게 파악할 수 있다. 이러한 활동을 통해 학생은 지식이론에서 다루는 지식의 복잡성과 구조적 측면을 직접 경험할 수 있다.

둘째, 마인드맵 프로그램을 사용하여 학생은 자신이 배운 문학의 개념과 이론이 실제 텍스트에서 어떻게 적용되는지 탐구하며 배운 내용을 재구성하고 자신이 이해한 정도를 비판적으로 평가한다. 학생은 마인드맵 프로그램을 사용하는 과정에서 자신이 학습하고 지식을 습득하는 과정을 성찰하고 자신이 무엇을 알고 무엇을 모르는지, 어떤 부분에서 추가적인 이해나 설명이 필요한지 파악할 수 있다. 이러한 메타인지 수준의 활동을 통해 학생은 '언어와 문학' 교과에서 자신의 학습 과정을 평가하고, 이해도를 높이며, 지식을 더 깊이 있게 탐구할 수 있다.

셋째, 마인드맵 프로그램을 활용한 협업을 통해 '언어와 문학' 교과에서 학생은 다른 학습자들과 지식을 공유하고 다양한 해석과 관점을 탐색하며 새로운 통찰을 얻을 수 있다. 이는 지식이론에서 다루는 지식의 사회적 구성과 공동체 내에서의 지식 형성과 연결된다. 학생들은 함께 작업하면서 다른 사람의 관점을 이해하고, 공동의 지식을 생성하고 공유하며 이 과정에서 소통과 협력의 가치를 경험한다.

이 과제는 물질적 도구가 지식의 습득과 생산에서 얼마나 중요한 역할을 하는지를 잘 보여 준다. 마인드맵 프로그램의 활용은 '언어와 문학' 교과에서 지식의 복잡한 구조의 이해, 메타인지 능력의 향상, 지식의 생산과 공유 등 지식이론에서 다루는 중요한 요소를 실제 학습 상황에 어떻게 적용하는지 보여 주고 있다. 이러한 접근 방식은 다른 교과에도 적용할 수 있다.

수학 교과에서 마인드맵 프로그램은 수학의 개념, 공식, 이론 간의 관계를 시각화하여 수학적 지식의 구조를 명확하게 이해하는 데 도움이 된다. 복잡한 수학 이론과 과정을 구조화하여 더 잘 이해하고 기억할 수 있으며 효과적으로 문제를 해결하는 전략을 개발할 수 있다.

과학 교과에서는 과학적 개념과 원리, 실험 과정, 연구 결과 등을 마인드맵으로 정리하여 학습 내용을 깊이 이해하고 과학적 지식의 구조를 명확하게 파악할 수 있다. 또한 이를 통해 실험 계획과 결과 분석에 필요한 논리적 사고를 강화하고 서로 다른 과학 영역 간 지식의 통합을 촉진할 수 있다.

사회 교과에서는 역사적 사건, 지리적 개념, 경제적 원리 등을 마인드맵을 통해 체계화하고 인과 관계를 명확하게 파악할 수 있다. 이를 통해 사회 교과 각 분야의 지식을 통합적으로 이해하고 현재 발생하는 사회 문제를 다면적으로 분석할 수 있다.

외국어 학습에서는 문법 규칙, 어휘, 구문 등을 마인드맵으로 정리하며 언어의 구조적 특성을 시각적으로 파악할 수 있다. 이렇게 하면 언어 습득 과정에서 학습자는 새로운 언어 정보를 효과적으로 조직하고, 학습 내용 간의 연결을 이해할 수 있다.

2) 소논문

'소논문'이라는 용어를 처음 들었을 때 가장 먼저 떠오른 생각은 '논문 수준의 글쓰기는 아니더라도 과연 학생들이 소논문이란 것을 쓸 수 있을까?'였다. 그리고 예전 기억이 떠올랐다. 학교생활기록부에 자율탐구 활동의 소논문(R&E) 연구 주제, 소요 시간, 참여 인원을 입력할 수 있었던 시기가 있었다. 하지만 소논문에 대한 입력이 금지된 지 이미 오래이다. 당시 학생들이 작성한 소논문의 주제는 고등학교 교육과정에서 크게 벗어난 경우가 많았고, 사교육이나 부모, 친인척의 도움을 받아 작성한 경우가 빈번했으므로 이에 대한 비판이 상당했던 것으로 기억한다. 그래서 소논문이라고 하면 긍정적인 생각보다 '어른들이 써 주었겠지.' '사교육의 도움을 많이 받았겠지.'와 같은 부정적인 생각이 먼저 떠오른다. 그러나 IB 중핵과정의 소논문을 알아보면서 생각이 달라졌다. 대학 입시에서 전공 분야에 대한 깊은 관심을 부각시키기 위해 일부러 어려운 주제를 선택하는 줄 알았는데 그렇지 않았다.

소논문 역시 교과와 밀접하게 연관되어 있다. 소논문을 작성하려면 해당 교과에 대한 충분한 지식이 필요하다. 따라서 학생들은 보통 DP에서 학습하는 교과 중에서 소논문을 작성할 교과를 선택한다. 소논문을 작성할 교과를 하나 선택하는 것이 일반적이지만 필요하다면 두 개의 교과를 통합하여 소논문을 작성할 수도 있다. 즉, 소논문에 대한 아이디어는 교과에서 가져오는 것이다.

교과를 선택하고 나면 연구 주제를 선정한다. 선택한 교과에 대한 충분한 배경지식과 이해가 바탕이 되어야 연구의 목적과 방향을 분명하게 보여 주는 구체적인 연구 주제를 선정할 수 있다. 다음 〈표 7-3〉은 추상적인 연구 주제와 구체적인 연구 주제를 비교해서 보여 준다.

〈표 7-3〉 **추상적인 연구 주제와 구체적인 연구 주제**

추상적인 연구 주제	구체적인 연구 주제
세제의 독성과 수질 오염	계면활성제가 지표수 및 지하수에 미치는 영향 분석
제2차 세계대전을 배경으로 한 소설 속 주인공의 성장	제2차 세계대전을 배경으로 한 소설 속 주인공의 대응과 성장: 『Number the Stars』와 『When My Name Was Keoko』의 비교 분석
금융학 박사는 주식을 잘할 것이라는 편견	금융학 박사는 주식을 잘할 것이라는 편견에 관하여: 금융이해력 보유와 실제 금융 행동 간의 관계

구체적인 연구 주제를 선정하면 여러 자료를 조사하며 연구 주제를 다각도로 분석하고 소논문 작성에 필요한 지식을 쌓는다. 이러한 과정을 거쳐 구체적이고 명확한 연구 질문을 작성한다. 소논문은 4,000단어 이내라는 제한된 분량 내에서 깊이 있는 연구와 분석을 보여 주어야 하므로 연구 질문이 구체적이고 명확해야 한다. 명확한 연구 질문 역시 교과에 대한 충분한 이해를 바탕으로 작성할 수 있다.

〈표 7-4〉 **연구 주제에 따른 명확한 연구 질문**

연구 주제	명확한 연구 질문
계면활성제가 지표수 및 지하수에 미치는 영향 분석	음이온 계면활성제와 양이온 계면활성제가 지표수 및 지하수에 서식하는 미생물 군집에 어떤 영향을 미치는가?
제2차 세계대전을 배경으로 한 소설 속 주인공의 대응과 성장: 『Number the Stars』와 『When My Name Was Keoko』의 비교 분석	두 소설 『Number the Stars』와 『When My Name Was Keoko』에서 전쟁의 현실과 어린이들에게 미치는 영향은 어떻게 다르게 묘사되고 있는가?
금융학 박사는 주식을 잘할 것이라는 편견에 관하여: 금융이해력 보유와 실제 금융 행동 간의 관계	전 국민 금융이해력 조사(금융감독원 · 한국은행) 또는 OECD INFE의 PISA 금융이해력 조사에서 상위 성적을 보유한 자의 일정 기간 실제 금융 상품 투자 수익률은 구체적으로 어떻게 되는가? – 두 변수 간의 회귀분석

소논문 작성을 통해 학생들은 교과에서 배운 지식을 심화시키고 교과 지식을 바탕으로 새로운 지식을 구성한다. 또한 지식이론에서 배운 비판적 사고 능력을 연구와 소논문 작성 과정에서 활용할 수 있고, 소논문에서 심화시킨 교과 지식을 창의 · 활동 · 봉사를 통해 현실 세계에 어떻게 응용할지 고민할 수도 있다. 즉, 소논문은 교과뿐만 아니라 다른 중핵과정의 요소와도 서로 밀접하게 연관되어 있다.

3) 창의 · 활동 · 봉사

창의 · 활동 · 봉사(CAS)는 중핵과정의 요소 중 '우리의 창의적 체험활동을 어떻게 개선할 수 있을까?'에 대한 고민에 가장 구체적인 방안을 제시해 줄 수 있을 것 같다. CAS와 교과 학습이 동시에 이루어지고 밀접하게 연관된 DP에서 학생들은 CAS를 통해 교과에서 배운 지식을 현실 세계의 맥락에서 다양하게 활용한다.

학생들은 교과에서 배운 내용을 바탕으로 창의적이고 예술적인 활동인 '창의(Creativity)'를 고민하며 자신의 관심사와 열정을 탐구한다. 또한 교과에서 배운 지식을 바탕으로 '봉사(Service)'활동을 계획하고 실천함으로써 지역사회와 세계에 긍정적인 영향을 미치고 사회적 책임감을 기른다. '활동(Activity)'은 신체 건강과 체력 증진에 중점을 두고 있다. 활동에는 개인 스포츠, 단체 스포츠, 야외 활동, 체력 훈련 등 다양한 신체 활동이 포함된다. 모든 학생은 정기적으로 신체 활동에 참여해야 하는데, 개인 사정, 문화적 배경, 장애 등으로 활동 참여가 어려운 학생들도 참여할 수 있도록 활동은 유연하게 운영된다. 활동 또한 교과와의 연관성을 갖는다. 예를 들어, 신체를 단련하는 데 생물학이나 체육 교과에서 배운 내용을 활용할 수 있으며, CAS의 다른 활동과 연계하여 교과 지식을 확장하기도 한다. 학생들이 생물학에서 배운 생태계의 내용 또는 사회 교과에서 다룬 지역사회 문제 해결 방안 등을 바탕으로 해변 정화 활동을 한다면, 이는 '활동' 및 '봉사'에 해당하는 CAS가 될 수 있다. 또한 학생들은 자신의 활동을 성찰하고 자신이 세운 목표를 달성하기 위해 지속적으로 노력하며 자기 관리와 성취감을 경험한다.

DP 교과별로 다음과 같은 CAS 활동이 가능하다.

(1) 언어와 문학

- 교내 문학 축제 기획하고 실행하기
- 지역사회 문제에 대한 칼럼 또는 블로그 포스팅 작성하기
- 노인 복지관 또는 요양원에서 시 낭독 행사를 기획하고 실행하기
- 저학년 학생에게 창의적 글쓰기 기술을 가르치는 워크숍 주최하기
- 라디오 드라마를 기획하고 대본을 작성한 후 목소리와 음향 효과를 이용해 오디오 드라마 제작하기

(2) 언어습득(외국어)

- 학습 중인 언어와 관련된 전통 음식 레시피를 수집하여 요리책 만들기
- 다문화 이해 증진을 위한 교내 또는 지역사회 워크숍 또는 발표회 개최하기
- 지역사회의 이민자 또는 난민을 대상으로 한 언어 교육 봉사활동에 참여하기
- 퀴즈, 플래시카드, 인터랙티브 게임 등 언어 학습을 위한 디지털 자료 개발하기
- 학습 중인 언어로 시와 동화를 창작하여 학교 도서관 또는 온라인

포럼에 공유하기

(3) 개인과 사회

- 디지털 소외 계층을 위한 디지털 교육 프로그램을 기획하고 실행하기
- 지역사회의 경제적 불평등 문제를 조사하고 해결책을 모색하는 프로젝트 진행하기
- 지역사회 노인들을 대상으로 지역사회의 역사적 사건과 변화를 조사하여 문서화하기
- 지역사회의 환경 문제에 대한 인식을 높이기 위한 인포그래픽 또는 다큐멘터리 제작하기
- 의류, 식품, 학용품 등 필요한 물품을 모아 지역 내 취약 계층에게 전달하는 기부 캠페인 진행하기

(4) 과학

- 교내 영양 교육 워크숍 개최하기
- 학교 구성원을 대상으로 정기적인 건강 및 영양 세미나 개최하기
- 환경 보호와 개인 건강 증진을 위해 '자전거 타기 캠페인' 조직하기
- 초등학생을 위한 기후 변화 및 지속가능성에 관한 교육 프로그램 개발하기
- 지역사회에서 녹색 공간을 확대하고, 지역 주민들과 함께 작물을 재배하는 지역사회 정원 프로젝트 기획하기

(5) 수학

- 지역 아동 센터에서 수학 튜터링 프로그램 운영하기

- 비영리 단체를 위한 예산 계획 및 분석 작업 지원하기
- 교내 스포츠 팀의 경기 데이터 분석 및 성과 개선 전략 제안하기
- 수학적 개념을 적용한 건축물 또는 예술작품 탐방 프로젝트 기획하기
- '수학적 사고를 적용할 수 있는 일상 생활 사례' 포스터 전시회 개최하기

(6) 예술

- 아동 · 청소년을 위한 미술 교실 운영하기
- 노인 복지 시설 또는 병원에서 음악 행사 기획하고 진행하기
- 환경 보호를 주제로 한 단편 영화 또는 애니메이션 제작하기
- 지역사회의 축제 또는 이벤트를 홍보하는 디지털 미디어 콘텐츠 제작하기
- 다양한 문화적 배경을 가진 학생들이 참여할 수 있는 음악 및 댄스 행사 기획하기

3. 교과 속에서 창의적 체험활동을, 창의적 체험활동 속에서 교과를

지금까지 살펴본 바와 같이 중핵과정의 세 요소인 지식이론, 소논문, 창의 · 활동 · 봉사는 교과와 밀접하게 연결되어 있다. 즉, 학생은 교과 지식을 활용하여 중핵과정을 수행하고, 중핵과정을 통해 교과 지식을 더욱 깊이 있게 이해할 수 있다. 그렇다면 교과와 중핵과정이 서로 상호

작용할 수 있도록 교사는 단원을 설계할 때 무엇을 고려해야 할까?

교사는 단순히 교과 내용을 전달하는 것을 넘어서 학생이 교과 지식을 바탕으로 스스로 중핵과정을 구상하고 설계할 수 있는 환경을 만들어야 한다. 이를 위해 교사가 단원을 설계할 때 교과와 지식이론의 연결, 교과와 CAS의 연결을 염두에 두도록 단원 설계 양식에 이 두 가지 요소를 제시하고 있다. 그러나 교사는 수업 과정에서 이를 명시적으로 다루지 않는다. 즉, 수업 시간에 교과의 내용과 지식이론이 연결되는 지점이 어디인지, 교과에서 배운 것을 CAS를 통해 어떻게 구체화하는지 가르치지 않는다. 이것을 파악하고 영감을 얻는 것은 교과와 지식이론, 교과와 CAS와의 연결을 고려한 수업에 참여하는 학생의 몫이다.

예를 들어, 학생은 CAS 과정 중에 '아, 내가 역사 시간에 배운 것이 바로 이거였구나!'를 깨달을 수 있고, 역사 수업에 참여하면서 '이것을 CAS에 활용해야겠다!'와 같이 교과 수업에서 CAS 활동의 아이디어를 얻는다. 지식이론 수업에서 '이것은 내가 언어와 문학 시간에 배운 것인데!'라는 깨달음을 얻고, 언어와 문학 수업 시간에는 '오늘 배운 내용을 지식이론 전시회에 활용해야겠다!'라는 아이디어를 얻는 것이다. 이렇게 교과와 중핵과정은 서로 밀접하게 연결되어 상호작용한다.

우리도 이처럼 학생이 교과에서 배운 지식을 깊이 탐구하고, 현실 맥락에서 활용할 것을 염두에 두고 수업을 설계할 수 있다. 이러한 수업 설계가 우리의 창의적 체험활동과 유기적으로 연결되어 학생에게 풍부한 교육 경험을 제공하려면 창의적 체험활동을 어떻게 운영해야 할까? 2022 개정 교육과정의 창의적 체험활동 교육과정은 이 물음에 유용한 방향성을 제시하고 있다.

2022 개정 교육과정에 따르면, 창의적 체험활동은 교과와의 상호 보완적인 관계 속에서 학생의 전인적인 성장을 위하여 학교가 자율적으

로 설계 · 운영할 수 있는 경험과 실천 중심의 교육과정 영역이라고 명시하고 있다. 또한 역량 함양을 위한 학습자 주도의 교육과정, 교과와의 연계, 학교급 간 및 학년 간, 그리고 영역 및 활동 간의 연계와 통합 추구, 학교급별 특수성을 고려한 설계 및 운영, 학교의 자율적인 설계와 운영을 강조하고 있다. 특히, 창의적 체험활동의 설계 주체는 학교, 교사, 학생으로 교사와 학생이, 학생과 학생이 공동으로 계획을 수립하고 역할을 분담하여 실천한다는 점이 눈에 띈다(교육부, 2022f).

2022 개정 교육과정의 창의적 체험활동은 자율 · 자치 활동, 동아리 활동, 진로 활동의 세 영역으로 이루어진다. 자율 · 자치 활동 중 자율활동에서 학생이 주제를 스스로 선정하여 개인 연구, 소집단 공동 연구, 프로젝트 등을 수행할 수 있고, 동아리 활동에 해당하는 학술 · 문화 및 여가 활동에서 교과 연계 및 학술 탐구활동을 할 수 있다. 동아리 활동에 봉사활동이 포함되어 있고, 봉사활동은 공동체와 사회에 기여함으로써 포용성과 시민성을 함양하는 것을 목적으로 한다.

실제 학교 현장에서 형식적으로 구성되어 있는 인권 교육, 다문화 교육, 독도 교육 등의 범교과 학습 주제와 계기 교육에 대한 내용도 눈여겨볼 만하다. 범교과 학습 주제에 대해서는 관련 교과 교육과정에서 우선 다루고 창의적 체험활동을 통해 역할극 및 모의 상황 체험, 사례에 기반한 토의 및 토론, 심화 탐구 프로젝트 등으로 확장할 것을 권장하고 있다. 계기 교육에 대해서도 지식 전달 위주의 수업이 아니라 학생 주도의 캠페인 활동, 지역사회 봉사활동 등으로 운영할 것을 명시하고 있다. 이처럼 2022 개정 교육과정의 창의적 체험활동은 자율 · 자치 활동, 동아리 활동, 진로 활동과 같은 주요 영역에서뿐만 아니라 이에 비해 상대적으로 소홀히 다루어졌던 범교과 학습 주제, 계기 교육 등에서도 학생 중심, 교과와의 연계성, 실생활 연결 및 적용을 강조하고 있다.

학생 주도성, 교과와의 연계, 경험과 실천을 중시하는 2022 개정 교육과정의 창의적 체험활동은 IB DP의 중핵과정과 큰 맥락에서 취지와 지향점이 같다고 할 수 있다. 우리의 창의적 체험활동도 학생들이 교과에서 배운 것을 활용하고 실제 맥락으로 확장하는 유용한 장치인 셈이다.

DP의 소논문과 같은 심화 탐구가 유용한 장치로서 제대로 역할하기 위해서는 충분한 시간 확보가 필수적이다. 창의적 체험활동을 통해 꾸준한 활동을 수행할 수 있는 시간이 충분히 확보된다면 개인 연구, 소집단 공동 연구, 프로젝트를 통해 교과의 심화 탐구가 가능하다. 우리가 학교생활기록부의 자율활동이나 동아리활동을 채우기 위해 학생들과 함께한 보고서 쓰기, 주제 탐구 등의 활동은 학생들의 자료 조사 능력을 보여 주는 보고서에 불과한 경우가 많았다. 또한 학생들이 활동을 수행하며 깊이 있는 사고와 탐구력을 신장시키기에는 시간이 턱없이 부족했다. 따라서 창의적 체험활동의 자율 · 자치활동 또는 동아리활동에서 교과와 연계된 깊이 있는 탐구가 이루어진다면 학생들은 교과 시간에 익힌 학습 접근 방법을 적극적으로 활용할 수 있고, 이를 다른 교과를 공부하거나 봉사활동과 같은 창의적 체험활동의 다른 영역에서도 활용할 수 있다.

학생들이 영어 교과에서 배운 지식과 기능을 토대로 영어 문학 작품과 영화로 각색된 작품을 비교 분석한다든지, 자신이 영어를 배우는 과정을 성찰하고 다른 학생들과 비교하여 효과적인 언어습득 전략을 연구한다든지, 소셜 미디어와 영어 사용의 변화 등을 탐구할 수 있다. 이러한 과정은 배움을 현실 세계에 적용하는 힘을 기르게 하며 평생 학습자로서 꾸준하게 성장해 나가는 발판이 된다. 또한 자신의 영어 능력을 활용하여 지역사회에서 영어를 배우려는 노인 또는 저소득 가정의 어린이를 대상으로 영어 교육 봉사활동을 할 수 있고, 지역사회의 축제,

행사, 문화유산 등을 홍보하는 자료를 영어로 제작하여 공유할 수 있다. 이러한 활동은 2022 개정 교육과정의 창의적 체험활동에 드러난 봉사 활동의 목표와도 부합한다.

다만 아쉬운 점은 학생들이 현재 배우고 있는 교과를 깊이 탐구하고 평생 학습자로 성장할 수 있도록 지식의 본질과 배우는 법에 대해서 진지하게 고민하고 성찰하는 과정이 우리의 창의적 체험활동에는 담겨 있지 않다. 우리가 학습과 지식을 강조하지만, 학생들에게 어떻게 배우는지, 어떻게 배워야 하는지 가르치지 않고 있다. 학생들이 평생 학습자로 성장하려면 언제나, 어디에서나 효과적으로 배울 수 있어야 하고, 배운 지식을 다른 분야의 지식과 연결하고 현실에 적용할 줄 알아야 한다.

그러나 다행히도 2022 개정 교육과정의 창의적 체험활동에서는 설계와 운영에 있어서 학교의 자율성을 강조하고 있다. 학교에 따라 지식의 본질을 탐구하고 메타인지 능력을 향상시킬 수 있는 과정을 창의적 체험활동으로 얼마든지 운영할 수 있을 것이다. 이 과정은 학생들이 지식 탐구와 학습의 원리를 교과 수업을 통해 체험할 수 있도록 교과와 밀접하게 연계하여 지속적으로 운영되어야 한다. 학습 포트폴리오 활용, 동료 간 또는 선후배 간 멘토링 프로그램 활성화, 탐구 내용을 발표하는 보고회 또는 워크숍 개최 등을 통해 알차고 지속적인 과정으로 발전시킬 수 있다. 학교생활기록부 입력을 위한 활동을 넘어서 학생들이 학교를 졸업한 이후에도 스스로 새로운 분야에 도전하고 문제를 해결할 수 있는 평생학습 태도를 지닐 수 있도록 이 과정에 대한 진지한 고민과 실천이 이루어졌으면 한다.

앞에서 언급했듯이 2022 개정 교육과정과 고교학점제 도입에 따라 전체적인 수업량이 감소하였고, 이로 인해 생긴 시간을 학교 자율 교육과정이 메우고 있다. 자율 교육과정은 주로 학교생활기록부의 개인별 세부능력 및 특기사항에 입력할 활동으로 이루어지는데, 이를 위해 교사는 기존의 창의적 체험활동 이외의 새로운 활동을 구상하고 실행한다. 전체적인 수업량의 감소로 남은 시간을 위해 새로운 활동을 도입한 것이다. 자율 교육과정에서 새로운 활동을 하는 것보다 이 기간에 창의적 체험활동에서 수행한 교과 심화 탐구활동, 봉사활동, 동아리활동, 지식 탐구활동 등을 발표하고 공유하는 기회로 활용할 것을 제안한다. 새로운 시도도 중요하지만 이미 훌륭한 목적과 구조를 지닌 창의적 체험활동을 알차게 운영하고, 교과 교육과의 연결성을 강화하여 학생들에게 더 풍부하고 의미 있는 학습 경험을 제공하는 것이 더 중요하다.

2022 개정 교육과정의 창의적 체험활동이 그 목적과 취지에 맞게 교과와 밀접한 연관성을 가지고 학생 주도로 이루어지기를 바란다. 이렇게 되면, 본인이 원하지 않는 동아리에 소속되어 억지로 동아리활동을 하는 학생도, 의미 없는 활동으로 채워지는 봉사 시간도, 학교생활기록부 입력 제한 때문에 피상적으로 이루어지는 활동도 줄어들지 않을까? 또한 교사의 역량에 따라 활동의 질이 달라지는 문제도 해결할 수 있지 않을까? 학생들이 창의적 체험활동을 통해 자신의 관심사와 능력에 맞는 활동을 수행하며 더욱 풍부하고 깊이 있는 학습 경험을 쌓고 평생 학습자로 성장하기를 바란다.

4. 교과와 창의적 체험활동의 연결, 수업에서 어떻게 설계할까

이제 중핵과정과 교과와의 연결이 실제 단원 설계에서 어떻게 드러나는지 교과별로 살펴보고자 한다. 단원을 설계하는 단계에서 교사는 이미 자신이 가르칠 내용을 중핵과정과 어떻게 연결해야 할지 고민한다. 여기서는 언어와 문학, 언어습득(영어), 응용과 해석, 식품과학 및 기술 교과 교사가 단원을 설계하면서 교과와 중핵과정의 연결을 위해 고민한 흔적을 엿볼 수 있다. 다만 소논문은 학생들의 독립적인 연구로 이루어지므로 여기서는 단원 설계에서 작성된 지식이론과 창의 · 활동 · 봉사와의 연결을 중점적으로 살펴보자.

1) 언어와 문학

(1) TOK 연결

- 작가와 유사한 세계관을 공유하지 못하는 것이 해당 텍스트를 이해하는 데 방해가 되는가?
- 텍스트에 구현된 시간과 공간이 개인과 사회의 정체성 형성에 얼마나 영향을 미치는가?
- 상대를 조정하려는 의도가 담긴 언어를 수용자는 어떤 방식으로 알아낼 수 있는가?

(2) CAS 연결

- 자신의 탐구 주제(세계적 이슈)와 관련하여 더 깊은 연구를 위한 프로젝트 실행
- 학교나 지역사회의 문제를 반영한 광고 제작을 통한 캠페인 활동

2) 언어습득(영어)

(1) TOK 연결

- 기록이 존재하지 않았던 시기에 공동체의 유산과 가치는 어떻게 세대를 거쳐서 전달되었는가?
  How were the heritage and values of a community passed down through generations during times when no written records existed?
- 지역의 가치를 세계적으로 보편화하는 것이 가능한가?
  Is it possible to universalize the values of a local area on a global scale?
- '가장 지역적인 것이 가장 세계적인 것이다.'는 어떤 의미를 갖는가?
  What does the phrase 'the most local is the most global' mean?

(2) CAS 연결

- 학생들은 지역사회 발전에 도움이 되는 봉사활동을 구상하여 이를 실천할 수 있다.
  Students can design and implement volunteer activities that contribute to the development of the local community.
- 학생들은 지역의 문화유산을 보존하고 홍보할 계획을 세우고 이를 실행할 수 있다.
  Students can develop and implement plans to preserve and promote the local cultural heritage.

3) 응용과 해석

(1) TOK 연결

'다른 지식 분야(사업, 의학 등)에서 위험 인식에서 감정의 역할은 무엇인가?' '도박에 관해서 확률을 계산하는 것을 윤리적인 수학 응용 방법으로 간주할 수 있는가?' '다양한 상황에서 선택해야 할 때 나의 미래를 예측해서 선택하는 삶은 행복한가?' 등에 관해 학생들은 그룹으로 나뉘어 찬성하는 이유와 반대하는 이유, 학제 간 융합을 옹호하는 등에 대해 토론한다.

(2) CAS 연결

- 스포츠 활동을 통해 학급에서 학생들의 성과를 분석한다.
- 학생들의 기술을 향상하기 위해 통계를 바탕으로 전략을 짜고 어떤 기술을 사용할지 결정하는 데 사용될 수 있다.
- 특정 스포츠 분야의 성적 결과에 따라 훈련한다.

4) 식품과학 및 기술

(1) TOK 연결

- 신체적으로 필요한 영양소를 아는 데 직관은 어떤 역할을 하는가?
- 분류 및 범주화는 영양적 해석을 어떻게 돕거나 방해하는가?
- 개인의 신념과 가치관은 식품과 관련된 지식을 획득하고 행동하는 방식에 어떤 영향을 미치는가?

(2) CAS 연결

- 창의: 식품 관련(산업, 음식문화 트렌드, 안전성, 지속가능성 및 환경 문제) 저널리즘 활동
- 봉사: 건강한 먹거리 캠페인

교과별 단원 설계에서 볼 수 있듯이, 중핵과정과 교과와의 연결성을 통해 학생은 깊이 있는 학습 경험을 바탕으로 교실에서의 배움을 실제 삶으로 확장시킨다. 언어와 문학, 언어습득(영어), 응용과 해석, 식품과학 및 기술 등 각 교과의 단원 설계에서 나타난 지식이론과의 연결, 창의 · 활동 · 봉사와의 연결은 학생들이 지식의 본질을 탐구하고, 자신의 경험과 지식을 연결하며, 사회에 긍정적인 영향을 미치는 방법을 모색하는 데 도움이 된다. 이러한 접근 방식을 통해 학생은 단순한 지식의 습득을 넘어 능동적인 학습자이자 지식의 창조자로 성장할 수 있다. 또한 학문적 탐구를 넘어서 인간과 사회, 세계와의 연결고리를 이해하고 이를 바탕으로 책임감 있는 세계시민으로 성장할 수 있는 역량을 갖추게 될 것이다.

성장을 향한 발돋움, 성찰

한혜연

1. 성찰, 우리도 하고 있는 것 아닐까

- ▶ 성찰이란 무엇인가요?
- ▶ 성찰은 언제 하나요?
- ▶ 얼마나 자주 성찰하나요?
- ▶ 무엇을 성찰하나요?

'성찰'을 주제로 한 IBEC 과정 수업에서 처음으로 교수님께서 던지신 질문이었다. 당황스러웠다. 내가 언제 성찰을 했었을까? 성찰을 의도적으로 해 보려 했던 적은 없었다. 그래서 질문의 순서에 맞춰 성찰의 의미부터 천천히 생각해 보기로 했다. 성찰은 나 자신을 되돌아보는 일이다. 내가 한 일을 돌이켜보며 잘한 점과 부족했던 점, 개선할 점을 찾아 더 나은 삶을 위해 성찰을 한다. 마지막 질문에 교사들은 수업에 대해 가장 많이 성찰한다고 했다. 오늘 수업은 괜찮았나? 학생들은 잘 배웠을까? 만약 수업이 잘 안 됐다면 어떻게 하면 학생들은 더 잘 배울 수 있을까? 수업과 평가는 목표에 맞게 적절했는가? 혼자서 또는 동료 교사와 의견을 나누며 성찰한다. 이렇게 질문들을 따라가며 하나씩 생각해 보니 우리는 매 순간 성찰을 하고 있었다. 단지 수업을 '평가한다' '고민한다' '연구한다'라고 표현했을 뿐, 우리가 수업에 대해 생각했던 모든 과정이 성찰이었던 것이다.

2022 개정 교육과정은 새로운 교육 환경 변화에 적합한 역량 함양 교과 교육과정 개발을 위해 '학습 과정에 대한 성찰'을 강조한다. 여기서 성찰의 주체는 학생 자신이다. 학생은 스스로 어떻게 배우고 문제를 해결하는지 학습의 과정을 되돌아보고 성찰해야 한다. 앞서 생각해 본 것처럼, 성찰은 삶 속에서 의식하지 않아도 자연스럽게 이루어지는 일이다. 그래서 학생의 성찰 또한 수업 후 학생 스스로 하는 것이라고 생각해서 지금까지는 수업에서 학생의 성찰을 고려하지 않았다.

수업에서 학생들에게 어떻게 성찰의 기회를 제공해야 할까? 교사가 학생들의 성찰을 도울 수 있는 방법은 무엇일까? 생각해 보니 학생에게 성찰의 기회를 주기 위한 활동은 이미 있었다. 바로 초등학교 때 실시한 '일기 쓰기' 활동이다. 2005년 국가인권위원회의 권고로 현재는 일기 쓰기가 강제적으로 이루어지지 않지만, 예전에는 일기를 쓰고 교사에게 검사를 받았기에 방학 때면 개학하기 며칠 전부터 밀린 일기를 몰아서 쓰느라 고생했던 기억이 있을 것이다. '일기 쓰기'는 하루를 돌아보고 생각하는 좋은 성찰 방법이다. 그래서 국가인권위원회도 일기 쓰기로 삶의 소중한 기록을 남기고 반성을 통해 좋은 생활 습관을 형성하는 데 교육적 필요성이 있다고 인정했다. 그런데 '오늘은 ~을 했다.'로 시작해서 '참 재미있었다.'로 끝나는 수준의 일기가 진정한 의미의 성찰을 알려 주었을까? 그렇진 않았던 것 같다. 일기 쓰기 교육이 본래 성찰의 취지에 부합하려면 어떻게 지도해야 할까? 성찰을 제대로 하기 위한 일기 쓰기 교육도 어떻게 실천해야 할지 막막한 생각이 든다. 중등 교사로 교과 수업에서 학생들이 성찰할 수 있는 방법을 생각하려니 더더욱 물음표투성이다.

2. 우리가 생각한 성찰과 무엇이 다를까

> 배우기만 하고 제대로 생각하지 않으면 얻는 것이 없다.
> (學而不思則罔)
>
> –『논어』「위정편」

학습(學習)에서 학(學, 배움)은 새로운 지식을 얻는 것이고, 습(習, 익힘)은 자주 경험하여 능숙하게 하는 것이다. 이전에는 학습의 '배움'을 더 중요시하여 배움에서 끝나는 경우가 많았다. 그 결과 배운 것을 깊이 이해하여 능숙하게 사용하지 못했다. 학습에서 배움이 익힘까지 연결되려면 배움을 다시 되돌아보아 내 것으로 만드는 일, 즉 성찰이 필요하다.

2022 개정 교육과정, OECD 학습 나침반 2030 그리고 IB 교육과정 등에서 언급하는 성찰은 일상을 되돌아보는 차원에서의 성찰을 뜻하는 것이 아님은 분명하다. 성찰에 대해 교육적으로 어떤 것을 요구하고 있는지 그것이 왜 필요한지 심층적으로 생각해 볼 필요가 있다.

2022 개정 교육과정에서의 〈표 8–1〉의 성취기준 변화를 살펴보자. 무엇이 달라졌나? 달라진 점은 '설명할 수 있다'라는 단 여섯 글자뿐이

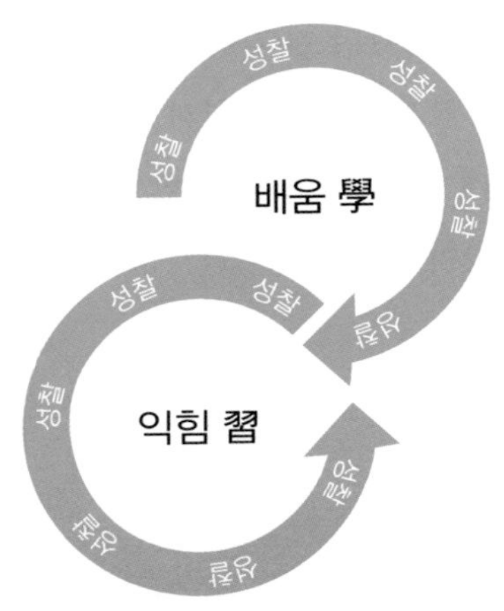

[그림 8-1] 배움(學)과 익힘(習)의 연결고리, 성찰

다. 일부러 생각하지 않는다면 달라졌다고 느껴지지 않을 변화이다. 2022 개정 교육과정에서는 왜 이 여섯 글자를 추가했을까? 이 차이를 고려한다면 수업은 어떻게 변해야 할까?

〈표 8-1〉 2015 교육과정과 2022 개정 교육과정의 수학과 성취기준 비교

2015 성취기준	[9수04-02] 평행선에서 동위각과 엇각의 성질을 이해한다.
2022 성취기준	[9수03-02] 평행선에서 동위각과 엇각의 성질을 이해하고 설명할 수 있다.

지식을 아는 것과 아는 것을 다른 사람에게 설명하는 것은 다르다. 알고 있다고 생각했는데 막상 설명하려고 하면 말문이 막힌다. 다른 사람에게 설명하는 것은 더 깊은 이해를 요구한다. 때문에 이해한 것을 설명하려면 학생들은 자신이 무엇을 아는지 무엇을 모르는지 성찰해야 한다. 성취기준의 서술 변화는 우리에게 수업의 과정에 이러한 성찰의 기

회를 의도적으로 설계하기를 요구한다. 수업 중 학생들이 각자 답만 찾는 것이 아니라 왜 그렇게 생각하는지 생각의 근거를 찾아보는 활동이 필요하다.

자신의 생각을 판단하는 능력, 메타인지를 발휘하는 성찰을 학생들은 배워야 하고 그것을 능숙하게 사용할 수 있어야 한다. 이제 성찰은 각자 자연스럽게 이루어지는 과정이 아니라 교육과정 속에서 의도적으로 생각하고 숙련시켜야 하는 과정이다. 따라서 요즘 강조하는 성찰은 사전적 의미인 자신이 한 일을 깊이 되돌아보는 것만이 아니라 '성찰적 실천(reflective practice)'이라고 할 수 있다.

성찰적 실천은 성찰을 통해 배움을 자신의 것으로 만든다는 것이다. 그리고 배운 지식을 잘 설명하는 것을 넘어 자신과 주변을 끊임없이 돌아보고 미래 사회와 환경에 윤리적이고 책임 있는 행동을 취하며 더 나은 삶을 살 수 있는 평생 학습자로 성장하는 것까지를 목표로 한다. 배움을 잘 익혔다고 해서 그 자리에서 안주하는 것이 아니라 예측할 수 없는 세상 변화에 대응하기 위해 학습하고 탐구해야 한다. 이러한 성찰적 실천은 교사와 학생의 역할을 구분하지 않는다.

성찰적 실천은 학습자가 성장하기 위해 시간을 투자하고 훈련을 통해 학습된 행동이어야 한다(Tay & Jain, 2019). 이를 위해 성찰을 의도적으로 학습 과정에 포함시켜야 하는데, IB에서는 이를 위해 학습자상 중 하나인 '성찰하는 사람'의 자질을 개발할 기회를 제공한다. 또한 교사는 성찰 기능을 학습 접근 방법으로 사용할 수도 있고, 학습 과정에서 학생이 자기 점검할 수 있도록 성찰을 위한 다양한 교수 전략을 수업 설계에 고려할 수 있다.

성찰적 실천은 자기 인식을 향상시키기 위해 의도적이고 지속적인 방법론적 사고와 행동의 순환이어야 한다(Tay & Jain, 2019). 보통 학기가 끝날 무렵 학생들과 수업에 대해 성찰하는 경우가 많다. 학생들은 한 학기 수업에서 배운 점, 부족한 점이나 개선할 점을 생각해 본다. 그런데 이러한 활동이 형식적이고 의미 없게 느껴지는 이유는 성찰을 해도 그것을 반영하여 수정하고 보완할 기회가 없기 때문이다. 성찰은 활동의 마무리 과정에서만 하는 것이 아니라 어떤 일을 하기 전, 하고 있는 중, 하고 난 후 언제든지 할 수 있다. 2022 개정 교육과정의 배경이 된 OECD 학습 나침반 2030은 [그림 8-2]와 같이 '예측(anticipation)-행동(action)-성찰(reflection)'의 과정이 순환됨을 보여 준다. IB 탐구 기반 학습에서도 '탐구(inquiry)-실행(action)-성찰(reflection)'을 순환적으로 수행한다. 성찰을 통해 깨닫게 된 점으로 되돌아가 수정 · 보완해 보고 새로운 이해를 통해 한 단계씩 성장하는 경험을 할 수 있도록 성찰은 순환의 과정 속에 있어야 한다. 성찰적 실천을 지속적으로 연습하고 활용할 수 있으려면 교사와 학교, 교육 시스템이 함께 노력하여 이것이 가능하도록 환경을 조성하고 체계적으로 지원해야 한다.

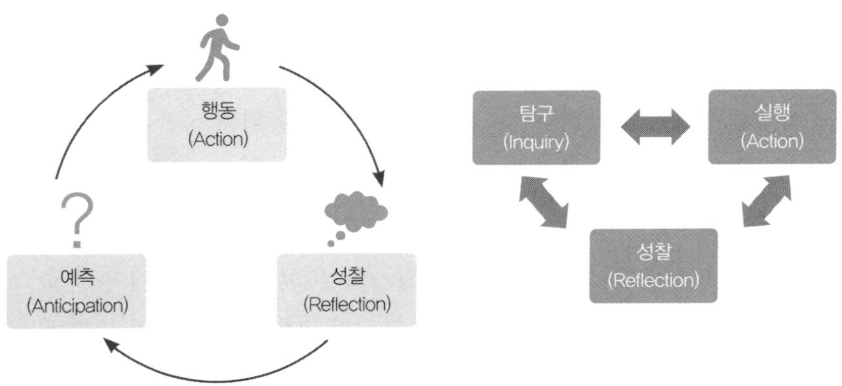

[그림 8-2] OECD 학습 나침반과 IB 교육과정의 성찰 순환

출처: OECD (2019); 경기도교육청(2023b).

3. 성찰적 실천, 어떻게 할까

IB 프로그램은 학생들을 평생 학습자로 성장시키는 것을 목표로 한다. 학생들은 독립적으로 또는 주변 사람들과 협력하여 평생 배울 수 있는 자질을 개발해야 한다. IB 학습자상 중 '성찰하는 사람'은 우리가 사는 세계와 우리의 아이디어, 경험에 대해 사려 깊게 고민한다. 학습과 개인의 성장을 위해 우리의 강점과 약점을 이해할 수 있어야 한다.

1) 수업과 평가에서의 성찰

2022 개정 교육과정에서는 역량 함양을 위해 교수 · 학습 설계에서 학습 과정에 대한 성찰을 강조한다. 즉, 교사는 학생이 여러 교과의 고유한 탐구 방법을 익히고 자신의 학습 과정과 학습 전략을 점검하며 개선하는 기회를 제공하여 스스로 탐구하고 학습할 수 있는 자기주도 학습 능력을 함양할 수 있도록 교수 · 학습을 설계해야 한다(교육부, 2022b). 교사는 수업에서 학생에게 성찰할 기회를 어떻게 제공해야 할까?

중학생을 대상으로 [그림 8-3]과 같은 3-2-1 성찰 도구를 활용하여 수업에서 배운 점 세 가지, 마음에 들거나 흥미로웠던 점 두 가지, 수업에 대해 궁금한 점 한 가지를 적게 했다. 단순히 일회성 과제가 아니라 중단원이 끝날 때마다 학생들에게 지속적으로 작성하게 했다. 학생들은 수업 이후 3-2-1을 작성해야 했기에 수업에 더 집중할 수 있었다. 이 활동을 통해 자신이 무엇을 알고 있는지와 무엇을 모르는지 스스로 인식하게 되며 모르는 부분을 교과서나 활동지에서 찾아봄으로써 잊어

버린 내용을 상기하기도 했다. 교사의 피드백과 더불어 지속적이고 일관성 있게 3-2-1 활동을 연습했더니 처음에는 배운 점에 '~에 대해 알았다.'와 같이 단순하게 작성하던 학생들이 점차 중요한 내용과 중요하지 않은 내용을 구분하고 단원의 핵심 내용을 파악하는 등 성장하는 모습을 보였다. 또한 의식적으로 질문하면서 답을 스스로 찾아보고, 배운 내용을 일상에서 발견하기도 했다. 학생들은 이러한 성찰 도구를 통해 수업에 더 능동적으로 참여하면서 자기주도성을 발휘하게 된다. 교사 또한 학생들의 3-2-1 활동을 통해 학습 상황을 점검할 수 있다. 이를 통해 교사는 자신의 교육 방법을 되돌아보고 개선함으로써 학생들에게 더 나은 학습 경험을 제공할 수 있다.

학교에서 교사가 학생과 만나는 시간은 공식적으로 1년, 길어야 3년

3가지 배운 점	1.
	2.
	3.
2가지 흥미로운 점	1.
	2.
1가지 궁금한 점	

[그림 8-3] 3-2-1 성찰 도구

출처: Ritchhart, Church, & Morrison (2023).

이다. 교사 한 사람의 열정만으로 성찰을 연습한다고 해서 성찰적 실천이 체화되는 것은 아니다. IB 사례를 접하다 보면 학교의 교사들이 교육 활동에서 이러한 성찰을 함께 실행한다. 그러면 학생들은 학교 교육과정 안에서 지속적으로 성찰 연습하면서 능숙해지고 나중에는 스스로 활용할 수 있는 수준까지 도달할 수 있다.

2022 개정 교육과정에서 학교는 학생이 자신의 학습 과정과 결과를 스스로 평가할 수 있는 기회를 제공해야 한다(교육부, 2022b). 우리는 현재 평가 방식이 학생들의 수행 과정을 점검하고 개선할 기회를 충분히 제공하고 있는지, 또한 자신의 학습 수준을 인식하고 발전에 필요한 학습 전략을 도출하는 데 도움을 주고 있는지를 점검할 필요가 있다. 예를 들어, 서·논술형 평가에서 흔히 사용되는 '~에 대해 설명하시오.'라는 문항에 학생들은 어느 정도로 답변해야 할지 명확히 알 수 있을까?

IB MYP는 수행의 수준을 결정하는 데 참조할 수 있는 수행동사(command terms) 목록을 제공하고 있다. 수행동사는 메타인지 기술을 구체적인 동사로 표현한 것으로서 교과의 성격에 따라, 목표로 하는 사고의 수준에 따라 선택하여 위계화하여 설계할 수 있다(이현아, 2022).

〈표 8-2〉에 제시된 바와 같이, '서술하다(describe)'와 '설명하다(explain)'를 구분해 정의하고, 수행동사의 구체적인 의미를 교사들이 함께 이해하고 공유하는 방식이다. 교사가 수행동사를 일관되고 명확히 사용하면 학생들은 단순히 정보를 나열할지 아니면 이유나 원인을 포함하여 더 깊이 있는 답변을 작성해야 할지를 미리 파악할 수 있다. 이러한 성취 단계별 수행동사는 학생들이 자기평가를 통해 학습 방향을 조절하고, 지속적으로 개선해 나가는 데 중요한 역할을 한다.

IB 프로그램 교사들은 각 과목에서 일관된 수행동사 정의를 공유함으로써 학생들이 수행동사에 대한 이해를 일관되게 유지하고, 학습 방

〈표 8-2〉 **'서술하다'와 '설명하다'의 정의**

서술하다[1] (describe)	상황, 사건, 패턴, 과정 등에 관해 자세하게 설명하거나 전체 모습을 설명하다.
설명하다 (explain)	논리나 인과 관계를 고려하여 자세하게 설명하다.

출처: 이현아(2022).

법을 여러 교과에서 전이하여 적용할 수 있도록 돕는다. 이와 같은 수행동사 활용은 학생들의 성찰 기회를 확대하고, 자율적이고 효과적인 학습 관리를 지원하는 환경을 조성한다.

2) MYP 프로젝트와 DP 중핵과정에서의 성찰

연구보고서를 읽거나 발표를 듣고서 학생이 장기간의 걸친 과제를 의미 있게 수행했다는 것을 어떻게 알 수 있을까? 학생이 사교육을 통해 보고서의 내용을 만들어 낸 건 아닐까? 벼락치기로 수행한 결과물과 꾸준히 학생이 스스로 연구한 결과물을 교사는 어떻게 구분할 수 있을까? 정말 장기간의 프로젝트를 학생이 포기하지 않고 끝까지 자기 주도적으로 수행해 낼 수 있을까? 교사가 의지를 갖고 학생이 수행 과제를 잘 수행할 수 있게 지원해 준다면 어느 정도가 적절한 걸까? 장기간 학생을 지원한다는 것이 일반적으로 어려운 일임에도 불구하고 IB 교육과정에서 성찰적 실천이 어떻게 이루어지고 있는지 MYP의 프로젝트와 DP의 중핵과정을 중심으로 살펴봤다.

1) 이현아(2022)에서는 describe를 '묘사하다'로 번역하였으나, 본 글에서는 보다 객관적이고 설명적인 의미를 강조하기 위해 '서술하다'로 번역한다.

이 두 과정은 성찰적 실천을 위한 몇 가지 공통점이 있음을 알 수 있었다.

첫째, 과제 수행 과정을 기록(문서화)한다. MYP 프로젝트의 과정일지나 DP의 창의 · 활동 · 봉사에서 포트폴리오를 활용해 과제 진행 상황을 기록하면 단순히 결과를 만드는 것을 넘어 자신의 경험을 성찰하고 발전시킬 중요한 증거를 마련할 수 있다. 과정이 끝난 후 한꺼번에 작성하는 것이 아니라 점진적으로 발전하는 과정을 기록해야 하며 생각의 변화, 발생한 질문들, 피드백 내용, 조사한 자료와 참고문헌 출처, 탐색한 아이디어와 해결책 등을 포함하여 체계적으로 정리해야 한다. DP의 소논문 또한, 소논문을 계획하고 연구 및 작성하는 과정에서 학생들은 연구성찰일지를 작성한다. 연구성찰일지에 기록된 통찰과 생각은 소논문을 제출할 때 작성하는 계획 및 진도 성찰일지의 기본이 된다. 기록은 내 안의 생각들을 구체화하고 정리하는 과정이다. 연구성찰일지가 없다면 2년 간의 연구과정에서 생긴 복잡한 경험과 생각을 500자 이내로 정리하기가 힘들 것이다.

일상생활을 하다가 불현듯 떠오른 아이디어를 과제에 적용하려고 하면 기억이 나지 않는 경우가 있다. 이러한 상황에서 기록은 경험과 생각을 보존하는 중요한 방법이다. 머릿속에서는 분명 좋은 아이디어였는데, 막상 기록하려니 잘 되지 않을 때도 있다. 머릿속이 보이지 않는 생각을 기록으로써 시각화하면 문제를 발견하고 해결 방안을 찾는 데 도움이 되어 과제 실행력이 올라간다. 기록을 토대로 성찰하면 과제 진행 상황에서 자신의 강점과 약점을 파악하고 개선할 점을 발견할 수 있다. 따라서 성찰을 통한 과정을 기록하는 것은 과제 수행 능력을 높이는 데 중요한 역할을 한다.

둘째, 결과물을 완성한 후 이를 구체적 상황에서 구술로 표현할 기회를 제공한다. MYP 공동체 프로젝트에서는 프로젝트가 완료된 후 교사, 또래 친구, 가족 및 친구 등을 대상으로 구술 발표를 진행한다. 개인 프로젝트에서는 결과물을 문서와 녹음 또는 영상 기록의 조합으로 제출한다. DP의 지식이론에서는 '내부평가 프롬프트' 섹션에 제공되는 서른다섯 개의 프롬프트 중 하나를 선택하고 이와 연결되는 세 가지 대상물(object)로 전시회를 구성해야 한다.

발표를 준비하며 자기 생각을 표현하는 과정에서 성찰은 중요한 역할을 한다. 발표 자료를 준비하고 구성하는 과정에서 자신의 아이디어를 반복적으로 검토하고 평가하면서 발표의 질을 높일 수 있다. 교실 수업 상황에서도 문제를 해결할 때 말없이 의식의 흐름대로 푸는 것보다 다른 학생들에게 자신의 생각을 표현하도록 하면 내 생각이 맞는지 다시 한번 검토하게 된다. 학생은 학문적으로 적합한 언어로 설명하기 위해 노력하고 다른 학생들이 이해할 수 있도록 다양하게 표현하는 과정에서 자신의 학문적 이해가 깊어진다. 같은 답을 찾았어도 생각의 과정을 표현하게 하면 학생들은 다양한 방법으로 문제를 해결한다는 것을 알 수 있다. 답이 틀렸어도 어디서 잘못되었는지 찾을 수 있다. 학생들의 다양한 생각의 과정을 표현하게 하면 이를 통해 학생들은 다른 사람들로부터 배우는 방법을 익힐 수 있다. 여러 방법을 탐색하고 따라 하다 보면 자신에게 맞는 방법을 찾을 수 있다. 그러다 보면 학생들은 자신감을 갖고 능숙하게 효과적으로 학습할 수 있게 된다. 이는 보다 자기주도적인 학습자가 되도록 도와준다.

마지막으로, 지도 교사와 피드백을 주고 받으며 성찰이 이루어진다. MYP의 프로젝트와 DP의 중핵과정은 공식적으로 세 번의 지도 교사와의 만남이 있다. 일반적으로 프로그램 시작 시, 중간 점검 때, 그리고 완료 시에서 이루어진다. 첫 번째 만남에서는 학생의 관심사와 계획을 논의하며 과제 진행 방법을 구체화할 수 있도록 지도한다. 두 번째 만남은 과제 진행 상황을 검토하고 학습 성과를 달성했는지 확인하는 것에 중점을 둔다. 학생은 성찰일지를 통해 과정의 근거를 보여 주고 지도 교사와 질문을 나눌 수 있다. 마지막 만남은 전반적인 프로그램을 평가하고 학생의 성장과 배운 점을 성찰하는 시간이다.

학생은 지도 교사와 효과적인 피드백을 받기 위해 주도적으로 지도 교사와의 만남을 준비해야 한다. 학생이 자신의 생각과 고민을 깊이 담아 성찰할 수 있을 때 교사의 피드백을 통해 한층 더 발전할 수 있다. 따라서 학생의 성장과 결과물은 교사의 노력에 따라 결정되는 것이 아니라 학생이 주도적으로 면담 시간을 활용하는 데 달려 있기 때문에 교사의 학생 지도에 대한 책임과 부담을 줄일 수 있다.

장기간에 거쳐 중요한 과제를 수행하는 것은 성인에게도 쉬운 일이 아니다. 학생들은 프로젝트 및 중핵과정을 통해 과제를 완료해야 하는 책임을 경험하게 된다. 학생이 과제를 끝까지 수행해 낼 수 있도록 다양한 상황에서 성찰하는 법을 배워야 한다. 학생들이 성찰을 의미 있게 하기 위해서는 명확하고 의도적으로 그 과정을 가르쳐야 하며 학습 과정 전반에 걸쳐 지속적으로 성찰을 수행할 수 있도록 계획해야 한다. 이를 통해 학생들은 성찰을 소중한 과정으로 인식하고 독립적으로 수행할 수 있게 된다.

3) 성찰을 통한 학문적 정직성 강조

기록, 표현, 피드백과 같은 일련의 과정은 과제 수행 중 자기 성찰의 기회를 통해 학생들이 학문적 정직성을 지킬 수 있게 한다. 예를 들어, A 학생이 '지식의 소비나 습득에 영향을 미치는 데 전문가들은 어떤 역할을 하는가?'[2]의 프롬프트 예시로 카드 게임을 유튜브의 전문가로부터 배운다는 사례를 지식이론 전시회에서 발표를 했다. 이를 보고 B 학생이 같은 프롬프트를 카드 게임이 아닌 다른 사례(예: 홈트레이닝)로 보고서를 작성한다면 이것은 표절인 것일까? 모방인 것일까? 만약에 이를 보고서만 받았다면 교사는 이것이 표절인지 모방인지 구별하기 어려울 수 있다. 교사는 전시회에서 학생이 발표하는 것을 보면 학생이 다른 사람의 사례를 따라 하기만 한 것인지 다른 사람에게 얻은 아이디어를 자기 것으로 잘 소화하고 있는지 판단할 수 있다. 학생은 단순히 따라하는 것을 넘어 스스로 깊이 있게 고민해야 한다. 자신의 강점을 파악하고 동료의 모범 사례를 참고하여 자신만의 아이디어를 생성한 경우 학생은 성장한다.

따라서 성찰은 표절과 모방을 구분할 수 있는 핵심이다. 과제 수행 과정을 기록으로 남기고 교사와 피드백을 통해 자신의 생각을 표현하는 과정에서 학문적 정직성을 확인할 수 있다. 또한 이 과정에서 타인이 대신 과제를 수행하는 것은 잘못된 행동임을 인식하게 된다. 학생 개개인의 창의적인 아이디어를 소중하게 여기고 타인의 생각과 창작물의 저작권을 존중하는 자세도 배우는 과정이기도 하다.

4) 단원 설계에서의 성찰

교사는 학생들에게 탐구와 성찰의 본보기가 되어야 하며, 이는 단원 계획서 작성 단계에서부터 시작한다. 교사 자신도 학습자로서 전문성 향상을 위해 노력하고 이를 바탕으로 수업을 연구해야 한다. 혼자 연구

2) 이 질문은 마리아와 아빈(Marija & Arvin, 2023)을 참조했다.

할 수도 있고, 전문적 학습 공동체에서 함께 협력하여 새로운 수업 모델을 시도해 볼 수도 있다. 교사는 학생들이 주변 세상과 긴밀히 연결하면서 학문적으로 중요한 개념을 배울 수 있도록 자신의 창의성과 전문성을 발휘하여 단원을 개발해야 한다.

단원 계획서는 마지막 부분에는 교사의 성찰을 기록한다. 단원의 계획, 과정, 영향을 교사 개인적으로 또는 동료 교사들과 협력적으로 고려하여 성찰할 수 있다. MYP 단원 계획서는 단원 교수 전, 단원 교수 중, 단원 교수 후 성찰을 기록한다.

단원 교수 전에 교사는 학생들이 이미 배웠거나 할 수 있는 것을 파악하고 단원에서 배워야 할 필수 내용을 적절히 반영했는지 검토한다. 수업 한 차시의 지도안이 아니므로 단원 전체의 구성과 의도를 고려하여 수업이 어떻게 평가와 연결될 수 있는지를 생각해 볼 수 있다. 중요하고 전이 가능한 개념에 초점을 맞추어 단원 구성을 살피다 보면 교사는 왜 이런 수업을 진행하고자 하는지에 대해 고민하게 된다. 교사는 자신의 교과목을 통해 학생들이 어떤 것을 배우길 기대하는지 또 어떤 교사가 되고자 하는지에 대해 생각한다. 이러한 성찰의 과정은 교사의 정체성을 세우는 데 중요한 역할을 한다. 교사의 철학에 맞는 교수 전략과 학습 접근 방법을 단원 설계에 적용하면서 교사는 자신의 전문성에 기반한 독창적이고 창의적인 자신만의 수업을 만들 수 있다.

단원 교수 중에는 수업 도중에 발생한 상황에 대해 성찰하고 필요할 경우 신속히 수정을 할 수 있다. 예를 들어, 교실에서 학생들이 예상과 달리 배움에 주춤거리는 상황이 발생한다면 왜 이런 일이 발생했는지를 분석한다. 그리고 이 상황을 극복하기 위해 어떻게 대응해야 하는지 결정하고 즉시 수업 상황 중에 행동으로 옮긴다. 이러한 성찰은 변화무쌍하고 예측 불가능한 수업 상황에서 교사의 노련함과 대처 능력을 발휘하여 학생들이 안정적으로 배울 수 있게 도와준다. 수업이 끝난 후에는 학생들의 배움을 어떻게 발전시킬 수 있을지를 교실 밖에서 다시 생각해 보는 시간을 갖는다. 학생들이 어떤 질문을 했고, 어떻게 탐구가 일어났는지 다시 생각해 보는 시간을 갖는다. 수업 중에 일어난 일들이 학생들의 배움에 어떻게 기여했는지 되짚어 본다. 그러면서 강화해야 할 기능은 무엇일지 수업 중 어떠한 형태의 강점과 약점이 드러났는지를 성찰해 볼 수 있다.

단원 교수 후에는 우선 학생이 실제로 단원목표를 이해했는지 교사는 그것을 어떻게 파악할 수 있을지 생각해 봐야 한다. 교사는 단원의 전체적인 흐름과 맥락을 경험했기 때문에 더 나은 단원 설계 아이디어가 떠오른다. 어떤 교수 전략이 효과적이었는지를 되돌아보고 예상치 못한 학생들의 반응에 대해서도 성찰한다. 이를 바탕으로 다음에는 무엇을 다르게 해 볼 것인지 생각한다. 미래를 위해 필요한 변화를 성찰하고 이러한 과정을 기록으로 남기는 것이 매우 중요하다. 생각에만 머물게 된다면 다음에 같은 단원을 가르치게 되었을 때 지금과 별 다를 바 없이 수업을 하고 난 뒤, '맞아. 이거 예전에도 그랬는데…….' 하고 제자리에 머물기만 할 것이다. 생생한 경험을 하고 난 후에 생긴 성찰의 결과를 잘 기록해 두는 것은 교사가 한 걸음 더 성장할 수 있는 발판이 된다.

DP 단원 계획서의 성찰은 MYP와는 약간 다른 접근 방식을 가지고 있다. 단원을 개발하고 시행하는 과정에서 잘된 점과 잘되지 않은 점 그리고 참고, 수정 및 제안 사항을 기록한다. 이러한 성찰 과정은 교사가 자신의 수업 방식과 전문성을 개선하고 발전시키는 데 도움을 준다. 성찰을 통해 교사는 스스로에게 질문하고 자기 평가를 통해 강점과 개선이 필요한 부분을 인식할 수 있다. 참고 · 수정 · 제안 사항은 수업 방식을 개선하고 새로운 교육 접근법을 시도하는 데 기여한다. 이러한 과정은 교사가 다양한 수업 기술을 습득하고 확장하는 데 도움을 준다. 또한 교사의 다양한 학습과 새로운 접근 방식을 시도하는 것은 학생들에게 더 풍부한 학습 경험을 할 수 있게 만든다. 그리고 DP 단원 계획서의 성찰에서 교사는 단원이 마무리될 때 학생들이 얼마나 성공적으로 전이 목표를 달성했는지를 성찰한다. 수업 내용이 다양하고 의미 있게 평가와 연계되었는지 개별 과목의 범위를 넘어 실제 상황에 적용할 수 있는 학습의 기회를 제공했는지를 검토한다. 성찰은 교사가 자신이 학생들에게 가르친 내용이 잘 습득될 수 있는지를 이해하는 데 도움을 주며 이는 학생들의 성장에 대한 책임감을 높이는 데 기여한다.

성찰은 스스로에게 질문을 던지는 것에서 출발한다. 질문을 통해 성찰을 시작하면 단순히 생각하는 것보다 깊이 있는 성찰을 할 수 있다. 질문을 어떻게 하느냐에 따라 성찰의 깊이와 효과가 달라질 수 있다. 다음은 학생 주도성에 대한 성찰질문 예시의 두 가지이다. 수업을 되돌아보며 질문에 답해 보자. 어떤 질문이 교사의 성찰을 촉진할 수 있는가?

다음은 학생 주도성에 대한 성찰 질문의 예시 두 가지이다. 수업을 되돌아보며 질문에 답해 보자. 어떤 질문이 교사의 성찰을 촉진할 수 있는가?

예 ①은 '예' '아니요'로 대답해야 하는 질문임을 알 수 있다. 대부분의 경우 과정과 관계없이 '예'라고 답할 가능성이 높다. 반면 예 ②는 교사가 수업에서 학생들이 자발적으로 탐구하는 질문과 과정을 구체적으로 되짚어 볼 수 있게 한다. 이를 통해 교사는 자신의 수업 방식, 학생에게 제공하는 지원 방식 등에 대해 성찰하고, 학생의 개별적 학습 요구에 맞

▶ 예 ①: 학생 수준에 따른 자기주도적 학습을 촉진하는가?

▶ 예 ②: 어떤 질문, 탐구가 나타나며, 학생들은 어떻게 탐구하고 있는가?

는 피드백을 제공하는 방법을 고민할 수 있다.

탐구 질문이 깊이 있는 탐구를 이끌 듯이 깊이 있는 성찰이 이루어지기 위해서는 의미 있는 성찰 질문이 필요하다. 〈표 8-3〉은 교사와 학생이 사용할 수 있는 성찰 질문의 예시이다. 교사와 학생은 예시에 제시된 질문 외에도 다양한 성찰 질문을 고려할 수 있다. 각자가 학습 과정에서 초점을 두고 생각했던 지점에 따라 성찰 질문을 선택하면 더욱 유의미한 성찰 결과로 이어질 것이다.

〈표 8-3〉 **사용할 수 있는 성찰 질문 예시**

▶ 단원 교수 전
- 학생이 이미 알고 있는 것과 할 수 있는 것은 무엇인가?
- 이 단원에서 어떤 학습자상을 개발할 수 있는가?
- 다른 교과와 연계가 가능한 부분은 무엇인가?
- 이 단원과 관련지을 수 있는 세계적 맥락은 무엇인가?

▶ 단원 교수 중
- 단원에서 잘 진행된 점은 무엇인가? 그렇게 생각한 근거는 무엇인가?
- 단원 교수 중 어려웠던 점은 무엇인가?
- 학생들이 배움에 주춤거렸던 지점은 무엇인가? 어떻게 개선할 수 있을까?
- 학생들의 참여와 활동성은 어느 정도였나?
- 학습 경험이 단원의 목표에 얼마나 잘 부합하는가?

▶ 단원 교수 후
- 학생들에게 얼마나 많은 배움이 이루어졌나? 어떻게 알 수 있나?
- 다음에는 무엇을 다르게 할 수 있을까?
- 어떤 자료가 유용했으며, 필요한 다른 자료는 무엇이 있나?
- 학생 개개인의 특성에 맞게 학습을 어떻게 차별화했는가?

4. 성찰, 나도 해 볼까

다음은 MYP와 DP의 단원 계획서의 성찰 예시이다.

1) MYP: 교과 통합(과학 + 개인과 사회)

단원 교수 전	• '기후 변화'를 주제로 학교에서 실시하고 있던 교과통합 수업을 교과 통합적 이해 벤다이어그램에 적용해 보았더니 통합교과적 이해를 작성하기가 어려웠다. 단순히 주제만 같이 하고 교과가 협력해서 수업을 진행했다고 해서 교과통합은 아니라는 걸 깨달았다. • 사회 교과와 교과통합 단원을 작성해 보았다. 두 교과서의 관련 단원을 찾아봤는데 탐구활동이 비슷하다. 과학 수업을 과학 수업답게 사회 수업을 사회 수업답게 하면서 교과 통합을 시도하려면 어떻게 해야 할까?
단원 교수 중	• 수행평가에서 기후행동을 실천하게 한 후 성찰을 할 수 있는 평가 문항을 출제했다. 이 문항을 학생들이 가장 열심히 적었다. 과학 지식을 묻는 문항이 아닌 탓에 배점이 가장 작게 했는데, 이러한 성찰을 평가에 반영하려면 어떤 평가기준이 필요할까? • 우리나라 기후 변화 양상을 조사하는 활동에서 뉴스 기사 한 개, 표나 그래프 한 개를 꼭 포함하여 PPT를 구성하게 했다. 그리고 출처 표기 방법을 안내하고 출처를 표시하도록 했더니 자료 조사에 임하는 자세가 달라짐을 느꼈다. 학생들은 자료의 출처에서 날짜를 확인하고 자신이 찾은 자료가 너무 오래된 것은 아닌지 고민하면서 최신의 자료를 찾으려고 하거나 신뢰할 수 있는 자료(정부 기관 사이트 등)를 검색하려고 노력했다.
단원 교수 후	• 총괄평가에서 교과 통합적 이해를 전달하기 위해서는 각 교과의 학문적 지식이 중요하다. 탄소중립 기후행동 제안문 작성 시 각 교과의 이해를 전달하기 위해 포함해야 할 내용들을 안내한다. • 학생들이 논쟁적 질문에 대해 생각하기 위해서는 탄소중립 방안이 사회적 수준, 개인적 수준에서 지속가능한 미래를 촉진할 수 있는 기후행동인지에 대해 분석하고 판단할 수 있는 사고 전략을 제공해야 한다.

2) DP: 언어와 문학

잘된 것	• 학생들이 협력적으로 소통하여 함께 탐구할 시를 14편 선정하는 과정에서 배움의 주체가 되는 경험을 하게 될 것이다(기존에는 교사가 진도나갈 작품을 선정했기에 학생이 주체가 되지 못했다). • 학생들이 전혀 경험하지 못했던 시대를 대표하는 광고를 보며 시대적 특징을 이해하고 분석하는 과정에서 신선한 재미를 느끼게 될 것이다.
잘되지 않은 것	• 기존에 주로 수업 전반에서 교사가 질문을 제시하고 학생들이 토의를 하며 답을 찾는 활동을 주로 했기에 탐구의 각 과정에 질문을 제대로 만드는 것에 어려움을 느낄 가능성이 크다. • 또한 토의 과정 중에 성적이 우수한 학생의 답변이나 생각에 동조하는 경향을 보일 수도 있다. • 교사가 비교 에세이 쓰기 기능과 개별 구술 평가를 위한 기능을 학생들에게 단계별로 하나하나 안내해 주지 않으면 학생들이 총괄평가를 치르는 데 어려움이 있을 것이다.
참고·수정·제안	• 학생 모두가 자기 생각을 자유롭게 제시할 수 있는 안전한 교실 분위기가 조성되어야 한다. • 모둠을 구성할 때는 학생들의 개인적 성향을 반영하여 모둠 활동이 원활하게 진행될 수 있도록 조직해야 한다. • 모둠 활동 중 특정 학생만 발언을 많이 하지 않도록 스파이더맵을 활용하도록 한다. • 교사는 학생들이 총괄평가를 제대로 시행할 수 있도록 형성평가에서 총괄평가에 필요한 내용을 다루어 준다.

성찰은 IB 교육과정에서 중요한 개념으로 교사와 학생 모두가 교육적 경험을 깊이 있게 이해하고 개선하기 위해 필수적인 도구로 활용된다. 교사는 성찰을 통해 자신의 교육 방법을 되돌아보고 개선함으로써 학생들에게 더 나은 학습 경험을 제공할 수 있다. 또한 자신의 교육적 목표를 명확히 하고 그 목표를 달성하기 위한 전략을 개선해 나갈 수 있다.

학생들에게도 성찰은 큰 의미를 가진다. 학생들은 자신의 학습 진행 상황을 평가하고 자기주도적으로 학습 목표를 설정하며 이를 달성해 나간다. 성찰을 통해 학생들은 자신의 강점과 발전해야 할 부분을 파악하고 깊이 있는 학습을 위한 질문을 정립하며 더욱 창의적이고 비판적인 사고를 기를 수 있다. 이러한 과정에서 교사와 학생 모두 성장을 향한 발돋움을 하며 평생 학습자로 나아갈 수 있다.

이 장을 읽고 든 생각을 'I used to think··· But now I think···' 성찰 도구로 정리해 보기를 바란다.

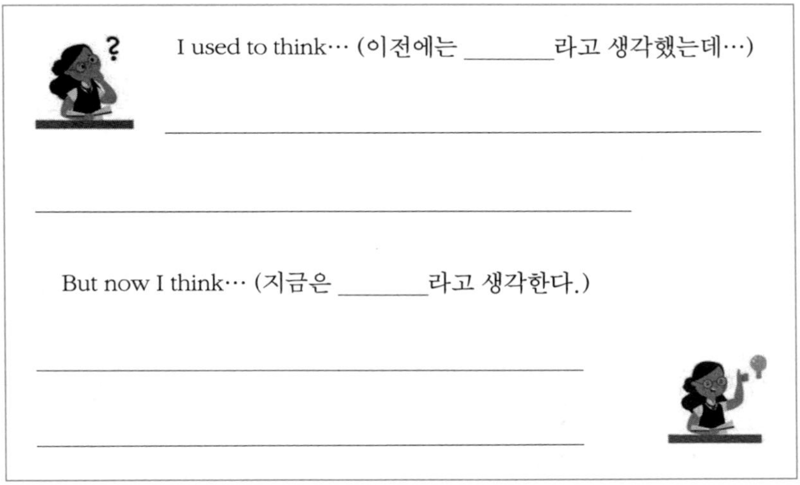

I used to think··· (이전에는 ________라고 생각했는데···)

____

____

But now I think··· (지금은 ________라고 생각한다.)

____

____

[그림 8-4] 'I uesd to think··· But now I think···' 성찰 도구

출처: Ritchhart, Church, & Morrison (2023).

제3부

교과별 단원 설계 사례

고등학교 과정 단원 설계 사례

1. 언어와 문학

1) 단원 소개

단원 (과정의 주제 및 부분)	탐구 영역[1]: 시간과 공간
단원 설명 및 텍스트 선정	학생들은 문학 장르 중 시(김수영 시인의 전집)와 희곡(이강백 희곡 전집), 비문학 장르 중 광고(상업 광고 '박카스' 시리즈)를 깊이 있게 탐구하며 의미를 생성한다. '시간과 공간' 단원에서는 시간과 공간으로 설명할 수 있는 문화적 · 역사적 맥락이 텍스트의 수용과 생산 과정에 영향을 미칠 수 있었음을 확인하고 텍스트와 관련된 맥락을 탐구한다. 또한 학생들은 텍스트가 생산된 시기의 맥락과 수용하는 시기의 맥락이 다를 때 텍스트와 어떤 방식으로 소통해야 하는지 알아야 한다.

1) 언어와 문학의 탐구 영역은 DP 2년 과정에서 다루어야 하는 3개의 단원이라고 볼 수 있다. '작가, 독자, 그리고 텍스트' '시간과 공간' '상호텍스트성'이 있다.

단원 설명 및 텍스트 선정	생산된 시기의 사회적 · 문화적 · 역사적 상황에 대한 텍스트의 특정 관점을 파악함과 동시에 이러한 관점을 비판적으로 수용하여 또 다른 텍스트의 관점이나 문화적 맥락을 올바르게 이해하는 통찰력을 키우게 된다. 이는 텍스트가 세상을 반영하기도 하지만 왜곡할 수 있다는 점을 인지하고, 텍스트가 어떻게 정치적 또는 사회적 상황을 바라보고 있는지 이면의 의도를 입체적으로 해석하는 역량이다. 더 나아가 텍스트가 단순히 현실을 수동적으로 반영한 대상으로만 존재하는 것이 아니라 당대 사회적 · 문화적 · 역사적 맥락 속에서 적극적으로 현실에 개입하거나 시간과 공간이 변해도 계속해서 새로운 해석으로 의미를 생성하는 주체가 될 수 있음을 이해하는 것이다. 결국 언어는 고정된 메시지를 전달하는 수단이 아니라 문화적 · 역사적 맥락과 적극적인 상호작용을 하면서 텍스트를 생산하고, 이 텍스트가 특정 맥락에 대해 독자들이 이해하고 해석하는 공간으로서 역할을 하며 강력한 힘을 가질 수 있다는 점을 확인한다. 또한 세계적 이슈를 고려하여 학습한 텍스트와 연관성을 찾고, 이러한 이슈가 언제 어디서나 고려할 수 있는 요소임을 깨닫는다. 학습 내용 및 성찰에 관한 모든 것은 학습자 포트폴리오에 저장하여 추후 평가 및 심화학습에 도움이 되도록 한다. ▶ 텍스트 선정 목록 • 김수영의 『김수영 전집 1: 시』(한국) • 이강백의 『희곡 전집 1』(한국) • 상업 광고 '박카스' 시리즈(한국)
단원 평가	• 개인 구술 평가 • 비교 에세이

2) 탐구: 단원의 목적 설정

전이목표: 이 단원의 학습을 통해 학생들이 단원 마지막에 스스로 지식, 기능, 개념을 새로운 환경에 전이하거나 적용하는 포괄적이고, 중요하며, 장기적인 목표를 제시한다.

1. 시간과 공간은 텍스트의 주제의식을 창의적으로 형상화하고 보편성을 획득하는 결정적 장치로 기능한다.
2. 광고의 시청각 요소는 광고 제작자의 관점 표출 및 수용자의 반응 형성에 기여한다.
3. 작가와 독자는 글을 쓰거나 읽는 시간과 공간에 영향을 받으며, 사회적 · 문화적 또는 역사적 맥락은 텍스트의 생산과 수용에 영향을 미친다.
4. 텍스트는 시간과 공간의 변화에 의해 의미, 기법 및 영향 양상이 달라지고 이를 통해 사회적 · 문화적 특징과 정체성을 대변한다.

필수 이해 내용: 단원 학습 후에 학생들이 알게 되거나 개발하게 될 핵심 내용 · 기능 · 개념을 제시한다.

학생들은 다음 내용을 알게 됩니다.

- 시의 형식과 내용상의 특징이 작품의 주제 형성에 미치는 영향
- 화자의 상황과 정서 및 태도가 시의 맥락 형성에 관여하는 양상
- 인물의 전형성 및 상징성, 인물 간의 갈등, 갈등의 형성과 해소 등을 통해 드러나는 작가의 관점 및 주제 의식
- 사건 간의 관련성, 사건의 맥락적 의미 및 시간적 · 공간적 배경의 역할, 소재의 상징성
- 작가와 작품을 둘러싼 시간적 · 공간적 맥락 및 영향에 대한 독자의 이해
- 시청각 자료가 정보를 구성하는 방식, 매체 언어의 특징과 그 효용 및 이를 통해 드러내고자 하는 제작자의 의도
- 작품 연구를 통해 알게 된 시공간을 초월한 세계적 이슈
- 개별 구술 평가를 위한 아이디어 생성, 개요 작성, 발췌문 선택, 논리적인 말하기 방법 등
- 비교 에세이 작성을 위한 아이디어 생성과 조직, 개요 작성, 분석적, 논리적 서술 방식 등

학생들은 다음 기능을 개발하게 됩니다.

- 텍스트를 시공간의 영향과 연결하여 해석할 수 있다. (사고 기능)
- 텍스트를 광범위하게 해석하기 위해 시공간과 관련된 사회적 · 문화적 자료를 조사한다. (조사 기능)
- 동료 및 교사와의 토의 및 토론을 통해 유의미한 피드백을 수집할 수 있다. (의사소통 기능, 대인관계 기능)
- 시청각 자료에 담긴 정보 및 제작자의 의도를 자신의 관점과 비교하여 평가할 수 있다. (사고 기능, 조사 기능)
- 텍스트에 대한 자신의 해석을 텍스트에서 찾은 근거와 함께 제시할 수 있다. (사고 기능)
- 광범위한 세계적 이슈를 작품에 기반하여 구체적 맥락으로 표현할 수 있다. (의사소통 기능)
- 학생들은 자신의 분석적인 말하기를 10개 이하의 유용한 개요로 요약할 수 있다. (사고 기능)
- 학생들은 명확한 서론, 본론, 결론, 주장문과 근거를 제시하며 에세이를 작성할 수 있다. (사고 기능, 의사소통 기능, 자기관리 기능)
- 텍스트의 부분에 대한 이해를 작품 전체에 대한 이해로 확장하여 분석적 말하기나 에세이를 쓸 수 있다. (사고 기능, 의사소통 기능)
- 텍스트에 대한 이해를 위해 자료를 수집, 정리, 구성, 해석하여 포트폴리오를 제작할 수 있다. (조사 기능, 자기관리 기능)

학생들은 다음 개념을 이해하게 됩니다.

- 작가와 독자가 속한 시간과 공간 및 다양한 사회적 · 문화적 맥락이 텍스트의 생산과 수용에 깊이 관여한다.
- 텍스트에 대한 이해와 해석은 개인이 속한 시간과 공간에 따라 서로 다른 관점을 갖는다.
- 시간의 흐름과 공간의 변화에 따라 텍스트의 의미와 영향은 다르게 소통될 수 있다.
- 사회적 · 문화적 맥락의 영향을 받는 텍스트의 언어는 시간과 공간에 따른 사회적 특징과 정체성을 대변한다.

놓친 개념 · 오해: 내용 · 기능 · 개념과 관련하여 단원 학습에서 학생들이 가질 수 있는 오해를 제시한다.

내용기반:

- 작가와 작중 인물(화자), 특히 주인공을 언제나 일치한다고 볼 수 없다.
- 작품 속의 시간과 공간이 반드시 실제 맥락과 일치하는 것은 아니다.
- 시에 쓰인 언어의 함축적 의미를 독자가 수용할 때 시인의 의도와 항상 일치하지는 않는다.
- 광고에 담긴 제작자의 메시지나 표현 양상이 항상 바람직한 것은 아니다.

기능기반:

- 텍스트를 비판적으로 수용한 자신의 해석을 뒷받침하기 위한 논리적 근거는 작품에서 분명하게 드러나야 한다.
- 텍스트 일부분에 대한 해석을 전체 본문에 대한 이해로 오해해서는 안 된다. 내용과 형식, 부분과 전체의 의미를 유기적으로 연결하여 확장시킬 수 있어야 한다.
- 텍스트를 비판적으로 수용한다는 것이 텍스트에서 틀린 점만을 분석, 수용하라는 것이 아니다.
- 텍스트에 대한 확장적 이해를 부분에 대한 이해의 과대 해석으로 오해해서는 안 된다.
- 텍스트에는 세계적 이슈에 관한 작가의 관점이 명시적으로 드러나지 않을 수 있다.
- 개별 구술 평가를 위해 내용을 외우는 것이 만족스러운 수행을 보장하는 것은 아니다.
- 토의 활동에 참여했다는 것만으로 구술 평가나 에세이 쓰기 평가 준비가 이루어지는 것은 아니다.
- 텍스트마다 특정한 세계적 이슈가 고정되어 있는 것은 아니다.

개념기반:

- 텍스트에 반영된 사회적 · 문화적 맥락은 고정된 것이 아니며 텍스트에 담긴 작가의 의도 역시 항상 옳은 것은 아니다.
- 텍스트에 담긴 메시지를 시간과 공간, 문화적 · 역사적 맥락에 따라 어떤 관점으로 해석할 수 있느냐를 고려해야 한다.

- 텍스트의 생산과 수용에 관여하는 시공간적 배경이 반드시 작품에 구체적으로 명시되는 것은 아니다.
- 세계적 이슈는 텍스트 일부에 지엽적으로 연결하기보다는 전체의 내용을 아우를 수 있어야 한다.

탐구질문: 필수 이해 내용을 질문 형태로 제시하되 학생들의 탐구 과정을 촉진하는 질문을 제시한다. 필수 이해 내용과 직접적인 연관은 없지만 학생들이 단원을 깊이 있게 탐구하도록 추가 질문을 만들어도 좋다.

내용기반:

- 시에서 화자가 처한 상황, 그 상황에 대한 내면 심리(정서) 및 태도는 어떠한가?
- 시인이 주제를 드러내기 위해 사용한 문학적 장치는 무엇인가?
- 시에서 작가의 의도를 드러내는 특정 시어들은 무엇이며, 작품의 맥락에 어떻게 관여하는가?
- 「파수꾼」에 드러난 갈등 양상과 표현방식은 주제 형성에 어떻게 관여하는가?
- 「파수꾼」에서 상징성을 갖는 소재는 무엇이 있으며 그것의 역할은 무엇인가?
- 「파수꾼」에 등장하는 인물과 공간은 어떤 전형성을 갖는가?
- 「파수꾼」의 창작 배경과 작가의식은 작품의 주제를 형성하는 데 어떻게 작동하고 있는가?
- 상업 광고 '박카스' 시리즈에서 정보를 구성하는 방식은 주제를 어떻게 형상화하는가?
- 상업 광고 '박카스' 시리즈에서 제작자가 의도를 드러내기 위해 매체 언어를 어떻게 활용하는가?
- 텍스트(시, 희곡, 광고)의 시간적 · 공간적 배경은 무엇이고, 작품에 어떻게 관여하는가?

기능기반:

- 시공간의 영향을 받으며 형성 및 변형되는 텍스트의 의미를 해석할 수 있는가?
- 텍스트를 해석하기 위해 시공간과 관련된 사회적 · 문화적 자료를 조사할 수 있는가?
- 동료 및 교사와의 토의 및 토론을 통해 유의미한 피드백을 얻기 위해 어떻게 소통해야 하는가?
- 시청각 자료에 담긴 정보 및 제작자의 의도를 자신의 관점에서 비판적으로 평가할 수 있는가?
- 텍스트에 대한 자신의 해석을 작품에서 찾은 근거와 함께 제시할 수 있는가?
- 각 텍스트와 연관된 세계적 이슈를 자신의 구체적 맥락으로 어떻게 표현하는가?
- 말하기를 위한 개요를 효과적으로 사용하는 방법은 무엇인가?
- 에세이를 서론, 본론, 결론의 논리적 구조 및 주장과 근거를 갖춰 쓸 수 있는가?
- 텍스트 이해를 위한 자료를 직접 수집 · 정리 · 구성하여 포트폴리오를 제작할 수 있는가?

개념기반:

• 텍스트를 둘러싼 시간, 공간, 다양한 사회적 · 문화적 상황은 텍스트의 생산과 수용에 어떻게 영향을 주는가? (작가를 둘러싼 시공간은 작품 형성에 어떤 영향을 미치는가?)
• 개인이 속한 시간과 공간은 텍스트를 이해하고 해석하는데 어떻게 영향을 미치는가?
• 시간의 흐름과 공간의 변화에 따라 텍스트의 의미와 영향은 어떻게 변화하는가?
• 사회적 · 문화적 맥락은 텍스트의 언어에 어떤 영향을 주는가? 그 언어는 어떻게 사회적 특징과 정체성을 대변하는가?

3) 활동: 탐구를 통한 교수와 학습

필수 이해 목표: '탐구' 부분의 필수 이해 내용을 그대로 제시한다.	필수 이해 목표 평가: 필수 이해 내용을 확인하는 평가는 가급적 1:1로 실시하되, 형성평가(F) 또는 총괄평가(S)로 표시한다.
학생들은 다음 내용을 알게 됩니다. • 작가와 작품을 둘러싼 시간적 · 공간적 맥락 및 영향에 대한 독자의 이해	내용기반: • 작품과 연관된 시인의 생애, 당시 사회적 · 문화적 · 역사적 맥락 조사하고 김수영 시인의 '작가 노트' 작성 및 공유하기: 개별 · 모둠 활동(F) • 희곡 작품의 창작 배경과 관련된 영상 자료 시청 후 질의응답: 개별활동(F) • 동일 제품에 대한 시대별 광고 두 개를 비교분석, 토의 · 토론 및 발표: 모둠 활동(F)
• 시의 운율적 요소와 표현상의 특징이 작품의 주제 형성에 미치는 영향 • 화자의 상황과 정서 및 태도가 시의 맥락 형성에 관여하는 양상 • 인물의 전형성 및 상징성, 인물 간의 갈등, 갈등의 형성과 해소 등을 통해 드러나는 작가의 관점 및 주제 의식 • 사건 간의 관련성, 사건의 맥락적 의미 및 시간적 · 공간적 배경의 역할, 소재의 상징성 • 시청각 자료가 정보를 구성하는 방식,	• 김수영 시인의 대표 시 분석하기—시인을 대표한다고 생각하는 대표 시를 분석하기 위해 내용과 형식 관련 탐구질문에 답하고 의견 나누기: 모둠 활동(F) • 모둠별 사건의 개요, 인물 간의 관계, 무대장치 분석_북 트레일러 제작: 그룹 토의 및 발표(F) • 희곡 감상을 위한 구성 요소별 탐구 질문 작성 및 문제 해결을 위한 토의 · 토론: 모둠 활동(F) • 광고 읽기—광고에 사용된 시청각적 요

매체 언어의 특징과 그 효용 및 이를 통해 드러내고자 하는 제작자의 의도	소와 매체 언어를 분석하는 방법을 이해 후 이를 가장 잘 적용한 광고 찾기: 개별활동(F)
• 작품 연구를 통해 알게 된 시공간을 초월한 세계적 이슈를 토대로 작품을 확장적으로 감상	• '시간과 공간' 관련 개념기반 탐구질문 작성 및 문제 해결을 위한 토의: 모둠 활동(F) • 작품에서 찾을 수 있는 보편적 주제를 정리하고 현재 사회적 · 문화적 맥락에서 김수영 시 다시 감상하기: 개별활동(F) • 작가와 작품을 둘러싼 시간적 · 공간적 맥락 및 영향에 대한 각자의 이해를 탐구한 3분 말하기: 개별활동(F) • 광고 기획안(콘티) 제작하기: 모둠 활동(F)
• 개별 구술 평가를 위한 아이디어 생성, 개요 작성, 발췌문 선택, 논리적인 말하기 방법 등 • 비교 에세이 작성을 위한 분석적 · 논리적 서술 방식 등	• 개별 구술 평가 사례 분석 및 평가하기: 개별활동(F) • 개별 구술 평가(S) • 분석적 · 논리적 글쓰기 사례 분석 후 그 글에 대한 소감문 쓰기(F) • 비교 에세이 쓰기(S)
학생들은 다음 기능을 개발하게 됩니다.	기능기반:
• 텍스트를 시공간의 영향과 연결하여 해석할 수 있다. (사고 기능)	• 탐구 질문 만들기 및 토의 · 토론(F)
• 텍스트를 광범위하게 해석하기 위해 시공간과 관련된 사회 · 문화적 자료를 조사한다. (조사 기능)	• 작품과 관련있는 시인의 생애, 작품의 창작 배경, 시대상 및 사회적 · 역사적 맥락 조사하기(F) • 작가의 창작 의도, 작품의 창작 배경, 매체 언어를 가장 잘 구현한 광고 찾기(F)
• 동료 및 교사와의 토의 및 토론을 통해 유의미한 피드백을 수집할 수 있다. (의사소통 기능, 대인관계 기능)	• 모둠 상호 평가 및 대면 질의응답, 구글 클래스룸 등을 활용한 교사 피드백(F)
• 시청각 자료에 담긴 정보 및 제작자의 의도를 자신의 관점과 비교하여 평가할 수 있다. (사고 기능, 조사 기능)	• 매체에 담긴 메시지를 자신의 관점과 비교 분석한 개요 작성(F)

• 텍스트에 대한 자신의 해석을 텍스트에서 찾은 근거와 함께 제시할 수 있다. (사고 기능)	• 질문 생성 및 토의 · 토론에서의 텍스트 분석 및 요약하기(F) • 텍스트에서 자신의 견해를 뒷받침할 부분을 인용하여 근거로 설명하기(F)
• 광범위한 세계적 이슈를 작품에 기반하여 구체적 맥락으로 표현할 수 있다. (의사소통 기능) • 학생들은 자신의 분석적인 말하기를 10개 이하의 유용한 개요로 요약할 수 있다. (사고 기능)	• 개별 구술 평가를 위한 발췌문을 제시하고 발췌문과 관련한 견해 및 근거 개조식으로 작성하기(F) • 개별 구술 평가를 위한 개요 쓰기 연습(F) • 개별 구술 평가(S)
• 학생들은 명확한 서론, 본론, 결론, 주장문과 근거를 제시하며 에세이를 작성할 수 있다. (사고 기능, 의사소통 기능, 자기관리 기능) • 텍스트의 부분에 대한 이해를 작품 전체에 대한 이해로 확장하여 분석적 말하기나 에세이를 쓸 수 있다. (사고 기능, 의사소통 기능)	• 논리적 글쓰기를 위한 견해와 근거로 구성된 한 단락 쓰기: 개별활동(F) • 제시된 논점을 설명할 수 있는 두 편의 작품을 고르고 그 이유 작성: 개별활동(F) • 비교 에세이 쓰기(S)
• 텍스트에 대한 이해를 위해 자료를 수집, 정리, 구성, 해석하여 포트폴리오를 제작할 수 있다. (조사 기능, 자기관리 기능)	• 학습자 포트폴리오를 활용한 자료 수집, 정리, 해석: 개별활동(F)
학생들은 다음 개념을 이해하게 됩니다. • 작가와 독자가 속한 시간과 공간 및 다양한 사회적 · 문화적 맥락이 텍스트의 생산과 수용에 깊이 관여한다. • 텍스트에 대한 이해와 해석은 개인이 속한 시간과 공간에 따라 서로 다른 관점을 갖는다. • 시간의 흐름과 공간의 변화에 따라 텍스트의 의미와 영향은 다르게 소통될 수 있다. • 사회적 · 문화적 맥락의 영향을 받는 텍스트의 언어는 시간과 공간에 따른 사회적 특징과 정체성을 대변한다.	개념기반: • 학습자 포트폴리오 기록 및 성찰(F) • 개별 구술 평가(S) • 비교 에세이 쓰기(S)

4) 수업 활용 자료

- 김수영의 『김수영 전집 1: 시』(한국)
- 이강백의 『희곡 전집 1』(한국)
- 상업 광고 '박카스' 시리즈(한국)
- 박카스 광고 관련 논문 자료
- 미셸 푸코의 『감시와 처벌』(프랑스)

5) 학습 접근 방법

학습 접근 방법: 해당 단원에서 학생들이 사용하게 될 모든 명시적 학습 접근 방법을 표시한다.

☑ 사고 기능
☑ 대인관계 기능
☑ 의사소통 기능
☑ 자기 관리 기능
☑ 조사 기능

▶ 세부 사항: 학생들은 텍스트에 대한 비판적 접근을 통해 창의적 · 성찰적 · 메타인지적 사고를 발휘하여 작품을 종합적으로 감상하고 텍스트가 시간과 공간, 사회적 · 문화적 맥락과 어떻게 연관되는지 이해한다. 이를 위한 과정에서 화자의 상황과 정서, 시상 전개 과정 및 시어의 특징, 사건의 개요 파악, 인물의 특징, 맥락 해석, 매체 언어 분석 등을 위한 질문을 생성한다. 또한 교사 및 동료와 토의 · 토론과 상호 평가에서 자신의 견해를 발표하고, 협력적으로 참여한다. 학습의 전 과정에서 세계적 이슈 및 자신의 견해를 뒷받침하기 위한 자료를 조사하고, 학습의 모든 계획을 스스로 세우고 지킬 수 있도록 한다.

메타인지: 학생들이 단원의 내용, 자신의 기능, 단원 개념에 대해 성찰하는 메타인지 접근법을 제시한다.

▶ 세부 사항: 주어진 텍스트의 내용에 대한 이해 뿐만 아니라, 이 단원이 목표로 하고 있는 시간과 공간, 사회적 · 문화적 맥락이 텍스트의 생산과 수용에 미치는 영향을 이해하고, 평가를 위한 기능을 익히고 있는지에 대해 스스로 성찰할 수 있는 기회를 매시간 제공한다.

개별화: 학생 개개인의 학습 정도 및 성향을 고려할 수 있는 접근법을 제시한다.

▶ 세부 사항: 텍스트가 생산되고 읽히는 다양한 시간과 공간, 사회적 · 문화적 맥락에 대한 비판적 시각은 학생 개인의 정체성을 토대로 하여 자존감을 키운다. 토의 · 토론 및 견해 제시를 위한 학습에서는 다양한 유형의 과제를 제시하여 학생들의 선택을 장려한다.

학습 과정에서 개별 학습자의 텍스트에 대한 이해 부족, 어려운 어휘, 활동 방법에 대한 이해 부족으로 인한 요구사항에 대해서 적시에 적절한 피드백을 제공한다.

텍스트가 드러내는 다양한 문화적 · 역사적 관점과 이러한 관점을 통해 이해되는 자기 자신, 타인, 세계와의 관계가 학생의 개성적 관점이 드러나도록 확장한다.

언어와 학습: 단원 중에 이루어진 명시적 언어 및 학습과의 연결성을 제시한다.

▶ 세부 사항:

- 문학 및 광고 매체를 이해하고 분석하는 데 필요한 용어 습득 및 문맥의 함축적 · 포괄적 의미 추론
- 주어진 시간 내에 형식과 근거를 갖춘 말하기 능력 신장
- 자신의 말하기 스타일을 교정하며 의견을 표현하고 교환하는 등의 상호 소통 역량 발휘
- 자신의 견해를 논리적으로 펼치기 위한 말하기 및 쓰기의 구조화

TOK 연결: 해당 단원에서 사용된 모든 명시적 지식이론 내용을 제시한다.

▶ 세부 사항:

- 작가와 유사한 세계관을 공유하지 못하는 것이 해당 텍스트를 이해하는 데 방해가 될까?
- 텍스트에 구현된 시간과 공간이 개인과 사회의 정체성 형성에 얼마나 영향을 미칠까?
- 상대를 조정하려는 의도가 담긴 언어를 수용자는 어떤 방식으로 알아낼 수 있는가?

CAS 연결: CAS로 연결할 수 있는지 표시한다. 표시한 항목은 '세부 사항'에 학생들이 이 단원과 관련하여 CAS에 참여하는 방법을 설명한다.

☑ 창의

☐ 활동

☑ 봉사

▶ 세부 사항:

- 자신의 탐구 주제(세계적 이슈)와 관련하여 더 깊은 연구를 위한 프로젝트 실행
- 학교나 지역사회의 문제를 반영한 광고 제작을 통한 캠페인 활동

6) 성찰: 탐구, 계획, 과정 및 영향 고려

잘된 것	• 학생들이 협력적으로 소통하여 함께 탐구할 시를 14편 선정하는 과정에서 배움의 주체가 되는 경험을 하게 될 것이다(기존에는 교사가 작품을 선정했기에 학생이 주체가 되지 못했다). • 학생들이 전혀 경험하지 못했던 시대를 대표하는 광고를 보며 시대적 특징을 이해하고 분석하는 과정에서 신선한 재미를 느끼게 될 것이다.
잘되지 않은 것	• 기존에 주로 수업 전반에서 교사가 질문을 제시하고 학생들이 토의를 하며 답을 찾는 활동을 주로 했기에 탐구의 각 과정에 질문을 제대로 만드는 것에 어려움을 느낄 가능성이 크다. • 토의 과정 중에 성적이 우수한 학생의 답변이나 생각에 동조하는 경향을 보일 수도 있다. • 교사가 비교 에세이 쓰기 기능과 개별 구술 평가를 위한 기능을 학생들에게 단계별로 안내해 주지 않으면 학생들이 총괄평가를 치르는 데 어려움이 있을 것이다.
참고·수정·제안	• 학생 모두가 자기 생각을 자유롭게 제시할 수 있는 교실 분위기가 조성되어야 한다. • 모둠을 구성할 때는 학생들의 개인적 성향을 반영하여 모둠 활동이 원활하게 진행될 수 있도록 조직해야 한다. • 모둠 활동 중 특정 학생만 발언을 많이 하지 않도록 스파이더 맵을 활용하도록 한다. • 교사는 학생들이 총괄평가를 제대로 시행할 수 있도록 형성평가에서 총괄평가에 필요한 내용을 다루어 준다.

2. 언어습득(영어)[2]

1) 단원 소개

단원 (과정의 주제 및 부분)	탐구영역: Theme–Social Organization 주제–사회구조 Title–Local Voices, Global Echoes 제목–지역의 목소리, 세계로 울려퍼지다
단원 설명 및 텍스트 선정	• Students improve their communication skills through a variety of language activities in the context of the community and realize the importance of their own community and develop an attitude of respect for diverse communities. 학생들은 지역사회라는 맥락 속에서 다양한 언어 활동을 통해 의사소통 기술을 향상시키고, 자신이 속한 지역사회의 중요성을 깨닫고 다양한 공동체를 존중하는 태도를 기른다. • The experience of community service will encourage students to reflect on their roles and responsibilities as members of the community and to take an interest in making the community a better place. 지역사회 봉사 경험을 통해 학생들은 지역사회 구성원으로서 자신의 역할과 책임을 되돌아보고 더 나은 지역사회를 만드는 데 관심을 갖게 될 것이다. • By selecting an important figure in the history of their community and conducting a virtual interview with him or her, students will explore how language use varies depending on the audience with whom they are communicating, and understand the connections between the past and present. 학생들은 지역사회의 역사에서 중요한 인물을 선정하고 이 인물과의 가상 인터뷰를 하는 활동에서 의사소통의 대상에 따라 언어 사용이 달라짐을 탐구하고 과거와 현재의 연결고리를 이해하게 될 것이다.

2) 언어습득(영어) 교과는 해당 언어로 작성하기에 영어와 우리말을 함께 제시한다.

단원 설명 및 텍스트 선정	• A blog writing activity that showcases hidden attractions in the community allows students to explore how to communicate through different media and platforms, foster pride in their community, and develop an attitude of valuing both their own and other communities. 지역사회의 숨겨진 명소를 소개하는 블로그 쓰기 활동을 통해 다양한 미디어와 플랫폼을 활용하여 의사소통하는 방법을 탐구하고 지역사회에 대한 자부심을 함양하며 자신이 속한 공동체와 다른 공동체 모두 소중하게 여기는 태도를 형성할 것이다. • Language activities that connect the past and present of the community will focus on the proper use of the past tense, present tense, and present perfect tense. Relatives, which convey specific information and clarify meaning, will also be emphasized. Students will also develop the ability to find and use information and evidence in communication. 지역사회의 과거와 현재를 연결하는 언어 활동은 과거 시제, 현재 시제, 현재완료 시제의 적절한 사용에 초점을 둘 것이다. 또한 구체적인 정보를 전달하고 의미를 명확하게 만들어 주는 관계사 또한 중요하게 다루어질 것이다. 학생들은 의사소통에 필요한 정보와 근거를 찾아서 이를 적절하게 활용하는 능력 또한 키우게 될 것이다.
단원 평가	• Productive Skills: Blog Writing 표현 기능: 블로그 쓰기

2) 탐구: 단원의 목적 설정

전이목표: 이 단원의 학습을 통해 학생들이 단원 마지막에 스스로 지식, 기능, 개념을 새로운 환경에 전이하거나 적용하는 포괄적이고, 중요하며, 장기적인 목표를 제시한다.

1. Engage in community activities to understand responsibilities and foster growth as global citizens.
   공동체 활동에 참여하여 세계 시민으로서의 책임을 이해하고 성장을 도모한다.
2. Respect cultural diversity and improve communication skills through an understanding of local cultures and traditions.
   지역 문화와 전통에 대한 이해를 바탕으로 문화적 다양성을 존중하고 의사소통 능력을 향상시킨다.
3. Utilize tenses appropriately to express temporal relationships clearly and communicate logically and coherently.
   시제를 적절히 활용하여 시간 관계를 명확하게 표현하고 논리적이고 일관성 있게 의사소통한다.
4. Utilize relatives to convey clear and specific information to increase audience(readers) comprehension.
   명확하고 구체적인 정보를 전달하는 관계사를 활용하여 의사소통에서 청중(독자)의 이해도를 높인다.
5. Identify who you're communicating with and use language appropriate for them.
   의사소통의 대상을 파악하여 대상에 적절한 언어를 사용한다.
6. Find the information and evidence needed and use it appropriately in communication.
   필요한 정보와 근거를 찾아서 의사소통에 적절하게 활용한다.

필수 이해 내용: 단원 학습 후에 학생들이 알게 되거나 개발하게 될 핵심 내용 · 기능 · 개념을 제시한다.

학생들은 다음 내용을 알게 됩니다.

- Community
  공동체
- Volunteer work
  자원봉사
- Important figures in local history
  지역 역사에서 중요한 인물

- Hidden local attractions
  숨겨진 지역 명소
- Format of a blog post
  블로그 포스트 형식
- Interview structure, interview questionnaire design, interview script
  인터뷰의 구성, 인터뷰 질문지 작성, 인터뷰 대본
- Language usage that varies according to the audience
  의사소통의 대상에 따라 달라지는 언어 사용
- Time tenses: Past, Present and Present Perfect
  시제: 과거, 현재, 현재완료
- Relatives: Relative pronouns and Relative adverbs
  관계사: 관계대명사, 관계부사

학생들은 다음 기능을 개발하게 됩니다.

- Understand and communicate based on various materials.
  다양한 자료를 바탕으로 이해하고 의사소통한다.
- Research information needed and organize it for communication.
  필요한 정보를 조사하여 의사소통 맞게 구성한다.
- Use language appropriate for the audience you're communicating with.
  의사소통의 대상에 적절한 언어를 사용한다.
- Use the appropriate tense for situation and context.
  상황과 맥락에 적절한 시제를 사용한다.
- Use relative clauses to convey specific information and clarify meaning.
  관계사를 사용하여 구체적인 정보를 전달하고 의미를 명확하게 한다.
- Write a blog post according to the blog post format.
  블로그 포스트 형식에 맞춰서 블로그를 작성한다.
- Understand the structure of an interview and write an interview questionnaire and script.
  인터뷰의 구조를 이해하고 인터뷰 질문지와 대본을 작성한다.
- Conduct a smooth and natural interview.
  자연스럽고 원활한 인터뷰를 수행한다.
- Describe and interpret a scene in the visual stimulus.
  제시된 시각 자료의 한 장면을 묘사하고 해석한다.

학생들은 다음 개념을 이해하게 됩니다.

- Understand your community and local culture to respect cultural diversity and communicate effectively.
  지역사회와 지역 문화를 이해하여 문화적 다양성을 존중하고 효과적으로 의사소통한다.
- Adjusting language according to the audience ensures more effective communication.
  의사소통의 대상에 따라 언어를 조정하면 보다 효과적인 의사소통이 이루어진다.
- Utilizing information and evidence can help to communicate effectively.
  정보와 근거를 활용하면 효과적으로 자신의 의사를 전달할 수 있다.
- Relatives communicate clear and specific information about someone or something to improve audience(readers) understanding.
  관계사는 특정 대상에 대해 명확하고 구체적인 정보를 전달하여 청중(독자)의 이해도를 높인다.
- The past tense describes a specific past event, the present perfect tense connects it to the present, and the present tense shows general truths or repeated actions.
  과거 시제는 과거의 특정 사건을 묘사하고, 현재완료 시제는 과거 사건을 현재와 연결하며, 현재 시제는 일반적인 진실 또는 반복된 행동을 표현한다.

놓친 개념 · 오해: 내용 · 기능 · 개념과 관련하여 단원 학습에서 학생들이 가질 수 있는 오해를 제시한다.

내용기반:

- Misunderstand the meaning of community and think of it simply as a specific group or population.
  공동체의 개념을 제대로 이해하지 못하고 공동체를 특정 그룹이나 집단으로 단순히 생각한다.
- Underestimate the impact of volunteering as a simple activity.
  자원봉사를 단순한 활동으로 여겨서 그 영향력을 과소평가한다.
- Think that important figures in local history are just famous people.
  지역 역사에서 중요한 인물을 그저 유명하기만 한 인물이라고 생각한다.
- Think of local attractions as mere tourist destinations.
  지역 명소를 단순한 관광지로 생각한다.
- Fail to distinguish between personal and professional blog posts.
  개인적 블로그 포스트와 전문적 블로그 포스트를 구분하지 못한다.

- An interview is a simple question–and–answer activity.
  인터뷰는 단순한 묻고 답하기 활동이다.
- Can't tell the difference between the form and meaning of different tenses.
  다양한 시제의 형태와 의미 차이를 구분하지 못한다.
- Can't distinguish relative clauses from other similar grammatical structures.
  관계사를 형태가 유사한 다른 문법 구조와 구분하지 못한다.

기능기반:

- Neglect to evaluate the credibility and sources of materials.
  자료의 신뢰성과 출처에 대한 평가를 소홀히 한다.
- Language usage doesn't change when the audience changes.
  의사소통의 대상이 달라져도 언어 사용에 변화가 없다.
- Fail to use multiple tenses appropriately, causing confusion in conveying meaning.
  여러 시제를 적절하게 사용하지 못하여 의미 전달에 혼란을 야기한다.
- Overlook details in visuals and stick to expressive descriptions.
  시각 자료의 세부사항을 간과하고 표현적인 묘사에만 그친다.

개념기반:

- Have a superficial respect for cultural diversity without a deep understanding of it.
  문화적 다양성을 깊이 이해하지 않고 피상적으로 존중하는 태도를 갖는다.
- Fail to consider people from different cultural backgrounds in communication.
  의사소통에서 다양한 문화적 배경을 가진 상대를 고려하지 않는다.
- Effective communication utilizes a variety of tenses and relatives to convey specific information.
  다양한 시제와 관계사를 활용하여 구체적인 정보를 전달하는 것이 효과적인 의사소통이다.

탐구질문: 필수 이해 내용을 질문 형태로 제시하되 학생들의 탐구 과정을 촉진하는 질문을 제시한다. 필수 이해 내용과 직접적인 연관은 없지만 학생들이 단원을 깊이 있게 탐구하도록 추가 질문을 만들어도 좋다.

내용기반:

- What is community and why is it important?
  공동체란 무엇이며 왜 중요한가?
- What can we do to create sustainable communities?
  지속가능한 공동체를 만들기 위해 어떤 노력을 해야 할까?

- What volunteer activities have you participated in and how have they benefited your community?
  참여한 봉사활동은 무엇이며 지역사회에 어떤 도움이 되었는가?
- How does volunteer work help your personal growth and development?
  자원봉사가 개인의 성장과 발달에 어떻게 도움이 되는가?
- Who is an important person in the history of your community and how did he or she impact your community?
  지역사회의 역사에서 중요한 인물은 누구이며 지역사회에 어떤 영향을 미쳤는가?
- Why is it important to research an important person in the history of your community?
  지역사회의 역사에서 중요한 인물에 대해 연구하는 것이 왜 중요한가?
- What are some of the hidden local attractions and why are they important?
  지역의 숨겨진 명소에는 무엇이 있으며 왜 중요한가?
- Why should you publicize and preserve the hidden local attratctions?
  지역의 숨겨진 명소를 널리 알리고 보존해야 하는 이유는 무엇인가?
- What are the different types of blogs and what are their formats?
  블로그의 종류에는 무엇이 있으며 그 형식은 어떠한가?
- What are some strategies for writing an interesting and informative blog?
  흥미롭고 유익한 블로그 작성 전략에는 무엇이 있는가?
- How do you create a questionnaire for an effective interview?
  효과적인 인터뷰를 위해 어떤 질문지를 작성할 것인가?
- What are some effective interviewing strategies?
  효과적인 인터뷰 전략에는 무엇이 있을까?
- What are the different tenses and how do they differ in meaning?
  다양한 시제에는 무엇이 있으며 어떤 의미의 차이를 지니는가?
- In what situations do you use the past tense, present tense, and present perfect tense?
  어떤 상황에서 과거 시제, 현재 시제, 현재완료 시제를 사용하는가?
- What are the different types of relative clauses and how do they differ?
  관계사의 종류에는 무엇이 있으며 어떤 차이가 있는가?
- How are relative clauses used in sentences?
  관계사는 문장에서 어떻게 활용되는가?

기능기반:

- Can you understand and communicate based on various materials?
  다양한 자료를 바탕으로 이해하고 의사소통할 수 있는가?

- Can you research information needed and organize it for communication?
  필요한 정보를 조사하여 의사소통 맞게 구성할 수 있는가?
- Can you use language appropriate for the audience you're communicating with?
  의사소통의 대상에 적절한 언어를 사용할 수 있는가?
- Can you use the appropriate tense for situation and context?
  상황과 맥락에 적절한 시제를 사용할 수 있는가?
- Can you use relative clauses to convey specific information and clarify meaning?
  관계사를 사용하여 구체적인 정보를 전달하고 의미를 명확하게 할 수 있는가?
- Can you write a blog post according to the blog post format?
  블로그 포스트 형식에 맞춰서 블로그를 작성할 수 있는가?
- Can you understand the structure of an interview and write an interview questionnaire and script?
  인터뷰의 구조를 이해하고 인터뷰 질문지와 대본을 작성할 수 있는가?
- Can you conduct a smooth and natural interview?
  자연스럽고 원활한 인터뷰를 수행할 수 있는가?
- Can you describe and interpret a scene in the visual stimulus presented?
  제시된 시각 자료의 한 장면을 묘사하고 해석할 수 있는가?

개념기반:

- How does understanding your community and local culture impact your ability to understand and communicate across cultures?
  지역사회와 지역 문화를 이해하는 것이 다양한 문화를 이해하고 의사소통하는 데 어떤 영향을 주는가?
- Why should language use vary depending on who you're communicating with?
  왜 의사소통의 대상에 따라 언어 사용이 달라져야 하는가?
- How does information and evidence impact communication?
  정보와 근거가 의사소통에 미치는 영향은 무엇인가?
- How do relative clauses enhance audience(readers) understanding?
  관계사는 어떻게 청중(독자)의 이해도를 높이는가?
- How does the meaning change with different tenses?
  다양한 시제에 따라 의미가 어떻게 달라지는가?

3) 활동: 탐구를 통한 교수와 학습

필수 이해 목표: '탐구' 부분의 필수 이해 내용을 그대로 제시한다.	필수 이해 목표 평가: 필수 이해 내용을 확인하는 평가는 가급적 1:1로 실시하되, 형성평가(F) 또는 총괄평가(S)로 표시한다.
학생들은 다음 내용을 알게 됩니다. • Community 공동체 • Volunteer work 자원봉사 • Important figures in local history 지역 역사에서 중요한 인물 • Hidden local attractions 숨겨진 지역 명소	내용기반: • Discuss and present within and between groups about the meaning, types, and importance of communities: Group discussion and presentation(F) 공동체의 의미, 종류, 중요성에 관해 그룹 내, 그룹 간 토론 및 발표하기: 그룹 토의 및 발표(F) • Read texts related to the topic and comprehend the content: Individual and group activities(F) 관련 텍스트를 읽고 내용 파악하기: 개별 및 모둠 활동(F) • Listen to and comprehend content related to the topic: Individual and group activities(F) 관련 주제에 관해 듣고 내용 파악하기: 개별 및 모둠 활동(F)
• Format of a blog post 블로그 포스트 형식	• Discuss and present on the purpose and structure of a blog by reviewing blog examples: Group activity(F) 블로그 예시문을 보고 블로그의 목적과 구성에 대해서 토론 및 발표하기: 모둠 활동(F)
• Interview structure, interview questionnaire design, interview script 인터뷰의 구성, 인터뷰 질문지 작성, 인터뷰 대본	• Review an example interview script to examine its structure and the questions addressed, and identify the purpose and target audience of the interview through the questions and answers: Group activity(F)

	예시 인터뷰 스크립트를 보고 인터뷰가 어떻게 구성되어 있고, 어떤 질문을 다루었는지 살펴보고, 질문과 대답을 통해 인터뷰의 목적과 대상 파악하기: 모둠 활동(F)
• Language usage that varies according to the audience 의사소통의 대상에 따라 달라지는 언어 사용	• Read examples of blog posts and personal diaries, and discuss and present in groups the differences in language use, tone, and style between the two texts: Group activity(F) 블로그 예시문과 개인 일기의 예시문을 읽고 두 텍스트에 나타난 언어 사용, 어조와 스타일의 차이점에 대해 모둠별로 토론 및 발표하기: 모둠 활동(F) • Watch an interview video with a former president and another with a child band leader, and discuss and present in groups the differences in language use between the two interviews: Group activity(F) 전직 대통령을 대상으로 한 인터뷰 영상과 어린이 밴드 리더를 대상으로 한 인터뷰 영상을 보고 언어 사용의 차이점에 대해 모둠별로 토론 및 발표하기: 모둠 활동(F)
• Time tenses: Past, Present and Present Perfect 시제: 과거, 현재, 현재완료	• Identify various tense expressions in the text and discuss when each tense is used and how it differs from other tenses: Group activity(F) 텍스트에 나타난 여러 시제 표현을 찾아서 각 시제가 언제 사용되고 있는지, 다른 시제와 어떤 차이점이 있는지 토론하기: 모둠 활동(F)

- Relatives: Relative pronouns and Relative adverbs
  관계사: 관계대명사, 관계부사

- Identify various relative clause expressions in the text and discuss their types and roles: Group activity(F)
  텍스트에 나타난 여러 관계사 표현을 찾아서 관계사의 종류와 역할에 관해 토론하기: 모둠 활동(F)

학생들은 다음 기능을 개발하게 됩니다.

- Understand and communicate based on various materials.
  다양한 자료를 바탕으로 이해하고 의사소통한다.

기능기반:

- Solve problems after reading activities related to the topic: Individual and group activities(F)
  관련 주제에 관한 읽기 활동 후 문제 해결하기: 개별 및 모둠 활동(F)
- Solve problems after listening activities related to the topic: Individual and group activities(F)
  관련 주제에 관한 듣기 활동 후 문제 해결하기: 개별 및 모둠 활동(F)

- Research information needed and organize it for communication.
  필요한 정보를 조사하여 의사소통 맞게 구성한다.

- Collect information needed to write a blog about volunteer experiences and organize it according to the purpose of the writing: Individual and group activities(F)
  자원봉사 경험에 관한 블로그를 작성하는 데 필요한 정보를 수집하고 글의 목적에 맞게 구성하기: 개별 및 모둠 활동(F)
- Research the interviewee and create an interview questionnaire based on the findings: Individual and group activities(F)
  인터뷰 대상에 관해 조사하고 이를 바탕으로 인터뷰 질문지 작성하기: 개별 및 모둠 활동(F)

	• Research hidden local attractions and reorganize the information needed for writing a blog: Individual and group activities(F) 숨겨진 지역 명소에 관해 조사하고 블로그 작성에 필요한 정보 재구성하기: 개별 및 모둠 활동(F)
• Use language appropriate for the audience you're communicating with. 의사소통의 대상에 적절한 언어를 사용한다.	• Select the audience for the blog and use language appropriate for the audience: Individual activity(S) 블로그의 독자를 선정하고 독자에 적절한 언어 사용하기: 개별 활동(S) • Use language appropriate for the interviewee: Individual and group activities(F) 인터뷰 대상에 적절한 언어 사용하기: 개별 및 모둠 활동(F)
• Use the appropriate tense for situation and context. 상황과 맥락에 적절한 시제를 사용한다.	• Explain the significance of hidden local attractions today using various tenses in a blog writing activity: Individual activity(S) 블로그 쓰기 활동에서 다양한 시제를 활용하여 숨겨진 지역 명소가 오늘날 지니는 의미를 설명하기: 개별 활동(S) • Use appropriate tenses to ask and answer questions in a mock interview: Group activity(F) 모의 인터뷰에서 적절한 시제를 활용하여 질문하고 대답하기: 모둠 활동(F)
• Use relative clauses to convey specific information and clarify meaning. 관계사를 사용하여 구체적인 정보를 전달하고 의미를 명확하게 한다.	• Convey clear and specific information about hidden local attractions using relative clauses in a blog writing activity: Individual activity(S) 블로그 쓰기 활동에서 관계사를 활용하

여 숨겨진 지역 명소에 대해 명확하고 구체적인 정보 전달하기: 개별 활동(S)

• Write a blog post according to the blog post format. 블로그 포스트 형식에 맞춰서 블로그를 작성한다.	• Exchange ideas with group members about the type, purpose, and audience of the blog you will write. Then, write a blog focusing on the volunteer work you participated in and how you contributed to the community through these activities: Individual and group activities(F) 각자 작성할 블로그의 유형, 목적, 독자에 관한 아이디어를 모둠 구성원과 교환한 후 자신이 참여했던 지역사회 봉사활동과 봉사활동을 통해 지역사회에 기여한 점을 중심으로 블로그 작성하기: 개별 및 모둠 활동(F) • Decide on the type, purpose, and audience of the blog you will write, and create a blog introducing hidden local attractions based on your visit experiences: Individual activity(S) 작성할 블로그의 유형, 목적, 독자를 정하고 자신의 방문 경험을 바탕으로 지역의 숨겨진 명소를 소개하는 블로그 작성하기: 개별 활동(S)
• Understand the structure of an interview and write an interview questionnaire and script. 인터뷰의 구조를 이해하고 인터뷰 질문지와 대본을 작성한다.	• Select an important figure from local history and create an interview questionnaire and script: Group activity(F) 지역의 역사에서 중요한 인물을 선정하여 인터뷰 질문지와 대본 작성하기: 모둠 활동(F)
• Conduct a smooth and natural interview. 자연스럽고 원활한 인터뷰를 수행한다.	• Select an important figure from local history and conduct a mock interview: Group activity(F)

• Describe and interpret a scene in the visual stimulus.
제시된 시각 자료의 한 장면을 묘사하고 해석한다.

지역 역사에서 중요한 인물을 선정하여 모의 인터뷰 수행하기: 모둠 활동(F)
• Discuss the given photo and respond to questions: Individual and group activities(F)
주어진 사진에 관해 토론하고 질문에 응답하기: 개별 및 모둠 활동(F)
• Describe the photo and give a 4-minute presentation connecting it to the community and social organization: Individual activity(F)
사진을 묘사하고 지역사회, 사회구조와 연결하여 4분간 발표하기: 개별 활동(F)

학생들은 다음 개념을 이해하게 됩니다.
• Understand your community and local culture to respect cultural diversity and communicate effectively.
지역사회와 지역 문화를 이해하여 문화적 다양성을 존중하고 효과적으로 의사소통한다.
• Adjusting language according to the audience ensures more effective communication.
의사소통의 대상에 따라 언어를 조정하면 보다 효과적인 의사소통이 이루어진다.
• Utilizing information and evidence can help to communicate effectively.
정보와 근거를 활용하면 효과적으로 자신의 의사를 전달할 수 있다.
• Relatives communicate clear and specific information about someone or

개념기반:
• Write a blog introducing hidden local attractions: Individual activity(S)
숨겨진 지역 명소를 소개하는 블로그 글쓰기(S)
• Select an important figure from the local history and conduct a mock interview: Group activity(F)
지역 역사에서 중요한 인물을 선정하여 모의 인터뷰하기: 모둠 활동(F)

something to improve audience(readers) understanding.
관계사는 특정 대상에 대해 명확하고 구체적인 정보를 전달하여 청중(독자)의 이해도를 높인다.

- The past tense describes a specific past event, the present perfect tense connects it to the present, and the present tense shows general truths or repeated actions.
과거 시제는 과거의 특정 사건을 묘사하고, 현재 완료 시제는 과거 사건을 현재와 연결하며, 현재 시제는 일반적인 진실 또는 반복된 행동을 표현한다.

4) 수업 활용 자료

읽기 자료:

- 지역사회 개선 방법에 관한 신문 기사
- 다양한 지역사회 봉사활동에 관한 칼럼
- 블로그 예시문
- 개인 일기 예시문
- Diébédo Francis Kéré의 〈TED〉 강연 스크립트
- 'Kim Koo, who met Incheon' 영상 스크립트
- 인터뷰 질문지 예시문
- 문화 유산 보존에 관한 기사
- 지역 문화 유산을 소개하는 기사

듣기 자료:

- 공동체에 관한 대화문과 텍스트
- 봉사활동에 관한 대화문과 텍스트
- 공동체에 기여한 인물에 관한 대화문과 텍스트
- 지역 명소에 관한 대화문과 텍스트

사진 자료:
- 학생들이 참여한 지역사회 봉사활동 사진
- 여러 사람들이 진흙으로 건물을 짓고 있는 사진
- 문화 유적지를 방문한 사람들의 사진

영상 자료:
- 전직 대통령을 대상으로 한 인터뷰 영상
- 어린이 밴드 리더를 대상으로 한 인터뷰 영상

5) 학습 접근 방법

학습 접근 방법: 해당 단원에서 학생들이 사용하게 될 모든 명시적 학습 접근 방법을 표시한다.

☑ 사고 기능
☑ 대인관계 기능
☑ 의사소통 기능
☑ 자기 관리 기능
☑ 조사 기능

▶ 세부 사항:
- Students can identify information and evidence to use in communication by researching, comparing, and analyzing a variety of materials.
  학생들은 다양한 자료를 조사 · 비교 · 분석하여 의사소통에 활용할 정보와 증거를 식별할 수 있다.
- Students can organize the information they have gathered appropriately for the purpose and context of communication.
  학생들은 수집한 정보를 의사소통의 목적과 상황에 맞게 적절하게 구성할 수 있다.
- Students listen to diverse opinions and perspectives and reach consensus in teams.
  학생들은 다양한 의견과 관점을 경청하고 팀 내에서 합의를 도출할 수 있다.
- Students plan and progress independently through the different stages of learning and achieve their goals with meaningful feedback from teachers and peers.
  학생들은 학습의 여러 단계에서 스스로 계획을 세우고 진행하며 교사, 동료와의 유의미한 피드백을 통해 목표를 달성한다.

메타인지: 학생들이 단원의 내용, 자신의 기능, 단원 개념에 대해 성찰하는 메타인지 접근법을 제시한다.

▶ 세부 사항:

- Reflect after each class on whether students are improving their respect for cultural diversity and communication skills through listening, reading, speaking, and writing activities, as well as their understanding of the local culture and traditions targeted in this unit.
  듣기, 읽기, 말하기, 쓰기 활동뿐만 아니라 이 단원에서 목표로 하는 지역 문화와 전통에 대한 이해를 바탕으로 문화적 다양성을 존중하고 의사소통 능력을 향상시키고 있는지 매 수업 시간에 성찰한다.

개별화: 학생 개개인의 학습 정도 및 성향을 고려할 수 있는 접근법을 제시한다.

▶ 세부 사항:

- Based on their understanding and interest in their community, students respect various cultures and communities and expand their identity into the broader world.
  학생들은 지역사회에 대한 이해와 관심을 토대로 다양한 문화와 공동체를 존중하고 세계라는 더 넓은 공간으로 자신의 정체성을 확장해 나간다.
- Encourage students to select and explore topics independently in various language activities.
  다양한 언어 활동에서 학생 스스로 대상을 선정하고 탐구할 수 있도록 장려한다.
- For students who experience difficulties, provide an overview and guidance materials about the unit before it begins.
  학습에 어려움을 겪는 학생을 위해 단원 시작 전에 미리 단원에 대해 설명하고 안내 자료를 제공한다.
- Additionally, offer supplementary materials and clear examples of assignments to ensure they understand the tasks.
  또한 학습 과정에서 보충 자료를 제공하고 수행해야 할 과제를 명확하게 파악할 수 있도록 예시문 등을 제공한다.
- Encourage students to communicate flexibly with people from diverse cultural backgrounds, understand others' perspectives, and express their opinions appropriately.
  다양한 문화적 배경을 가진 사람들과 의사소통할 수 있도록 유연하게 타인의 입장을 이해하고 자신의 의견을 적절히 표현하도록 독려한다.

언어와 학습: 단원 중에 이루어진 명시적 언어 및 학습과의 연결성을 제시한다.

▶ 세부 사항:

- Use appropriate language according to the audience.
  의사소통의 대상에 따라 적절한 언어 구사
- Acquire skills to describe and interpret visual materials.
  시각 자료를 묘사하고 해석하는 기술 습득
- Understand writing formats and develop opinions accordingly.
  글쓰기 형식을 파악하고 이에 따라 자신의 의견 전개
- Find and present appropriate information and evidence to support one's opinions.
  자신의 의견을 뒷받침하기 위해 적절한 정보와 근거를 찾아서 제시
- Utilize various grammatical structures to express ideas clearly and specifically.
  다양한 문법 구조를 활용하여 명확하고 구체적인 의사 표현
- Use appropriate tenses to perform logical and consistent communication.
  적절한 시제를 구사하여 논리적이고 일관성 있는 의사소통 수행

TOK 연결: 해당 단원에서 사용된 모든 명시적 지식이론 내용을 제시한다.

▶ 세부 사항:

- How were the heritage and values of a community passed down through generations during times when no written records existed?
  기록이 존재하지 않았던 시기에 공동체의 유산과 가치는 어떻게 세대를 거쳐서 전달되었을까?
- Is it possible to universalize the values of a local area on a global scale?
  지역의 가치를 세계적으로 보편화하는 것이 가능할까?
- What does the phrase 'the most local is the most global' mean?
  '가장 지역적인 것이 가장 세계적인 것이다.'는 어떤 의미를 갖는가?

CAS 연결: CAS로 연결할 수 있는지 표시한다. 표시한 항목은 '세부 사항'에 학생들이 이 단원과 관련하여 CAS에 참여하는 방법을 설명한다.

☑ 창의
☐ 활동
☑ 봉사

▶ 세부 사항:

- Students can design and implement volunteer activities that contribute to the development of the local community.
  학생들은 지역사회 발전에 도움이 되는 봉사활동을 구상하여 이를 실천할 수 있다.
- Students can develop and implement plans to preserve and promote the local cultural heritage.
  학생들은 지역의 문화유산을 보존하고 홍보할 계획을 세우고 이를 실행할 수 있다.

6) 성찰: 탐구, 계획, 과정 및 영향 고려

잘된 것	• The students' creativity and fresh perspectives are evident in their selection of local attractions and historical figures. Through various people and places, they were able to explore and understand the community from different angles. 지역 명소와 지역 역사의 인물을 선정할 때 학생들의 창의력과 신선한 시각이 엿보였다. 다양한 인물과 장소를 통해 지역사회를 다양한 측면에서 살펴보고 이해할 수 있었다. • They realized that the present perfect tense is useful for expressing the connection between the past and the present, and used it to create various sentences. 현재완료 시제가 과거와 현재의 연결성을 표현하는 데 유용하다는 것을 깨닫고 이를 활용하여 다양한 문장을 표현했다. • They also used relative clauses effectively to provide specific details about particular subjects. 관계사를 적절히 활용하여 특정한 대상을 구체적으로 표현했다.

잘되지 않은 것	• Due to a lack of understanding of how language usage varies with different audiences, inappropriate expressions were found in actual communication, and feedback was provided. 청중에 따라 달라지는 언어 사용에 대한 이해가 부족하여 실제 의사소통에서 적절하지 않은 표현이 발견되어 피드백을 제공했다. • It was observed that there is a need to better extend activities from understanding the local community to a broader global context. 지역사회에 대한 이해를 바탕으로 더 큰 세계적 맥락으로 활동을 확장하는 과정이 부족하다고 여겨진다. • Students tend to accept information found through searches without question, so it is necessary to teach them skills to evaluate the sources and critically assess the information. 학생들은 검색을 통해 알게 된 정보를 무조건 수용하는 경향이 있으므로 정보의 출처를 파악하고 정보를 비판적으로 판단하는 데 필요한 기능을 가르쳐야 한다.
참고·수정·제안	• Making mistakes is a natural part of learning a foreign language. Therefore, it is important to create a classroom environment where students feel safe to make mistakes and learn from them. 외국어를 배우는 과정에서 시행착오는 자연스러운 것이다. 따라서 실수해도 안전하고 실수를 통해 배워 나가는 수업 분위기를 조성해야 한다. • Instead of assuming that students can already perform certain skills, it is necessary to verify their actual performance. 학생들이 특정 기능을 이미 수행할 수 있을 것이라고 간주하기 보다는 실제로 잘 수행하고 있는지 확인할 필요가 있다. • A balance between acquiring the knowledge and skills necessary for communication and understanding content is essential. 의사소통에 필요한 지식과 기능을 익히는 것과 내용을 파악하는 것 사이의 균형이 필요하다. • Since students are not yet familiar with writing in English, sufficient time and activities should be provided to ensure they understand the format and nature of the writing required in the summative assessment. 학생들이 영어 글쓰기에 익숙하지 않으므로 총괄평가에서 요구하는 글쓰기의 형식과 성격을 숙지할 수 있도록 충분한 시간과 활동이 제공되어야 한다.

3. 응용과 해석

1) 단원 소개

단원 (과정의 주제 및 부분)	탐구 영역 Topic 4[3]: 통계와 확률 주제: 삶은 사건의 연속이다.
단원 설명 및 텍스트 선정	무작위로 보이는 사건 및 정보에서 패턴을 발견하고, 확률을 계산하며 학생들은 예측할 수 있게 해 주는 표현을 비교한다. 그 정보에 입각하여 올바른 선택을 하고 위험을 평가하며 미래에 대해 예측한다. 이 단원에서는 수학적 확률과 통계적 확률에 대한 개념을 이해하고, 다양한 상황에 대해 예측할 수 있게 해 주는 확률 계산 방법 및 표현 방법을 학습하여 표본공간에 따라 공식을 사용하지 않고도 문제를 해결할 수 있게 하고자 한다. 또 세계적 상황을 고려한 특정한 사건에 대해 조사해 보고 사건에 대한 조건을 추가하여 문제를 만들어 보며 이러한 상황에서 주는 확률의 착각에 대해 깨닫게 하고자 한다. ▶ 개념어 • 패턴(수학적 체계 구성 요소의 기본적 순서, 규칙성 또는 예측 가능성) • 시스템(서로 관련된 요소들의 그룹)
단원 평가	– 서답형 및 확장형 평가 – 확장된 문제 해결형 서술형 문항

3) 수학은 '분석과 접근' '응용과 해석' 두 개의 교과로 나뉘며, 각각 표준수준과 상위수준으로 구분되어 총 네 개의 과목이 제시된다. 네 개의 과목 모두 '수와 대수' '함수' '기하와 삼각법' '통계와 확률' '미적분'의 총 다섯 개 Topic으로 나뉜다.

2) 탐구: 단원의 목적 설정

전이목표: 이 단원의 학습을 통해 학생들이 단원 마지막에 스스로 지식, 기능, 개념을 새로운 환경에 전이하거나 적용하는 포괄적이고, 중요하며, 장기적인 목표를 제시한다.

1. 확률은 정확한 진술, 논리적 추론을 통해 수학적 계산을 조작하고 **시스템**을 이해하며 다양한 상황에 대해 수학적으로 주장하게 한다.
2. 다양한 맥락에서 수학적 사실, 개념 및 기술에 대한 지식에서 패턴을 발견하고 확률을 계산하며 정리 · 분석 · 추측하여 올바른 결론을 도출하게 한다.

필수 이해 내용: 단원 학습 후에 학생들이 알게 되거나 개발하게 될 핵심 내용 · 기능 · 개념을 제시한다.

학생들은 다음 내용을 알게 됩니다.

- 모집단과 표본공간의 사건에 대한 가능성
- 벤다이어그램, 수형도, 표본공간 다이어그램 또는 결과표를 사용한 확률 계산
- 조건부 확률과 베이즈 정리
- 이항분포, 정규분포 및 정규분포곡선의 이해
- 이산확률변수의 개념 및 그 확률분포를 이해

학생들은 다음 기능을 개발하게 됩니다.

- 벤다이어그램, 수형도, 표본공간 다이어그램 및 결과표를 사용하여 확률을 계산한다. (수학적 탐구)
- 몬티 홀 문제를 통해 조건부 확률과 베이즈 정리에 관해 탐구한다. (수학적 탐구)
- 정규 확률변수의 확률값과 확률 변수의 값은 테크놀로지를 사용해서 구한다. (수학적 탐구)
- 다양한 전염병 확산 예측 모델들을 탐구해 보며 앞으로 대처해야 할 상황에 대해 예측한다. (수학적 모델링)
- 다양한 실생활 속 연속확률변수에 대한 확률 밀도 함수에 대해 이해한다. (수학적 모델링)

학생들은 다음 개념을 이해하게 됩니다.

- 다양한 실생활 속 **사건들의 관계**를 활용하여 올바른 선택을 할 수 있는 근거를 찾는다.
- 무작위로 보이는 사건 및 정보에서 **패턴**을 발견하고, 확률을 계산하며 미래에 대해 예측한다.

놓친 개념 · 오해: 내용 · 기능 · 개념과 관련하여 단원 학습에서 학생들이 가질 수 있는 오해를 제시한다.

내용기반:

- 표본공간은 여러 가지 방법으로 나타낸다.
- 문제에 주어진 내용을 적절한 방정식이나 확률 분포로 변환하는 데 오류가 있을 수 있다는 점을 인지한다.
- 조건부 확률과 이산형 데이터에 대한 기댓값을 계산하는 문제를 풀 때 계산 실수 및 공식을 이해하는 데 오류가 있을 수 있다는 점을 인지한다.
- 데이터에 대해 확률 계산을 하는 과정에서 최종 답에만 반올림되어야 한다. 최종 확률값에 도달하기 전에 반올림되어 계산 결괏값이 다르지 않게 한다.
- 사건 t가 종속인지, 독립인지 식별하는 데 인지적 어려움을 겪을 수 있지 않게 벤다이어그램, 수형도, 표본공간 다이어그램 및 결과표를 활용하여 계산하게 한다.
- 적분의 개념을 이해하지 못해 확률밀도함수와 관련된 문제를 해결하는 데 필요한 다른 단원의 개념이 미숙하여 어려움을 겪을 수 있음을 인지한다.

기능기반:

- 벤다이어그램, 수형도, 표본공간 다이어그램 또는 결과표를 사용하면 때로는 공식을 사용하지 않고도 문제를 해결한다. (수학적 탐구)
- 시험에서는 허용된 기술(계산기)을 사용하여 이항분포의 확률을 구한다. (수학적 탐구)
- 이유를 이해하지 못한 채 주어진 방정식이나 공식을 무작위로 사용하지 않게 한다. (수학적 탐구)
- 변수를 정의하고 올바른 수학 표기법을 사용하는데 미숙함을 보인다. (수학적 탐구)
- 실제적 문제를 수학적으로 표현하는 것에 어려움을 느낀다. (수학적 모델링)
- 실제적 데이터를 기반하여 탐구한 사건의 결과에 대한 신뢰도를 반드시 확인한다. (수학적 모델링)

개념기반:

- 사용하는 매개변수를 정의할 때는 하나의 매개 변수가 변경되는지 파악하여 하나의 변수가 변경되면 다른 변수도 변경된다는 점을 인지하고 있어야 한다.
- 정규 분포는 자연 발생적 측면에서 있음을 인식하게 한다.
- 정규 분포를 잘못 사용하면 잘못된 추론 및 결론이 나오는 이유에 대해 인식하게 한다.
- 정규 역누적 분포 함수를 다룰 때는 평균과 표준편차를 주고, 표준화된 정규 변수 Z에 대한 변환을 포함하지 않는다는 것을 인지하게 한다.

탐구 질문: 필수 이해 내용을 질문 형태로 제시하되 학생들의 탐구 과정을 촉진하는 질문을 제시한다. 필수 이해 내용과 직접적인 연관은 없지만 학생들이 단원을 깊이 있게 탐구하도록 추가 질문을 만들어도 좋다.

내용기반:

• 모집단과 표본공간의 사건에 대한 가능성
  –사건에 대한 확률을 어떻게 나타내나요?
  –표본공간이란 무엇인가요?
  –실험을 통한 결과인 실험적 확률이 정확한지 어떻게 확인할 수 있나요?
  –수학적 확률과 통계적 확률의 차이는 무엇인가요?
• 벤다이어그램, 수형도, 표본공간 다이어그램 또는 결과표를 사용하여 확률을 계산
  –벤다이어그램, 수형도, 표본공간 다이어그램은 확률을 시각화하는 데 어떤 도움이 되나요?
  –확률을 계산하는 결과는 무엇을 의미하나요?
• 조건부 확률과 베이즈 정리
  –주어진 문제가 조건부 확률인지 어떻게 구분할 수 있나요?
  –베이지 정리란 무엇인가요?
  –조건부 확률과 베이지 정리에 대한 문제를 어떻게 해결해야 하나요?
  –베이즈 정리와 조건부 확률 사이에는 어떤 관계가 있나요?
• 이항분포, 정규분포 및 정규분포 곡선의 이해
  –이항분포와 정규분포는 왜 구해야 하나요?
  –이항분포와 정규분포의 특징은 무엇이 있나요?
  –연속 확률 분포의 예는 무엇이 있나요?
  –미적분학과 관련된 확률밀도함수는 어떤 관계가 있나요?
• 이산확률변수의 개념 및 그 확률분포를 이해
  –이산형 데이터 문제의 조건을 만족하는 기댓값은 무엇인가요?
  –주어진 데이터를 분류하고, 조사에 사용된 샘플링 기법은 무엇인가요?

기능기반:

• 벤다이어그램, 수형도, 표본공간 다이어그램 및 결과표로 시각화하는 것은 확률의 계산에 어떻게 도움이 되었나요? (수학적 탐구)
• 이산적 확률로 간주하는 그래프는 무엇인가요? (수학적 탐구)
• 연속 확률 분포로 간주하는 그래프는 무엇인가요? (수학적 탐구)
• 미적분학과 관련된 확률 밀도함수는 무엇이 있나요? (수학적 탐구)
• 이항분포와 정규분포의 실제적 사례에는 무엇이 있나요? (수학적 모델링)
• 연속 확률 분포의 실제적 사례는 무엇이 있나요? (수학적 모델링)

개념기반:

- 매일 선택하며 살아가는 과정에서 우연히 하는 것이 아닌 여러 가능성을 염두에 두고 확률을 활용하여 선택하는 것이 미래의 삶에 어떤 영향을 줄 수 있나요? (패턴)
- 조건부 확률과 같은 확률을 구하는 방법은 의학 연구 등과 같은 실제 시스템에 어떻게 적용될 수 있나요? (시스템)

3) 활동: 탐구를 통한 교수와 학습

필수 이해 목표: '탐구' 부분의 필수 이해 내용을 그대로 제시한다.	필수 이해 목표 평가: 필수 이해 내용을 확인하는 평가는 가급적 1:1로 실시하되, 형성평가(F) 또는 총괄평가(S)로 표시한다.
학생들은 다음 내용을 알게 됩니다. • 모집단과 표본공간의 사건에 대한 가능성 • 벤다이어그램, 수형도, 표본공간 다이어그램 또는 결과표를 사용한 확률을 계산 • 조건부 확률과 베이즈 정리 • 이항분포, 정규분포 및 정규분포곡선의 이해 • 이산확률변수의 개념 및 그 확률분포 이해	내용기반: • 교실에서 퀴즈형 질의응답(F) • 단답형 문제 해결(F) • 확장형 실생활 활용 문제 해결(F) • 서답형 및 확장 평가 및 확정된 문제 해결형 서술형 문항
학생들은 다음 기능을 개발하게 됩니다. • 벤다이어그램, 수형도, 표본공간 다이어그램 및 결과표를 사용하여 확률을 계산한다. (수학적 탐구) • 몬티 홀 문제를 통해 조건부 확률과 베이즈 정리에 관해 탐구한다. (수학적 탐구) • 정규 확률변수의 확률값과 확률 변수의 값은 테크놀로지를 사용해서 구한다. (수학적 탐구) • 다양한 전염병 확산 예측 모델을 탐구해 보며 앞으로 대처해야 할 상황에 대해 예측한다. (수학적 모델링)	기능기반: • 다양한 실제 데이터가 제공되고 데이터를 처리(F) • 다양한 수학적 모델을 생성하기 위해 수학적 조사 활동(F) • 조사 활동을 통해 패턴을 관찰(F) • 형태 추측과 일반화에 기초한 패턴을 관찰(F)

• 다양한 실생활 속 연속확률변수에 대한 확률 밀도 함수에 대해 이해한다. (수학적 모델링)	
학생들은 다음 개념을 이해하게 됩니다. • 다양한 실생활 속 사건들의 관계를 활용하여 올바른 선택을 할 수 있는 근거를 제시할 수 있다. • 무작위로 보이는 사건 및 정보에서 패턴을 발견하고, 확률을 계산하며 미래에 대해 예측할 수 있다.	개념기반: • 확률이 필요한 이유에 대한 탐구 질문 제시(F) • 확률 문제 해결 포트폴리오 평가(S) • 조건부확률 문제 만들기(S)

4) 수업 활용 자료

–이준열(2015). 확률과 통계. 천재교육
–황선욱(2015). 확률과 통계. 미래엔
–EBSmath 영상 '독감으로 판정받은 사람은 모두 독감에 걸렸을까?'
–넷플릭스 드라마 〈D.★P.〉시즌1 에피소드 4편
–가필드(Garfield, J. A., 1831~1881)의 1867년의 미국 하원 연설
–컴퓨터 프로그램 스프레드시트 및 공학계산기 활용

5) 학습 접근 방법

학습 접근 방식: 해당 단원에서 학생들이 사용하게 될 모든 명시적 학습 접근 방법을 표시한다.

☑ 사고 기능
☐ 대인관계 기능
☐ 의사소통 기능
☐ 자기 관리 기능
☑ 조사 기능

▶ 세부 사항:

- 학생들은 다양한 형태로 해석할 수 있도록 각 개념에 맞게 탐구할 수 있는 다양한 데이터를 제시해야 한다.
- 데이터 자료와 공학적 도구를 활용하여 학생들이 자료를 찾거나 해석하여 서로 원활한 의사소통을 위해 수학적 추론을 이끌고 학생들이 반드시 합리적인 결론과 일반화를 끌어낸다.
- 학생들이 정보를 정리할 수 있도록 논리적 구조를 사용하여 스스로 논리적으로 수학화한다.

메타인지: 학생들이 단원의 내용, 자신의 기능, 단원 개념에 대해 성찰하는 메타인지 접근법을 제시한다.

▶ 세부 사항:

- 학생들이 학습한 내용이 공식화되지 않고, 공식이 나오는 과정을 이해할 수 있는 탐구 질문을 지속적으로 한다.
- 문제 만들기 활동을 통해 학습이 이루어질 수 있도록 학생들이 서로 도와가며 문제해결 능력을 기른다.
- 학생들이 단원에서 배우고 숙달된 내용이 실생활에서 사용할 수 있도록 한다.

개별화: 학생 개개인의 학습 정도 및 성향을 고려할 수 있는 접근법을 제시한다.

▶ 세부 사항:

- 새로운 지식을 구축할 수 있는 바탕으로 새로운 정보의 의미를 파악할 수 있게 교수자는 모든 학생이 수업에서 소외되는 일이 없게 학습에 필요한 적분에 대한 복습을 함께 학습시킨다.
- 학생들이 새로운 지식을 다양한 활동을 통해 이해하는 과정에서, 학생들이 막힐 때마다 교수자와 학생들은 도움이 될 만한 힌트와 기타 발판을 제공한다.

언어와 학습: 단원 중에 이루어진 명시적 언어 및 학습과의 연결성을 제시한다.

▶ 세부 사항:

- 수업 시간에 연습 및 기타 문제 해결을 위한 활동이 충분히 제공되어야 한다.
- 수학 언어 능력뿐만 아니라 비판적 사고와 문제를 해결할 수 있게 토론하며 적합한 어휘를 사용한다.

TOK 연결: 해당 단원에서 사용된 모든 명시적 지식이론 내용을 제지한다.

▶ 세부 사항: '다른 지식 분야(사업, 의학 등)에서 위험 인식에서 감정의 역할은 무엇인가?' '도박에 관해서 확률을 계산하는 것을 윤리적인 수학 응용 방법으로 간주할 수 있는가?' '다양한 상황에서 선택해야 할 때 나의 미래를 예측해서 선택하는 삶은 행복한가?' 등에 관해 학생들은 그룹으로 나뉘어 찬성하는 이유와 반대하는 이유, 학제 간 융합을 옹호하는 등에 대해 토론한다.

CAS 연결: CAS로 연결할 수 있는지 표시한다. 표시한 항목은 '세부 사항'에 학생들이 이 단원과 관련하여 CAS에 참여하는 방법을 설명한다.

☐ 창의
☑ 활동
☐ 봉사

▶ 세부 사항:
- 스포츠 활동을 통해 학급에서 학생들의 성과를 분석한다.
- 학습들의 기술을 향상하기 위해 통계를 바탕으로 전략을 짜고 어떤 기술을 사용할지 결정하는 데 사용될 수 있다.
- 특정 스포츠 분야의 성적 결과에 따라 훈련한다.

6) 성찰: 탐구, 계획, 과정 및 영향 고려

잘된 것	학생들이 문제 만들기 활동을 통해 스스로 수학적 과정을 찾고 결과를 동료들과 함께 즐겁게 토론하며 학습했다. 학습 속도가 빠른 학생들을 가르치는 데 동기 부여가 되었고, 수학에 대한 흥미가 없는 학습자들에게는 실생활 문제를 해결하는 과정에서 수학적 호기심을 자극했다.
잘되지 않은 것	학생 개인의 필요, 수학 학습 속도, 학습 능력 등을 고려하여 학생 맞춤형 수업을 실시하고 보충 학습과 심화 학습의 기회를 제공하는 것에 어려움이 있었다.
참고 · 수정 · 제안	정규분포 그래프를 학습 전 필요한 확률밀도함수는 미적분학의 이해를 기반으로 해야 하는데 학습이 부족한 학생들에게는 더 많은 시간이 필요했다.

4. 식품과학 및 기술

1) 단원 소개

단원 (과정의 주제 및 부분)	식품의 일반성분
단원 설명 및 텍스트 선정	식품을 구성하는 화학물(탄수화물, 단백질, 지질)의 물리적 · 화학적 특성을 학습하고 나아가 식품을 조리하거나 가공하는 전 과정(시스템)에서 일어나는 변화를 식품 구성 성분을 중심으로 해석하는 지식 및 기능을 습득하도록 한다.
단원 평가	시험지 1: 선다형 평가 시험지 2: 상세 응답형 질문(서술형)

2) 탐구: 단원의 목적 설정

전이목표: 이 단원의 학습을 통해 학생들이 단원 마지막에 스스로 지식, 기능, 개념을 새로운 환경에 전이하거나 적용하는 목표를 제시한다.
1. 조리 및 가공 과정의 시스템 속에서 발생하는 식품 구성 성분의 물리적 · 화학적 변화는 긍정적 · 부정적 영향을 초래한다는 것을 이해한다. 2. 식품에 첨가하는 성분과 감각적 및 영양적 변화의 관계를 이해하고 건강한 삶을 유지하기 위해 올바른 식품을 식별하고 선택한다.

필수 이해 내용: 단원 학습 후에 학생들이 알게 되거나 개발하게 될 핵심 내용 · 기능 · 개념을 제시한다.

A. 식품 내 단백질의 기능적 특성

학생들은 다음 내용을 알게 됩니다.

1. 단백질의 구조적 특성 및 종류
2. 단백질의 변화 원인 및 과정

학생들은 다음 기능을 개발하게 됩니다.

1. 밀가루(강력분, 중력분, 박력분)를 이용한 반죽에서 글루텐 조직 분리하기
2. 건부율 및 습부율 계산, 자유수 함량 추론하기
3. 지시약 뷰렛 용액을 이용한 단백질 검출하기

학생들은 다음 개념을 이해하게 됩니다.

1. 물리적 및 화학적 요인에 의하여 단백질의 구조가 변화되고, 식품가공품의 감각적 품질에 긍정적 · 부정적 영향을 미친다.

B. 식품 내 탄수화물의 기능적 특성

학생들은 다음 내용을 알게 됩니다.

1. 탄수화물의 구조적 특성 및 종류
2. 탄수화물의 성분 변화 (호화, 노화, 덱스트린화, 캐러멜화, 젤라틴화) 원인 및 과정

학생들은 다음 기능을 개발하게 됩니다.

1. 전분 가루와 요오드 반응의 색 변화 관찰을 통한 성분 차이 도출하기
2. 아밀레이스 효소를 이용하여 식혜 제조하기
3. 펠링 용액을 이용한 환원당 검출 및 화학반응식 표현하기

학생들은 다음 개념을 이해하게 됩니다.

1. 탄수화물의 조리 및 가공 과정의 시스템은 색과 냄새의 변화에 관여한다.

C. 식품 내 지질의 기능적 특성

학생들은 다음 내용을 알게 됩니다.

1. 지질의 분류와 구조 및 특성
2. 지방산의 종류와 구조 및 특성
3. 지질의 산패와 항산화제
4. 유지의 가공 단계

학생들은 다음 기능을 개발하게 됩니다.

1. 안정한 수중유적형의 마요네즈 제조하기
2. 수단 Ⅲ 용액을 이용한 지질 성분 검출하기

학생들은 다음 개념을 이해하게 됩니다.

1. 물성이 다른 지질의 선택은 조리 및 가공 과정에서 물리적 · 화학적 변화를 가져온다.

놓친 개념 · 오해: 내용 · 기능 · 개념과 관련하여 단원 학습에서 학생들이 가질 수 있는 오해를 제시한다.

A. 식품 내 단백질의 기능적 특성

내용기반:

1. 전기적으로 중성이되는 pH값을 등전점이라고 하며 등전점에서는 아미노산의 양전하와 음전하의 크기가 같아 불안정하여 침전되기 쉬우며 따라서 용해도, 점도 및 삼투압은 최소가 되고 흡착성과 기포성은 최대가 된다.
2. 단백질의 1차 구조를 유지하는 현상은 변성이고, 1차 구조가 깨지는 현상을 분해라고 한다.
3. 밀에 있는 글리아딘, 글루테닌은 불용성 단백질로 물을 만났을 때 결합하여 글루텐을 형성하고, 글루텐의 양과 성질에 따라 강력분, 중력분, 박력분으로 구분된다.
4. 대부분의 식품은 환원당 또는 카보닐 화합물과 아미노기를 가진 질소화합물을 함유하고 있으므로 마이야르 반응은 식품에서 흔히볼 수 있는 갈변 반응이나 기타 비효소적 갈변 반응 중 단독으로 일어나기 보다는 함께 일어나는 경우가 대부분이다.

기능기반:

1. 밀가루 반죽을 만들 때 반죽이 흐트러지지 않게 주의하며 글루텐을 분리해 손실을 줄여야 한다.
2. 일반적으로 건성글루텐의 무게는 습성글루텐 무게의 1/3 정도로, 건조시키는 시간을 절약하기 위해 습성글루텐 무게에 1/3을 곱하여 건성글루텐 무게로 할 수 있다.

개념기반:

1. 영양소가 나타내는 특성은 보편적인 것이지 예외가 있다.
2. 성분 변화가 일어날 수 있는 물리적 · 화학적 요인은 복합적으로 작용할 수 있다.

B. 식품 내 탄수화물의 기능적 특성

내용기반:

1. 모든 당이 환원성을 갖는 것은 아니며, 설탕과 트레할로스는 비환원당이다.

2. 전분은 단맛을 내지 못하지만 효소의 작용으로 덱스트린, 올리고당, 맥아당, 포도당으로 분해되면서 단맛을 내게 된다.
3. 호정화에서는 물리적 상태의 변화만이 일어난 호화와는 달리 화학적 변화도 일어난다.
4. 대부분의 전분에는 20% 정도의 아밀로스, 80% 정도의 아밀로펙틴이 함유되어 있으나 찹쌀, 찰옥수수 등의 전분은 거의 100% 아밀로펙틴만으로 구성되어 있다.

기능기반:

1. 찹쌀과 멥쌀의 요오드 반응 색 차이는 전분 구성 성분의 차이로부터 나타난다는 점을 인지해야 한다.
2. 엿기름에서 효소를 추출하는 온도와 당화 온도를 조절하여야 한다.

개념기반:

1. 영양소가 나타내는 특성은 보편적인 것이지 예외가 있다.
2. 영양 성분의 변화가 일어날 수 있는 물리적 · 화학적 요인은 복합적으로 작용할 수 있다.

C. 식품 내 지질의 기능적 특성

내용기반:

1. 지방산은 분자 내 이중결합의 유무에 따라 포화지방산, 불포화지방산으로 분류된다. 영양학적으로는 식품을 통해 섭취해야 하는 필수지방산(리놀레산, 리놀렌산, 아카리돈산)은 불포화지방산에 포함된다.
2. 일반적으로 포화지방산을 많이 함유하고 있는 것은 상온에서 고체 상태이고, 불포화지방산을 많이 함유하고 있는 것은 액체 상태이다.
3. 유지의 발연점은 오랜 시간 가열할수록, 유리지방산의 함량이 많을수록, 표면적이 클수록, 불순물이 많을수록 낮아진다.
4. 산패된 지방은 맛, 색, 냄새가 변화되고 점도가 증가하기도 하며 독성 물질이 생성된다.
5. 항산화제는 유지의 산화 속도를 늦춰 주는 물질이지 완전한 산화억제는 불가능하다.
6. 경화유(수소화)를 만드는 과정에 모든 불포화지방산이 포화지방산으로 전환되지 않는다.

기능기반:

1. 마요네즈에서 식용유를 한꺼번에 많이 넣으면 교반을 해도 유화가 불충분하여 실패하게 된다.
2. 유화된 마요네즈의 보관 온도가 높을 경우 분리가 일어날 수 있다.

개념기반:

1. 영양소가 나타내는 특성은 보편적인 것이지 예외가 있다.
2. 영양 성분의 변화가 일어날 수 있는 물리적 · 화학적 요인은 복합적으로 작용할 수 있다.

탐구 질문: 필수 이해 내용을 질문 형태로 제시하되 학생들의 탐구 과정을 촉진하는 질문을 제시한다. 필수 이해 내용과 직접적인 연관은 없지만 학생들이 단원을 깊이 있게 탐구하도록 추가 질문을 만들어도 좋다.

A. 식품 내 단백질의 기능적 특성

내용기반:

1. 아미노산 구조 중 등전점과 관련있는 작용기는 무엇인가?
2. 단백질 변성을 일으키는 요인에는 무엇이 있는가?
3. 단백질의 양성과 음성이 같아지는 pH에서 나타나는 특징은 무엇인가?

기능기반:

1. 밀가루 반죽에서 글루텐을 어떻게 분리하고, 측정하는가?
2. 젖은 글루텐 무게를 알 때 건부율을 어떻게 구하는가?
3. 단백질을 어떻게 검출하는가?

개념기반:

1. 단백질 구조의 변화는 식품가공품의 감각적 품질에 어떻게 영향을 끼치는가?

B. 식품 내 탄수화물의 기능적 특성

내용기반:

1. 단당류, 이당류, 올리고당류, 다당류의 구조와 차이는 무엇인가?
2. 찹쌀, 멥쌀, 옥수수 등 전분의 아밀로스, 아밀로펙틴의 함량은 관능적 특성과 어떠한 관계가 있는가?
3. 전분의 변화(호화, 노화, 덱스트린화, 캐러멜화, 젤라틴화)에 영향을 미치는 요인은 무엇인가?

기능기반:

1. 찹쌀과 멥쌀을 어떻게 구분하는가?
2. 아밀레이스 효소작용에 의한 탄수화물 성분 변화를 어떻게 확인할 수 있는가?
3. 환원당을 어떻게 검출하는가?

개념기반:

1. 탄수화물의 조리 및 과정의 시스템은 색과 냄새에 어떻게 영향을 끼치는가?

C. 식품 내 지질의 기능적 특성

내용기반:
1. 포화지방산과 불포화지방산의 구조 차이는 무엇인가?
2. 유화액(시스템) 속에서 유화제의 역할은 무엇이고, 형태는 어떻게 구분되는가?
3. 경화유(수소화)를 제조에서 지방산의 구조는 어떻게 변화되는가?
4. 지질의 산화 시 나타나는 변화는 무엇이고, 이를 방지하기 위한 산화방지제의 작용 원리는 무엇인가?

기능기반:
1. 유화제를 활용하여 마요네즈를 어떻게 제조하는가?
2. 마요네즈 제조 과정에서 분리가 일어났다면 영향을 미치는(변화와 관계되는) 원인을 알고 해결할 수 있는가?
3. 지질을 어떻게 검출하는가?

개념기반:
1. 물성이 다른 지질의 선택은 조리 및 가공 과정에 어떻게 영향을 끼치는가?

3) 활동: 탐구를 통한 교수와 학습

필수 이해 목표: '탐구' 부분의 필수 이해 내용을 그대로 제시한다.	필수 이해 목표 평가: 필수 이해 내용을 확인하는 평가는 가급적 1:1로 실시하되, 형성평가(F) 또는 총괄평가(S)로 표시한다.
A. 식품 내 단백질의 기능적 특성	**A. 식품 내 단백질의 기능적 특성**
학생들은 다음 내용을 알게 됩니다. 1 .단백질의 구조적 특성 및 종류 2. 단백질의 변화 원인 및 과정	내용기반: 1. 단백질의 펩타이드 결합과 구조 그리기(F) 2. 일상생활에서 볼 수 있는 '단백질 변성 사례 '온라인 조사 및 발표: 모둠 활동(F), 퀴즈와 시험(F)
학생들은 다음 기능을 개발하게 됩니다. 1. 밀가루(강력분, 중력분, 박력분)를 이용한 반죽에서 글루텐 조직 분리하기	기능기반: 1. 글루텐 추출에 대한 실험 및 개인 보고서 작성(F)

2. 건부율 및 습부율 계산, 자유수 함량 추론하기 3. 지시약 뷰렛 용액을 이용한 단백질 검출하기	2. 습부중량에 기반한 습부율, 건부율, 자유수 함량 계산 및 교사 피드백(F) 3. 단백질 검출 실험 및 개인 보고서 작성(F)
학생들은 다음 개념을 이해하게 됩니다. 1. 물리적 및 화학적 요인에 의하여 단백질의 구조가 변화되고, 식품가공품의 감각적 품질에 긍정적 · 부정적 영향을 미친다.	개념기반: 1. 서술형 평가(S)
B. 식품 내 탄수화물의 기능적 특성	**B. 식품 내 탄수화물의 기능적 특성**
학생들은 다음 내용을 알게 됩니다. 1. 탄수화물의 구조적 특성 및 종류 2. 탄수화물의 성분 변화(호화, 노화, 덱스트린화, 캐러멜화, 젤라틴화) 원인 및 과정	내용기반: 1. 탄수화물의 헤미아세탈 결합과 구조 그리기 및 퀴즈(F) 2. 일상생활에서 볼 수 있는 '탄수화물 성분 변화 사례' 온라인 조사 및 발표: 모둠 활동(F)
학생들은 다음 기능을 개발하게 됩니다. 1. 전분 가루와 요오드 반응의 색 변화 관찰을 통한 성분 차이 도출하기 2. 아밀레이스 효소를 이용하여 식혜 제조하기 3. 펠링 용액을 이용한 환원당 검출 및 화학반응식 표현하기	기능기반: 1. 전분 가루 실험 및 개인 보고서 작성(F) 2. 식혜 실험 및 개인 보고서 작성(F) 3. 펠링 실험 및 개인 보고서(F)
학생들은 다음 개념을 이해하게 됩니다. 1. 탄수화물의 조리 및 가공 과정의 시스템은 색과 냄새의 변화에 관여한다.	개념기반: 1. 서술형 평가(S)
C. 식품 내 지질의 기능적 특성	**C. 식품 내 지질의 기능적 특성**
학생들은 다음 내용을 알게 됩니다. 1. 지질의 분류와 구조 및 특성 2. 지방산의 종류와 구조 및 특성 3. 지질의 산패와 항산화제	내용기반: 1. 에스테르 결합과 구조 그리기(F), 7일간 섭취 식품의 지질 추적 일지 작성 및 공유(F)

4. 유지의 가공 단계	2. 포화지방산과 불포화지방산의 구조 그리기 및 종류 분류(F), 트랜스(trans)형 불포화지방산의 생성 원인과 안정성 관련 짧은 에세이(F) 3. 산패 그래프 그리기 및 항산화제 메커니즘 표현하기(F) 4. 퀴즈(F)
학생들은 다음 기능을 개발하게 됩니다. 1. 안정한 수중유적형의 마요네즈 제조하기 2. 수단 Ⅲ 용액을 이용한 지질 성분 검출하기	기능기반: 1. 마요네즈 실험 및 개인 보고서(F) 2. 지질 검출 실험 및 개인 보고서(F)
학생들은 다음 개념을 이해하게 됩니다. 1. 물성이 다른 지질의 선택은 조리 및 가공 과정에서 물리적 · 화학적 변화를 가져온다.	개념기반: 1. 서술형 평가(S)

4) 수업 활용 자료

1. 중등교육 프로그램 과학 가이드, IB, 2014년 5월 발행된 『Sciences guide』의 한국어 번역본
2. 교육부 고시, 제2022-33호 [별책28] 식품 · 조리 전문 교과 교육과정
3. 윤상만(2015), 식품과학, 세종출판사
4. 강명화(2016), 식품과학, 충청남도교육청
5. 정신교(2018), 식품과학, 대구광역시교육청
6. 단백질 관련 건강 이슈 영상: What's the Big Deal with Gluten?
7. YTN 마이야르 반응: https://youtu.be/Sxd4xqgqS48?si=k0QH4_U2dk7nh1
8. YTN 마이야르 반응 시험: https://youtu.be/TVVl7Debaac?si=k0k4iypqQx16uY6t
9. 당분이 뇌에 미치는 영향 관련 영상: How Sugar Affects the Brain
10. 지질 관련 영상: https://youtu.be/QhUrc4BnPgg?si=8YSx-mWkRe9oqchr
11. 현대의 식품 문제: https://youtu.be/D3tO6iMd2QU?si=H3r4tFPZF8YYWmty

5) 학습 접근 방법

학습 접근 방식: 해당 단원에서 학생들이 사용하게 될 모든 명시적 학습 접근 방법을 표시한다.

☑ 사고 기능
☑ 대인관계 기능
☑ 의사소통 기능
☑ 자기 관리 기능
☑ 조사 기능

▶ 세부 사항: 학생들은 식품과학 및 기술의 내용, 기능, 개념을 통하여 식품을 구성하는 화학물(탄수화물, 단백질, 지질)의 물리적 · 화학적 특성을 학습하고, 식품 조리 및 가공 과정(시스템)에서 일어나는 성분의 변화를 식품 구성 성분을 중심으로 해석하는 지식과 기능을 습득하게 된다.

메타인지: 학생들이 단원의 내용, 자신의 기능, 단원 개념에 대해 성찰하는 메타인지 접근법을 제시한다.

▶ 세부 사항: 식품 성분에 대한 이론을 실험과 유기적으로 연결시켜 내용을 깊이 이해할 수 있는 기회를 제공하고, 결과에 대해 피드백을 제공하여 성찰을 유도한다.

개별화: 학생 개개인의 학습 정도 및 성향을 고려할 수 있는 접근법을 제시한다.

▶ 세부 사항: 사전 지식을 평가하여 모둠활동에서 구성원 편성 시 멘토로서 역할을 수행할 수 있도록 활용한다. 학습이 부진한 학생은 멘토의 도움을 받으며 실험을 수행하고, 전공 용어 풀이집을 제공하여 이해를 높일 수 있도록 한다. 식품과학적 지식을 통해 식량 생산, 영양, 안전 및 품질 측면으로 사고를 확장한다.

언어와 학습: 단원 중에 이루어진 명시적 언어 및 학습과의 연결성을 제시한다.

▶ 세부 사항: 식품과학 및 기술의 개념과 관련개념어, 그리고 서술형 동사(지시어) 사용을 효율적으로 한다.

TOK 연결: 해당 단원에서 사용된 모든 명시적 지식이론 내용을 제시한다.

☑ 개인 지식 및 공유 지식
☑ 지식 습득 방법
☑ 지식 영역
☑ 지식 프레임워크

▶ 세부 사항:

- 신체적으로 필요한 영양소를 아는 데 직관은 어떤 역할을 하는가?
- 분류 및 범주화는 영양적 해석을 어떻게 돕거나 방해하는가?
- 개인의 신념과 가치관은 식품과 관련된 지식을 획득하고 행동하는 방식에 어떤 영향을 미치는가?

CAS 연결: CAS로 연결할 수 있는지 표시한다. 표시한 항목은 '세부 사항'에 학생들이 이 단원과 관련하여 CAS에 참여하는 방법을 설명한다.

☑ 창의
☐ 활동
☑ 봉사

▶ 세부 사항:

- 창의: 식품 관련(산업, 음식문화 트렌드, 안전성, 지속가능성 및 환경문제) 저널리즘 활동
- 봉사: 건강한 먹거리 캠페인

---

6) 성찰: 탐구, 계획, 과정 및 영향 고려

잘된 것	• 수업에서 배운 내용 과학적 원리에 기반한 실험 활동은 학생들로 하여금 흥미를 유발할 것이며, 과정에서 발생하는 문제에 대해 원인을 분석하고 해결책을 탐색하는 과정에서 자연적으로 식품과학적 인식을 체득할 수 있을 것이다. • 실제 경험에 기반한 탐구 및 비판적 사고 과정을 통해 학생은 개인의 삶에서 식품 재료의 영양 특성을 식별하고 선택함으로써 건강한 삶을 유지하기 위한 인식을 하게 될 것이다.
잘되지 않은 것	• 식품 성분의 변화는 복합적으로 일어나기 때문에 사례 조사 시 중복되는 사례를 조사하게 될 가능성이 있다. • 학생의 사전 지식 정도를 토대로 모둠을 구성할 시 실험은 모둠 활동으로 진행되지만 개인 보고서는 책임감을 갖고 스스로 작성해야 하지만 멘토의 도움을 받으며 작성될 우려가 있다.
참고·수정·제안	• 실험에서의 결과를 해석할 때 식품의 성분의 구조, 변화 등 다양한 측면에서 생각할 수 있도록 해야 한다. • 학습활동 중 조사에 대한 공유할 수 있는 플랫폼을 미리 마련해야 한다.

중학교 과정 단원 설계 사례

1. 교과 통합(과학+개인과 사회)

교과	과학+개인과 사회	학년	중학교 3학년
단원 제목	중딩 ~ 지구를 지켜라!!	차시	14

1) 탐구: 단원의 목적 설정

교과 통합의 목적
기후 변화는 자연적 요인 및 인간의 다양한 활동에 의해 나타난다. 그러나 학생은 기후 문제를 다룰 때 피상적인 이해에 머무르는 경향이 높다. 실제 세상에서의 기후 문제를 이해하고 사회가 긍정적으로 변화하도록 실천하기 위해 과학과 사회의 학문적 관점을 통합하여 실질적인 과제에 참여할 수 있도록 해야 한다. 과학 교과에서 지구 온난화로 인한 기후 변화 **시스템**을 설명하고, 탄소중립의 정의를 이해한다. 사회 교과에서는 우리 지역에서 실시하고 있는 탄소중립 방안을 조사하고 순환경제의 원칙을 통해 **지속가능성**을 판단한다.

학생은 각 교과에서 학습한 내용을 바탕으로 학교 차원에서 실천할 수 있는 탄소중립 기후행동 제안문을 작성한다. 제안한 기후행동이 지속가능한 미래를 위해 왜 중요한지 생각하고, 시스템 관점에서 어떻게 지속가능한 미래를 촉진할 수 있을지 정당화한다.

주요개념	관련개념	세계적 맥락
시스템	환경, 지속가능성	세계화와 지속가능성

탐구진술문
인간 활동과 환경 시스템을 이해하는 것은 지속가능한 미래를 위한 행동 변화를 이끈다.

탐구질문

▶ **사실적 질문**

–(과학) 복사평형 관점에서 온실 효과와 지구 온난화는 어떻게 다른가?
–(과학) 탄소중립 방안이 온실 기체의 배출량과 어떤 관계가 있는가?
–(사회) 순환경제의 의미와 중요성은 무엇인가?
–(사회) 우리 지역에서 실시하고 있는 탄소중립 방안은 무엇인가?

▶ **개념적 질문**

–인간 활동과 환경 시스템을 이해하는 것은 왜 지속가능한 미래를 위해 중요한가?
–탄소중립 방안이 시스템 관점에서 어떻게 지속가능한 미래를 촉진할 수 있을까?

▶ **논쟁적 질문**

–영향력 있는 변화는 사회적 수준에서 잘 일어나는가? 개인적 수준에서 잘 일어나는가?

총괄평가	
교과 통합 학습 평가기준	**과제**
기준 A: 평가하기 기준 B: 종합하기 기준 C: 성찰하기	• 학교에서 학생들이 실천할 수 있는 탄소중립 기후행동 제안문 작성하기 • 목표(Goal): 학교에서 실천할 수 있는 탄소중립 기후행동을 제안하여 지속가능한 미래를 위한 행동 변화를 이끄는 것이다. • 역할(Role) 및 상황(Situation): 기후위기에 대해 학생들이 인식은 하고 있지만, 피상적 이해에 머물러 있다. 기후위기를 극복하기 위해 지속적인 탄소중립 기후행동이 실천 촉구가 필요하며, 에너

지 비용 증가, 잔반 처리 비용 등 사회 경제적 측면에서도 비용이 발생하고 있는 상황이다. 학급 대표 환경 활동가로서 학교에서 실천할 수 있는 기후행동을 제안한다.

- 청중(Audience): 학교를 구성하는 교육 공동체(학생, 교사, 학부모, 마을협력가)
- 결과물(Product): 탄소중립 기후행동 제안문을 작성하여 발표한다. 탐구 과정 및 결과를 포함하는 포트폴리오를 작성한다.

학습 접근 방법

▶ **의사소통 기능**

–'기후행동 1.5℃' 앱의 스쿨챌린지 활동에 참여하고 기여한다.

–조사한 자료를 프레젠테이션에 구조화하여 청중들이 이해하기 쉽게 적절한 그래픽과 텍스트를 사용한다.

–기후 변화에 대응하는 탄소중립의 필요성에 대해 공감대를 형성한다.

–학교에서 실천할 수 있는 기후행동의 필요성에 대해 명확하고 설득력 있게 설명한다.

▶ **대인관계 기능**

–조사한 내용을 모둠에서 공유하면서 모둠원 간에 유의미한 피드백을 주고받는다.

–다른 사람이 조사한 내용을 발표할 때에는 적극적으로 경청한다.

▶ **자기관리 기능**

–복사평형 실험 시 실험실 안전 수칙을 지킨다.

–과제의 제출 기한을 지킬 수 있도록 효과적으로 시간과 과제를 관리한다.

▶ **조사 기능**

–신뢰할 수 있는 출처와 미디어의 정보를 찾고, 자료의 출처를 양식에 맞게 표기한다.

–자료 및 정보의 타당성과 신뢰성을 검토한다.

–자료 및 정보를 분석하고, 이를 근거하여 결론을 도출한다.

▶ **사고 기능**

–학교에서 실천할 수 있는 다양한 기후행동 방안을 제시하고 평가한다.

–시스템 관점에서 지속가능한 미래를 촉진할 수 있는 기후행동을 선택한다.

2) 활동: 탐구를 통한 교수와 학습

교과별 학습 과정	
과목 과학	**과목** 개인과 사회
교과 목표 A 지식과 이해	**교과 목표** B 조사
관련개념 환경	**관련개념** 지속가능성
과학 교과 학습 경험 및 교수 전략 1차시_복사평형 • 알루미늄 컵 속의 온도 변화를 통해 물체의 복사평형 설명하기 (지식) –물체의 온도가 일정하게 유지되는 이유는 무엇인가? –복사평형이란 무엇인가? –지구의 연평균 온도가 일정하게 유지되는 이유는 무엇인가? (기능) –(조사 기능) 컵 속의 온도를 일정한 시간 간격으로 정확하게 측정한다. –(자기관리–조직화 기능) 시간에 따른 온도 측정값을 이용하여 그래프로 나타낸다. –(대인관계 기능) 실험을 모둠원들과 서로 협력하여 수행한다. **교수 전략** • 복사평형 실험 시 실험실 안전 수칙을 준수한다. 보호 장비 착용, 실험 시간 지키기, 실험 도구 정리하기	**사회 교과 학습 경험 및 교수 전략** 1차시_프로젝트 소개, 탐구 과제에 대한 이해하기 • 그레타툰베리 강연 소개 • 탐구 과제 안내 • '기후행동 1.5℃' 앱 소개 및 설치 • '기후행동 1.5℃' 앱 활용 방법 안내: 2주 동안 기후행동 실천일기 작성하기, 하루 한번 기후행동 약속하기, 기후행동 퀴즈 등 참여하고 성찰일지 작성 2차시_순환경제의 의미와 중요성 및 사례 조사 • 인간과 환경이 공존할 수 있는 생산 및 소비 구조를 만드는 데 있어 순환경제의 의미와 중요성을 이해한다. 3차시_우리 지역 사례 및 대응 노력 조사 • 우리나라 지역 변화 사례 및 대응 노력을 온실 기체 배출과 관련지어 조사한다.

2차시_온실 효과와 지구 온난화

- 대기가 있을 때와 대기가 없을 때의 지구 평균 온도는 어떻게 달라지는가?
- 그림을 보고 대기가 있을 때와 대기가 없을 때의 복사평형 과정을 설명한다.
- 온실 효과를 일으키는 대기 성분은 무엇인가?
- 온실 효과와 지구 온난화는 같은 의미인가?

3차시_한반도 기후 변화 현황 및 영향

- 지구 온난화 효과는 온실가스의 양과 질 중 어느 것이 큰 영향을 미칠까?
  - 온실 기체량과 기후 변화에 관한 자료를 검색하여 변화 경향성과 관련성을 분석한다.
  - 온실 기체별 비중과 지구 온난화지수(GWP) 자료를 가지고 지구 온난화에 가장 주범이 되는 기체를 추론한다.

4차시_우리 지역 기후 변화 현황 및 영향 조사하기

- 각 지구 시스템별로 우리 지역(우리 나라)에서 일어나는 기후 변화 현황 및 영향을 조사한다.
  - 객관적인 자료를 조사할 것(신문기사, 기후 관련 공식 인증 사이트)
  - 표나 그래프 1개, 신문기사 1개를 꼭 포함할 것
  - 자료를 간단하게 재편집해서 PPT를 만들 것
- 우리 지역(또는 우리나라)에서 실시하고 있는 탄소중립 방안을 정책적 노력, 지자체 노력, 기업의 노력, 지역사회의 노력으로 분류하여 조사한다.
- 조사한 탄소중립 방안을 순환경제 원칙에 따라 환경적 · 사회적 · 경제적 측면을 고려하여 분석한다.
- 성찰하기: 학문적 지식을 학습한 후 3-2-1 작성한다(세 가지 배운 점, 두 가지 느낀 점, 한 가지 질문).

교수 전략

- 실천 사례를 조사 · 발표할 때 다양한 집단의 입장을 이해하고, 균형 잡힌 시각을 갖도록 하며, 자료 수집 및 분석 시 비판적 관점으로 탐구할 수 있도록 한다.
- 우리 지역(또는 우리나라)에서 실시하고 있는 탄소중립 방안을 조사하면서 학교에 적용할 수 있는 방안을 모색할 수 있도록 교수 · 학습 방법을 모색한다.

–PPT 분량은 2~3장 이내
–자료 출처를 꼭 표기하기

교수 전략

• 자료를 검색할 때는 국내외 기관에서 발간한 현황 보고서나 인터넷 통계 사이트의 자료를 검색해 가능한 한 최신 자료를 활용할 수 있도록 하고, 통계 자료를 활용할 때는 도표나 그래프, 지도 등 데이터를 읽는 방법을 이해하며, 추세 및 영향을 분석하는 데 초점을 둔다.

5차시_형성평가 실시 – 과학 강연

• 이상기후분석가로서 '기후 변화 및 탄소중립'에 대한 과학적 소양 확산을 위해 중학생들 대상으로 하는 과학 강연 자료를 준비한다.
  –발표자는 정보를 논리적이고 흥미로운 순서로 제시한다.
  –청중은 경청하는 자세를 지닌다.
  –교사, 동료 간 피드백을 한다.
  –구글 클래스룸에 PPT 파일을 제출한다.

4, 5차시_형성평가 실시 – 홍보물 제작

• 탄소중립 매니저로서 지역사회의 탄소중립 방안을 홍보하는 카드 뉴스를 제작한다.
  –환경적 · 사회적 · 경제적 측면을 고려하여 지속가능한 미래를 촉진할 수 있는 탄소중립 방안을 선정한다.
  –지역 주민의 기후 변화의 심각성을 일깨우고 문제 해결을 위해 실천을 독려할 수 있는 홍보 자료를 제작한다.
  –카드 뉴스의 색상과 글자 크기 및 배치 등 디자인적 요소를 고려하여 보기 좋게 제작한다.
  –디자인 플랫폼을 이용하여 카드 뉴스를 제작하고 PDF로 변환하여 기한 내에 구글 클래스룸에 제출한다.

형성평가

평가1_과학강연

• 당신은 이상 기후 분석가이다. 중학생 대상으로 '탄소중립'이라는 주제로 과학 강연을 하려고 한다. 지구 평균 기온과 온실 기체의 농도 변화와의 어떤 관계가 있는지 설명하고, 미래 기후 변화 시나리오를 예측한다. 그리고 기후 변화에 대응하는 탄소 중립의 필요성을 복사 평형 관점에서 설명하는 강연 자료를 만들어라.

형성평가

평가 2_카드뉴스 제작

• 탄소 중립 매니저로서 지역주민을 대상으로 지역 사회의 탄소중립 방안을 홍보하려고 한다. 기후 변화의 심각성을 일깨우고 문제 해결을 위해 실천을 독려할 수 있으며, 디자인적으로 한눈에 내용을 볼 수 있는 카드 뉴스를 제작하라.

교과 통합 학습 과정

▶ 교과통합 학습 경험 및 교수 전략

- 기후 위기(지구 온난화)를 해결하기 위해 탄소 중립 기후 행동이 필요한 이유를 학습한 내용을 바탕으로 정당화한다.

▶ 1차시_학교에서 실천 가능한 탄소 중립 기후 행동 선정하기

- 학습한 내용을 바탕으로 학교에서 실천 가능한 탄소 중립 기후 행동을 선정한다.
- 학생이 선정한 탄소 중립 기후 행동이 현재 학교에서 어떻게 지켜지고 있는지 실태를 파악한다.
- 제안문을 정당화하기 위해 필요한 자료를 수집한다.

▶ 2차시_탄소 중립 기후행동 제안문 작성하기

- 학교에서 실천가능한 탄소 중립 기후행동 제안문을 작성한다.
- 본인의 제안문을 정당화한다.
  - 제안한 탄소 중립 기후 행동은 시스템 관점에서 어떻게 지속가능한 미래를 촉진할 수 있는가?
- 교사와 동료와 피드백

▶ 3차시_탄소 중립 기후행동 제안문 발표

- 발표 준비
- 발표하기
- 발표하기에 대한 성찰하기

▶ 4차시_성찰하기

- 영향력 있는 변화는 사회적 수준에서 잘 일어나는가? 개인적 수준에서 잘 일어나는가?
- 실제 세상의 문제에 대한 자신의 교과 통합적 이해의 발달에 대해 성찰한다.

개별화

- 자료 조사의 내용은 그림, 데이터, 표, 그래프, 사건 사고 등 다각화하여 조사할 수 있도록 한다.
- 자료검색의 어려움을 겪고 있는 학생들을 위해 관련 내용의 텍스트를 제공한다. 이 외 인터넷 조사, 논문 검색 등을 통해 다양한 자료 수집이 가능함을 알린다.
- 한국어학급(다문화) 학생들에게는 번역기 사용을 제공한다.
- 우리 지역(우리 나라)은 한반도만을 의미하지 않는다.

참고자료

- 김성진(2020). 중학교 과학3. 미래엔.
- 김진수(2018). 중학교 사회2. 미래엔.
- 그래타툰베리 강연 소개:
  그레타툰베리 '유엔 기후행동 정상회의' 연설 풀영상 (한글 자막, 2019. 09. 23)
  https://youtu.be/BvF8yG7G3mU?si=vQAsaLCW9aMGZiH2
- 세계 정상들 질타한 16살 소녀의 '초강력' 메시지 / 14F
  https://youtu.be/5u1oCvQh53M?si=ChRnl_tFPZLA63Hk
- '기후행동 1.5℃' 앱
- 탄소중립포털(https://www.gihoo.or.kr/)
- 한국기후환경네트워크(https://kcen.kr/)
- 기상청 기후정보포털(www.climate.go.kr)
- 국가기후위기적응정보포털(https://kaccc.kei.re.kr/)

3) 성찰: 탐구, 계획, 과정 및 영향 고려

단원 교수 전	• '기후 변화'를 주제로 학교에서 실시하고 있던 교과 통합 수업을 교과 통합적 이해 벤다이어그램에 적용해 보았더니 통합교과적 이해를 작성하기가 어려웠다. 단순히 주제만 같이 하고 교과가 협력해서 수업을 진행했다고 해서 교과 통합은 아니라는 걸 깨달았다. • 사회 교과와 교과 통합 단원을 작성해 보았다. 두 교과서의 관련 단원을 찾아봤는데 탐구활동이 비슷하다. 과학 수업을 과학 수업답게, 사회 수업을 사회 수업답게 하면서 교과 통합을 시도하려면 어떻게 해야 할까?
단원 교수 중	• 수행평가에서 기후행동을 실천하게 한 후 성찰을 할 수 있는 평가 문항을 출제했다. 이 문항을 학생들이 가장 열심히 적었다. 과학 지식을 묻는 문항이 아닌 탓에 배점이 가장 작게 했는데 이러한 성찰을 평가에 반영하려면 어떤 평가기준이 필요할까? • 우리나라 기후 변화 양상을 조사하는 활동에서 뉴스 기사 한 개, 표나 그래프 한 개를 꼭 포함하여 PPT를 구성하게 했다. 그리고 출처 표기 방법을 안내하고 출처를 표시하도록 했더니 자료 조사에 임하는 자세가 달라짐을 느꼈다. 학생들은 자료의 출처에서 날짜를 확인하고 자신이 찾은 자료가 너무 오래된 것은 아닌지 고민하면서 최신의 자료를 찾으려고 하거나 신뢰할 수 있는 자료(정부기관 사이트 등)를 검색하려고 노력했다.

단원 교수 후	• 총괄평가에서 교과 통합적 이해를 전달하기 위해서는 각 교과의 학문적 지식이 중요하다. 탄소중립 기후행동 제안문 작성 시 각 교과의 이해를 전달하기 위해 포함해야 할 내용들을 안내한다. • 학생들이 논쟁적 질문에 대해 생각하기 위해서는 탄소중립 방안이 사회적 수준, 개인적 수준에서 지속가능한 미래를 촉진할 수 있는 기후행동인지에 대해 분석하고 판단할 수 있는 사고 전략을 제공해야 한다.

2. 언어습득(영어)

교과	언어습득(영어)	학년	중학교 3학년
단원주제	Let's be a Peer Supporter!	기간(차시)	16

1) 탐구: 단원의 목적 설정

주요개념	관련개념	세계적 맥락
연결(connection)	공감(empathy), 메시지(message)	관계(relationships)
탐구진술문		
공감이 담긴 조언은 조언이 필요한 상대와 메시지를 효과적으로 연결한다. Empathetic advice strengthens your audience's connection to your message.		
탐구질문		

▶ **사실적 질문:**

- 조언이 상대에게 수용되지 않는 이유는 무엇인가?
  What is the reason your advice may not be accepted by the other person?
- 우리는 상대방의 문제에 대해 어떻게 공감의 메세지를 표현하는가?
  How do we express an empathetic message about the other person's problem?
- 구체적인 시간과 장소를 어떻게 표현하는가?
  How do we express a specific time and place?
- 동시에 일어나는 두 가지 일을 어떻게 설명하는가?
  How do you explain two things happening at the same time?

▶ **개념적 질문:**

- 공감은 조언의 메시지와 상대를 어떻게 연결하는가?
  How does empathy connect the message of advice to the audience?
- 담화 맥락에서 어떻게 상대방의 심정이나 태도를 추론하는가?
  How do we infer the other person's feelings or attitudes from the context of the discourse?

▶ **논쟁적 질문:**

- 공감을 통한 연결은 관계형성에 얼마나 기여하는가?
  How much does connecting through empathy contribute to relationship building?

<table>
<tr><td>목표</td><td>▶ 말하기
• 폭넓은 어휘를 사용한다.
• 폭넓은 문법 구조를 대체로 정확하게 사용한다.
• 의사소통이 쉽게 이해될 수 있도록 명확한 발음과 억양을 사용한다.
• 필요한 정보를 거의 모두 명확하고 효과적으로 전달한다.

▶ 쓰기:
• 다양한 어휘를 사용한다.
• 다양한 문법 구조를 전반적으로 정확하게 사용한다.
• 다양하고 복합적인 구성 방식을 사용하여 적절한 형식으로 정보를 효과적이고 일관성 있게 구성한다.
• 상황에 맞게 대상과 목적을 명확히 파악하여 필요한 대부분의 정보를 전달한다.</td></tr>
<tr><td>총괄평가</td><td>▶ 말하기
• 고민이 있는 친구의 사연에 공감을 담아 조언하기

▶ 쓰기 평가
• 고민이 있는 친구에게 조언하는 이메일 쓰기
–G(Goal): 효과적으로 고민에 대해 해결책 제안하기
–R(Role): 또래 상담사
–A(Action): 고민 상담이 필요한 친구
–S(Situation): 고민이 있는 친구가 조언을 구하는 상황
–P(Product): 고민이 있는 친구에게 공감이 담긴 조언 편지 쓰기
–S(Standard): 친구의 고민에 대해 공감과 해결책이 담긴 내용을 적절하고 정확한 언어로 구조화하여 이메일 형식으로 작성하기</td></tr>
</table>

<table>
<tr><td></td><td>▶ 총괄평가 과제와 탐구진술문의 관계:
총괄 평가 과제 수행을 통해 학생은 친구의 문제에 대한 공감을 표현하는 조언이 친구와 효과적으로 연결된다는 것을 이해하게 됩니다.</td></tr>
<tr><th colspan="2">학습 접근 방법</th></tr>
<tr><td colspan="2">• 사회적 기능: 영어 습득 과정에서 동료들과 짝을 지어 혹은 소그룹으로 질문에 답하고 다양한 방안들을 논의하여 문제를 해결하는 것이 권장됩니다.
• 의사소통 기술: 학생들이 정확하고 유창하게 말하고 듣는 능력을 발휘하기 위해서는 메시지를 계획하고 구성하며(사고력), 맥락과 청중을 고려하여 메시지를 이해하고 전달해야 합니다.
• 의사소통 기능: 학생들이 문어를 사용하여 다른 사람과 소통하고 상호작용하기 위해서는 문맥과 대상을 고려하여 메시지를 구성하고 체계화해야 합니다.
• 의사소통 기능: 학생들이 문법 구조를 정확하게 사용하려면 상황에 맞는 적절한 문법 구조를 파악하고 이를 적용하여 효과적으로 메시지를 전달할 수 있어야 합니다.
• 자기관리 기능: 쓰기평가에서 평가기준을 이해하고 자신의 글에 대해 스스로 기준을 적용하여 평가하고 성찰하며 더 나은 결과물을 위해 무엇을 해야 할 지 파악하여 실천해야 합니다.</td></tr>
</table>

2) 활동: 탐구를 통한 교수와 학습

<table>
<tr><th colspan="3">〈1차시〉 단원 열기</th></tr>
<tr><td colspan="2">내용</td><td>연결(connection)
▶ 탐구질문:
• 공감을 통한 소통은 관계형성에 얼마나 기여하는가?
• 조언이 상대에게 수용되지 않는 이유는 무엇인가?</td></tr>
<tr><td rowspan="3">학습 과정</td><td>학습 경험 및 교수 전략</td><td>▶ Group Discussion
• 공감이 있을 때와 없을 때, 대화 내용의 차이점에 관련된 영상 보고 모둠별 토론하기, 발표 및 공유하기
• 공감의 역할에 대해 모둠별 토론하기, 발표 및 공유하기</td></tr>
<tr><td>형성평가</td><td>• 모둠별 공감에 대한 의견 말하기</td></tr>
<tr><td>개별화</td><td>• 원활한 모둠별 토론을 위해 대화의 예시 제시</td></tr>
</table>

<table>
<tr><th colspan="3">〈2차시〉 어휘 및 구문 학습</th></tr>
<tr><td colspan="2">내용</td><td>메시지(message)

▶ 탐구질문: 우리는 상대방의 문제에 대해 어떻게 공감의 메세지를 표현하는가?
• 감정, 조언 관련 표현 및 의미</td></tr>
<tr><td rowspan="3">학습 과정</td><td>학습 경험 및 교수 전략</td><td>▶ Vocabulary and Expression
• 문제와 해결책 관련 어휘 및 표현 알기
• 감정 및 공감 관련 표현 알기
• 문장을 직독 · 직해하며 어휘 의미 유추하기
• 문맥에 따라 다르게 사용되는 어휘 알기</td></tr>
<tr><td>형성평가</td><td>• 어휘학습지: 문장 속 어휘 의미 유추하여 적기</td></tr>
<tr><td>개별화</td><td>• 학생이 수준에 따라 읽거나 들을 수 있도록 두 가지 수준의 학습지 제공</td></tr>
<tr><th colspan="3">〈3~4차시〉 Listening & Speaking</th></tr>
<tr><td colspan="2">내용</td><td>공감(empathy)

▶ 탐구질문: 우리는 상대방의 문제에 대해 어떻게 공감을 표현하는가?
• 감정표현
–be worried about~
• 감정 읽어 주기, 조언하기 표현
–I think you are~
–You look~
–Why don't you~
–You don't have to~</td></tr>
</table>

<table>
<tr>
<td rowspan="3">학습
과정</td>
<td>학습 경험 및
교수 전략</td>
<td>▶ 안내질문:
• 각 사람의 고민과 그에 대한 조언은 어떻게 표현되고 있는가?

〈3차시〉 Listen and Answer
• 대화를 듣고 세부 정보를 파악하기
• 대화를 듣고 화자의 심경 변화와 세부 정보를 파악하기
• 대화를 듣고 자신의 걱정과 친구의 걱정에 대한 해결책을 말할 때 쓰는 표현을 파악하고 주어진 표에 작성하기

〈4차시〉 Speaking(Talk and Play)
• 걱정 인형을 만들며 자신의 걱정거리를 말하고 친구의 걱정거리에 대해 조언하기
–각자 걱정 인형에 자신의 걱정쓰기
–각자 자신의 걱정을 말하면 다른 모둠원이 조언하기</td>
</tr>
<tr>
<td>형성평가</td>
<td>• 듣기 학습지: 대화를 듣고 질문에 답하기
• 고민에 대해 조언 말하기</td>
</tr>
<tr>
<td>개별화</td>
<td>• 영어 읽기가 어려운 학생들에게 1차시에 배운 단어장 및 구문 표현 자료 활용할 수 있도록 안내
• 공감과 관련된 어휘를 명확히 하고 관련 문장 틀 제공
• 동료들과의 소통을 통해 어떻게 배우고 성장할 수 있는지 생각 나누는 시간 가지기</td>
</tr>
<tr>
<td colspan="3">〈5차시〉 Reading Comprehension: Exploring Empathetic Advice 1</td>
</tr>
<tr>
<td colspan="2">내용</td>
<td>공감(empathy)

▶ 탐구질문: 담화 맥락에서 어떻게 상대방의 심정이나 태도를 추론하는가?
–감정, 고민 관련 표현
–해결책 제시 관련 표현</td>
</tr>
</table>

학습 과정	학습 경험 및 교수 전략	▶ **안내질문:** • 주어진 글에서 인물의 문제와 감정은 무엇인가? • 각 인물의 문제에 대한 조언은 어떻게 표현되고 있는가? ▶ **수업 열기** A: I asked my mum for 1000 won this morning to buy some snacks with my friend, but she wouldn't give it to me. I don't know why. B: You asked your mum for money and she didn't give it to you. My mom did it to me once. You must be really upset, but you need money. How about asking her more nicely from next time? • 안내질문에 대해 생각하며 모둠별로 이야기하고 발표하기 ▶ Summarising & Group discussion • Text 1 –각 인물의 고민과 그에 대한 공감 표현이 없는 해결책들이 제시된 글을 모둠에서 함께 소리 내어 읽고 활동지 질문에 답하며 토론하기 –글의 내용을 표로 요약 정리하기 –각 인물의 문제를 읽고 감정을 추론해 보기 –문제에 대한 해결책에 초점을 둔 조언의 내용 분석하고, 공감이 있는 조언과의 차이점 생각해 보고, 조언을 듣는 사람이 어떻게 받아들일지 모둠에서 토론하기 –조언하는 글의 목적이 무엇인지에 대해 토론하기
	형성평가	• 글의 내용 분석하여 인물의 문제와 감정을 파악하여 모둠별로 발표하기 • 읽기 학습지: 본문 내용 표로 정리하기
	개별화	• 소그룹 안에서 동료들과 교류하며 어려운 부분에 대해 도움을 주고 받을 수 있도록 함

<table>
<tr><th colspan="3">〈6차시〉 Reading Comprehension: Exploring Empathetic Advice 2</th></tr>
<tr><td colspan="2">내용</td><td>메시지(message)

▶ 탐구질문: 우리는 상대방의 문제에 대해 어떻게 공감의 메세지를 표현하는가?
• Demonstrating emotions
• Sharing similar experience
• Giving solutions</td></tr>
<tr><td rowspan="3">학습 과정</td><td>학습 경험 및 교수 전략</td><td>▶ 안내질문
• 주어진 글에서 인물의 문제와 감정은 무엇인가?
• 어떻게 하면 조언을 상대방이 잘 받아들이게 할 수 있을까?

▶ 수업 열기
• '공감이 없는 조언 vs 공감을 담은 조언' 영상 클립 보고 모둠별 토론하기

▶ Summarising & Group discussion
• Text 2
–모둠에서 함께 레오나르도 다빈치의 인생 이야기를 읽고, 글의 내용을 표로 요약 정리하기
–글을 읽고 다빈치의 고민 속에서 감정을 추론해 보기
–다빈치와 같이 자신의 진로에 대한 고민 생각해 보고 모둠에서 나눠보기
–다빈치의 고민에 대해 공감을 담아 조언하기</td></tr>
<tr><td>형성평가</td><td>• 읽기 학습지: 본문 내용 표로 정리하기
• 다빈치에게 조언하는 짧은 글 쓰기: 공감 요소 포함하기(감정 읽어 주기, 비슷한 경험 공유하기, 해결책 제시하기)</td></tr>
<tr><td>개별화</td><td>• 소그룹 안에서 동료들과 교류하며 어려운 부분에 대해 도움을 주고 받을 수 있도록 함</td></tr>
</table>

<table>
<tr><th colspan="3">〈7차시〉 Reading Comprehension: Exploring Empathetic Advice 3</th></tr>
<tr><td colspan="2">내용</td><td>연결(connection)

▶ 탐구질문: 공감은 조언의 메시지와 상대를 어떻게 연결하는가?
• I understand how you feel~
• I have also been~
• Let me give you some advice~</td></tr>
<tr><td rowspan="3">학습 과정</td><td>학습 경험 및 교수 전략</td><td>▶ 안내질문
• 다음 대화에서 공감의 표현은 어디에 있는가?

▶ Analysing Discourse
• 주어진 글의 대화를 읽고 세부정보 파악하기(고민을 말하는 사람의 문제와 감정 분리하여 파악하기)
• 대화 속 공감을 담아 해결책을 제시하는 조언을 읽고, 공감할 때 들어가는 내용 요소와 영어 표현 파악하기(감정 읽어주기, 비슷한 경험 공유하기, 해결책 제시하기)

▶ Highlight the expression
• 한 친구의 문제에 대한 두가지 유형의 조언이 제시된 글 읽고 두 조언에서 '감정 읽어 주기, 비슷한 경험 공유하기, 해결책 제시하기'에 해당하는 문장에 각각 다른 색 펜(red, blue, black)으로 줄긋기
• 두 조언의 차이점을 명시적으로 이해하고 표현의 차이점, 그 효과에 대해 모둠별로 토론하기</td></tr>
<tr><td>형성평가</td><td>• 대화 내용 표로 정리하기
• 공감에 관련된 표현 파악하여 색깔펜으로 줄 긋기(시각화)</td></tr>
<tr><td>개별화</td><td>• 이해가 빠른 학생들은 학습이 어려운 친구들에게 설명해 보도록 기회 주기 혹은 새로운 문장을 영작해 볼 수 있도록 기회 주기</td></tr>
<tr><th colspan="3">〈8차시〉 Reading Comprehension: Exploring Empathetic Advice 4</th></tr>
<tr><td colspan="2">내용</td><td>연결(connection)

▶ 탐구질문: 공감은 조언의 메시지와 상대를 어떻게 연결하는가?</td></tr>
</table>

<table>
<tr><td rowspan="3">학습 과정</td><td>학습 경험 및 교수 전략</td><td>▶ 안내질문:
• 어떻게 하면 조언을 상대방이 잘 받아들이게 할 수 있을까?

▶ Giving advice
• 모둠별로 가상의 인물인 수민이의 고민을 설정하고, 수민이에게 다음 단계에 따라 공감적 조언하는 글 써 보기
– Demonstrating emotion
– Sharing similar experience
– Giving solution
• 모둠에서 한 친구의 실제 고민을 적고, 친구의 문제와 감정에 대해 공감하며 조언하는 글 함께 작성해 보기
▶ Group Discussion: Generalization
• 개념적 질문을 사용하여 일반화하기: 그룹별로 개념적 이해(일반화)에 대한 진술을 포스트잇에 작성하기
• 발표를 통해 토론한 내용 공유하기

Think about the question in the box and complete the sentence with your group members.
Q: How do writers make their advice acceptable to the audience?
공감이 있는 조언은 ______________________ 다.

▶ 탐구진술문
• 공감이 담긴 조언은 조언이 필요한 상대와 메시지를 효과적으로 연결시킨다.</td></tr>
<tr><td>형성평가</td><td>• 공감 담은 조언하는 짧은 글쓰기
• 모둠별로 공감을 통한 조언에 관해 이해한 것을 일반화 문장 작성하여 발표하기</td></tr>
<tr><td>개별화</td><td>• 새로운 표현을 만들기 어려운 학생들을 전차시 수업의 학습 자료와 연결시키기</td></tr>
</table>

<table>
<tr><th colspan="3">〈9차시〉 Language Use</th></tr>
<tr><td colspan="2">내용</td><td>메시지(message)

▶ 탐구질문:
• 동시에 일어나는 두가지 상황을 어떻게 전달하는가?
• 구체적인 시간과 장소에 대한 메시지를 어떻게 표현하는가?
- Grammar: 분사구문, 관계부사
- ~ing/p.p
- when/where/why/how(전치사+관계대명사)</td></tr>
<tr><td rowspan="3">학습 과정</td><td>학습 경험 및 교수 전략</td><td>▶ 안내질문
• 글쓴이는 어떻게 글의 내용을 정확하게 전달하는가?
• 다음 중 오류가 있는 문장은 무엇인가?
• 글의 흐름상 괄호 안에 알맞은 표현은 무엇인가?

▶ Explicit mini-lesson
• 교사: 명시적으로 분사구 및 관계부사 표현과 예시 설명. 학생들에게 그림을 보여 주며 동시에 두 가지 상황을 영어로 설명하는 방법과 구체적인 시간과 장소에 대해 영어 문장 속에서 표현하는 방법 설명

▶ Complete the sentence: Group Work
• 그림 속 상황에 맞게 문장 완성하기
• 분사구 및 관계부사의 역할 파악하기
• 올바른 어법 사용법 이해하기</td></tr>
<tr><td>형성평가</td><td>• 오류 있는 문장 찾아 맥락과 어법에 맞게 고치기
• 분사구 및 관계부사 사용하여 그림 설명하기</td></tr>
<tr><td>개별화</td><td>• 학습이 어려운 친구들이 모둠에서 함께 교류하며 부족한 부분을 채울 수 있도록 격려</td></tr>
<tr><th colspan="3">〈10차시〉 Writing: Understanding the role of writing form</th></tr>
<tr><td colspan="2">내용</td><td>연결(connection)

▶ 탐구질문: 우리는 상대방의 문제에 대해 어떻게 공감을 표현하는가?</td></tr>
</table>

<table>
<tr><td rowspan="3">학습
과정</td><td>학습 경험 및
교수 전략</td><td>▶ 안내질문
• 저자는 글의 형식을 통해 어떻게 독자를 고려하는가?
• 이메일 형식의 구성 요소는 무엇인가?

▶ Group Discussion
• 안내질문에 대해 모둠별로 토론하기, 상대방의 문제에 대한 공감을 표현할 때 글의 형식을 통해 독자와 어떻게 연결되는지 이야기하기
• 이메일 형식이 개인적 고민에 대한 조언을 구하는 독자를 어떻게 배려할 수 있는지 이야기하기
▶ Worksheets: Group work
• 이메일 형식 파악하기
• Salutation, Body, Closing, Signauture에 대해 이해를 확인하는 문제들을 모둠안에서 함께 해결하기</td></tr>
<tr><td>형성평가</td><td>• 조언하기 글의 독자 파악하기
• 이메일 형식에 대한 질문에 답하기</td></tr>
<tr><td>개별화</td><td>• 이메일 형식 및 구성 요소 자료 제공 후 도움이 필요한 학생에게 추가 설명 제공</td></tr>
<tr><td colspan="3">〈11차시〉 Writing: Planning advising 1</td></tr>
<tr><td colspan="2">내용</td><td>연결(connection)

▶ 탐구질문: 공감은 조언의 메시지와 상대를 어떻게 연결하는가?
• 비슷한 경험
• 공감 표현
• 해결책, 조언
• 마인드맵</td></tr>
<tr><td>학습
과정</td><td>학습 경험 및
교수 전략</td><td>▶ 안내질문:
• 우리는 어떤 경험에 공감하는가?

▶ Brainstorming
• 학급별로 패들렛에 익명으로 자신의 실제 고민 남기기
• 다른 학급 패들렛에서 자신의 경험과 비슷한 고민 고르기
• 자신이 고른 친구의 고민을 읽고, 문제와 감정 구분하기
• Brainstorming 친구의 고민에 대한 조언 구상하기
• Mind-map 구상한 조언의 내용 마인드맵으로 정리해 보기</td></tr>
</table>

	형성평가	• 친구의 문제에 대한 공감을 담은 조언 쓰기 마인드맵 작성하기
	개별화	• 마인드맵 작성에 대해 도움이 필요한 학생에게 구체적 설명 제공
〈12차시〉 Writing: Planning advising 2		
내용		**메시지(message)** ▶ **탐구질문:** 우리는 상대방의 문제에 대해 어떻게 공감의 메세지를 표현하는가? • 글의 내용 구성 • 글의 형식
학습 과정	학습 경험 및 교수 전략	▶ **안내질문:** • 글의 작성 계획은 글을 구조화하는 데 어떻게 도움이 되는가? ▶ Outline **작성하기(활동지)** • 친구의 고민에 대해 공감을 담은 조언 작성 계획하기 • 감정 읽기, 비슷한 경험 말하기, 해결책 제시하기, 격려하기 내용 포함하기 • 글의 형식: 이메일 형식에 맞게 작성하기(받는 사람, 제목, 인사말, 본문, 끝맺는 말, 서명)
	형성평가	• 개요 작성하기 • 이메일 형식에 맞게 글쓰기 계획하기
	개별화	• 이메일 형식에 대해 이해하기 어려운 학생에게 샘플 제공
〈13차시〉 Writing: Drafting		
내용		**메시지(message)** ▶ **탐구질문:** 우리는 상대방의 문제에 대해 어떻게 공감을 표현하는가? • 글의 독자 • 글의 형식(이메일) • 공감 표현 • 해결책, 조언

학습 과정	학습 경험 및 교수 전략	▶ **안내질문:** • 글의 구조화는 어떻게 글의 이해를 돕는가? • 적절한 어휘 선택과 정확한 언어 사용은 독자의 내용 이해에 어떻게 도움을 주는가? ▶ 1st draft(**구글 슬라이드**) • 교사: 각 반별 구글 슬라이드 제공 및 작성 방법 설명 • 이메일 형식에 맞게 공감을 담은 조언하기 글 작성하기 • 정확한 어법과 적절한 어휘를 사용하여 글 작성하기
	형성평가	• 공감을 담은 조언하는 글 쓰기 –이메일 형식에 맞게 작성하기 –공감, 조언의 내용 포함하기 –정확한 언어 사용 –필수 구문 사용하기
	개별화	• 구글 슬라이드 사용이 어려운 친구들이 모둠에서 함께 소통하며 부족한 부분을 채울 수 있도록 격려
〈14차시〉 Writing: Feedback & Editing		
내용		**메시지(message)** ▶ **탐구질문:** 우리는 상대방의 문제에 대해 어떻게 공감을 표현하는가? • 평가 요소 –어휘, 문법 구조, 글의 형식, 내용
학습 과정	학습 경험 및 교수 전략	▶ **안내질문:** • 피드백은 글의 완성도에 어떤 영향을 끼치는가? ▶ Peer Editing: **친구 글 읽고 피드백 남기기(구글 슬라이드)** • 동료 평가: 피드백 그룹을 구성하여 친구의 글을 읽고 평가 기준에 의거하여 피드백 제공하기
	형성평가	• 친구 글 읽고 피드백 남기기
	개별화	• 평가기준안을 함께 보며 이야기하는 시간을 가지고, 학습이 어려운 학생들이 충분히 이해할 수 있도록 도움

<table>
<tr><th colspan="3">〈15차시〉 Writing: Revising</th></tr>
<tr><td colspan="2">내용</td><td>메시지(message)

▶ 탐구질문: 우리는 상대방의 문제에 대해 어떻게 공감을 표현하는가?</td></tr>
<tr><td rowspan="3">학습 과정</td><td>학습 경험 및 교수 전략</td><td>▶ 안내질문
• 글의 수정과정은 글의 완성도에 어떻게 영향을 끼치는가?
▶ Rewriting: Final draft
• 구글 슬라이드 작성: 교사 피드백과 동료 피드백 참고하여 글 수정하기
• 처음에 골랐던 패들렛에 있는 친구의 고민 글 밑에 이메일 형식으로 고민에 대해 공감을 담은 조언 남기기</td></tr>
<tr><td>형성평가</td><td>• 최종 글쓰기</td></tr>
<tr><td>개별화</td><td>• 패들렛 사용이 어려운 친구를 모둠에서 도울 수 있도록 격려</td></tr>
<tr><th colspan="3">〈16차시〉 Reflection</th></tr>
<tr><td colspan="2">내용</td><td>연결(connection)

▶ 탐구질문
• 공감을 통한 소통은 관계형성에 얼마나 기여하는가?
• 성찰일지</td></tr>
<tr><td rowspan="3">학습 과정</td><td>학습 경험 및 교수 전략</td><td>• 공감을 통한 소통에 대해 수업 시간에 경험한 것을 바탕으로 모둠 안에서 토론하고 성찰일지 작성하기
• 글쓰기에서 올바른 언어사용과 적절한 어휘 선택의 중요성에 대해 경험한 것을 바탕으로 모둠 안에서 토론하고 성찰일지 작성하기</td></tr>
<tr><td>형성평가</td><td>• 모둠 토론
• 성찰일지 작성</td></tr>
<tr><td>개별화</td><td>• 성찰 질문을 이해 못한 친구들에게 개별적 설명 제공</td></tr>
</table>

자료
– 대화 속 공감의 유무를 비교하는 영상 – 공감의 절차를 설명하는 영상 – 고민과 조언 담화 텍스트 – 공감을 통한 조언하기 연습 활동지 – 문제와 해결책에 대한 텍스트 및 분석 활동지 – 이메일 양식 활동지 – 글쓰기 과정 양식 활동지 – 동료 평가 피드백 질문지

3) 성찰: 탐구, 계획, 과정 및 영향 고려

단원 교수 전	– 단원 학습을 통해 학생들이 이해해야 할 것이 무엇인지 고민하며 단원 목표를 설정했다. – 학습 과정을 설계할 때 학생들이 총괄평가에서 수행해야 할 것이 무엇인지를 고려하여 체계적인 준비가 되도록 했다. – 총괄평가에서 학생들이 실생활 맥락에서 단원의 목표를 이해하여 전이할 수 있는 과제를 계획했다.
단원 교수 중	– 학습 과정에서 학생들이 공감에 대한 표현에만 몰입하려고 할 때, 의사소통에서 공감의 역할을 생각하여 단원의 탐구진술문의 개념 이해를 질문을 통해 유도했다. – 리딩 수업 시 읽는 시간이 오래 걸려서 읽기 전략으로서 세 가지 색깔의 펜으로 공감의 요소들을 표시하여 읽게 함으로써 효과적인 읽기 수업 가능해졌다. – 총괄평가에서의 수행과 학습 과정에서 학생들이 경험하는 것들이 연결되어 있는지 지속적으로 확인하고 안내했다.
단원 교수 후	– 의사소통에 있어서 좀 더 다양한 조언의 유형을 제시하는 것이 중요할 것 같다. 다양한 사례 분석을 통해 학생들 스스로 공감의 역할이 어떤 의미가 있는지 깊이 있게 이해하는 데 도움이 될 것 같다. – 학습 수준이 높은 학생들을 위한 글 예시 자료도 필요해 보인다. – 평가기준을 학생들과 함께 만들면, 기준에 대한 이해가 향상될 것 같다.

IBEC 과정 성찰기

• IB 그리고 파블로 카잘스

국어 교사로 교단에 처음 섰을 때, 중학교 1학년인 어린아이들에게 최승호의 시와 이청준, 윤대녕의 소설을 이야기했다. 대학원에 진학해서 문학비평을 더 탐구하고 싶었으나 개인적인 이유로 진학을 포기하고 현장에 서야 했던 내 욕망이 겨우 중학교 1학년인 아이들의 눈망울을 가늠하지 못하고 교과서의 작품이 시대에 맞지 않게 '구리다'는 이유로, 아이들에게 맞지 않는 재미 없는 내용만 가득하다는 이유로 선무당이 되어 춤을 추었다. 그해 아이들은 시집을 샀고, 소설을 썼다.

그런 수업들에 취해 고등학교에서 수업해 보고 싶다는 생각을 했다. 고등학교에 오니 수능이 있었다. 문학비평가가 되고 싶었던 꿈은 어느새 다 잊고 현장에 깊이 빠져 좋은 교사가 되고 싶은 욕망에 정말 열심히 가르쳤다. 반 평균이 오르고, 모의고사와 수능 예상 적중률이 높아지고, 아이들의 깊어지는 신뢰에 나는 내가 수업을 잘하는 교사라는 착각의 수렁에 빠져들었다.

지필평가가 끝나고 며칠 후, 교무실로 한 학생이 질문을 들고 왔다. 수업 시간에 분명 강조한 내용이었기에 질문에 대해 설명해 준 후 무심코 "다 설명했었다. 다시 잘 생각해 봐."라고 말했다. "전혀 기억이 안나요. 선생님, 죄송해요."라고 대답한 뒤 힘없이 뒤돌아 나가는 학생의 모습에 충격을 받았다. 전혀 기억이 안 난단다. 죄송하단다.

나는 자타공인 설명을 잘하는 편이다. 설명이 논리적이고 깔끔하다는 평을 자주 듣는다. 학생들도 내 강의의 질과 내용에 만족하는 편인데, 아니 그런 강의를 듣고 기억이 안 난다니……. 그 학생이 공부를 못하는 학생이었느냐, 아니다. 수업에 집중하지 않는 학생이었느냐…… 역시 아니다. 그런데 기억이 안 난단다. 지엽적인 내용도 아니고 몇 번을 강조하며 예를 들어 설명했던 내용인데……. 기억이 안 난다는 거다. 나는 무엇을 도대체 어떻게 가르치고 있단 말인가 자괴감이 몰려왔다.

학생은 죄송하다고 했다. 이게 제기랄, 죄송할 일인가? 이런 수업의 구조에서 학생들은 죄송해야 하는 거구나 싶은 생각에 마음이 몹시 울컥거렸다.

바뀌야겠다는 생각이 들었다. 어떻게 바꿔야 할까? 수많은 불면의 시간과 끼니를 거르면서 전국으로 연수를 다니고 미친 듯이 책을 읽어가며 수업을 바꾸기 위한 도전을 했다. 어느새 나는 수업 50분 동안 채 몇 마디 하지 않는 교사가 되어 있었다. 나의 수업에서 학생들은 주인공이다. 쉼 없이 떠든다. 종이 치고, 쉬는 시간인데도 계속해서 질문에 대해 토의하느라 삼삼오오 모여 있는 아이들을 뒤로하고 유유히 교무실로 온다. 질문으로 시작해서 질문으로 끝나는 수업에서 나는 두려움과 호기심과 흥분과 감동의 도가니에 흠뻑흠뻑 전율을 느꼈다.

그런데 평가가 발목을 잡았다. 이 망할 놈의 평가 방식은 나의 수업을 장렬히 전사시킬 막강한 공공성으로 무장하고 있다. 어떻게 해야 할까? 그 고민의 한 자락으로 IB를 알게 되었다. 공부를 시작하면 끝장을 보는 기질에 이끌려 책도 읽고, 논문도 읽고, 대학원도 가고, 제주와 대구 그리고 경기도의 IB 학교 탐방도 가고, IBEC 자격증도 취득했다. IB의 교육철학과 다양한 교육활동 시스템은 나의 가치관에 잘 부합했기에 흥미로웠다. 그중에 나의 호기심을 가장 자극한 건 평가 시스템이었다.

평가의 타당성과 신뢰성을 모두 확보한 시스템이 정말 실현이 되는지 의심스러웠고, 실현되는 과정을 확인하며 배가 아프도록 부러웠다. 우리의 평가는 도대체 무엇을, 누구를 위한 평가였단 말인가? 그런데 그 자책과 주눅이 자존감을 건드렸다. 공부하자. 나의 수업에서도 어떻게든 해 보자. IBEC 과정을 함께 주경야독했던 13명의 1기 동기 선생님과 2년의 시간을 그 열정과 의지 하나로 버텼다. 어쩌다…… 정말 어쩌다…… IB까지 공부했다. IB는 나를 어디로 데려갈까? 나는 수업과 평가에서 또 어떤 변화와 시도를 하게 될까? 두려움 반, 기대 반이다.

바흐의 무반주 첼로 곡을 세상에 알린 첼로의 성자 파블로 카잘스가 95세 되던 해에 어느 인터뷰에서 기자가 당신의 연주는 정말 완벽한데 왜 지금도 하루에 여섯 시간씩 연습하느냐고 물었다. 그러자 카잘스는 지금도 연습하면서 조금씩 자신이 발전하는 것을 느끼기 때문이라고 대답했다. 95세에도 조금씩 발전하는 삶. 황홀하다 못해 경이롭다. 나의 수업에 동참할 아이들이 나의 이 두려움과 기대의 끝에서 파블로 카잘스이기를 바라는 건 오만일까?

–이경희

• 국어 교사로서의 후반전

인문계 고등학교에서만 20년 넘게 국어 교사로 근무하면서 국어 시간에 무엇을 어떻게 왜 가르쳐야 하는지 자문하고는 했다. 누군가 정답이라고 정리한 개념과 해석을 학생들에게 잘 전달해 주는 국어 선생님으로는 무언가 채워지지 않는 허전함에 변화의 방법을 고민하던 중 IBEC 과정을 만났다.

많은 강의 중 대학원 마지막 학기에 IB 언어와 문학의 2년 과정을 단원 설계하면서 언어와 문학의 교육목표와 IB 학습자상, 교수 · 학습 접근 방법이 실제 수업과 평가에서 어떻게 실현되는지를 확인할 수 있었다.

단원을 설계하면서 그동안 내용 위주의 사실적 질문이나 개념과 관련된 폭이 좁은 질문에만 머물러 있었는데, 질문의 순서를 조금 바꾸거나 질문하는 형식 또는 의문 부사를 조금 바꾸면 개념질문이 될 수 있음을 알았다. 그리고 다양한 유형의 질문을 활용하여 탐구하게 하면 배움의 주체가 학생이 된다는 것도 재확인했다.

언어와 문학 단원 설계에서 개별 구술 평가나 분석 에세이, 비교 에세이를 학생이 잘 수행할 수 있도록 필요한 '기능'을 가르치고 연습하게 하는 점이 인상적이었다. 초등학생 때부터 국어를 9년 동안 배워 왔기에 당연히 '기능'적으로 잘할 수 있으리라 생각하여 고등학교 국어 시간에는 말하기, 글쓰기와 관련된 '기능'을 가르치지 않았음을 성찰했다.

수업에서 학생의 배움을 확인하는 모든 것이 형성평가라고 할 수 있다. IB는 학생이 배운 것을 자기 언어로 표현하게 하고 성찰하게 한다. 그리고 그것을 교사가 시간을 내어 하나하나 피드백함으로써 학생의 성장을 돕는데, 이 과정이 나에게 도전이 된다.

chatGPT가 창작까지 하는 시대를 살아가는 학생들이 창의적이고 비판적으로 '사고'하여 '질문'할 수 있도록, 다양한 종류의 텍스트를 읽고 '자기 생각'을 '자기 언어'로 논리적으로 표현할 수 있는 유능한 국어 사용자가 되도록 도와야 한다.

올해 문학 수업을 듣는 한 학생이 "지금까지 국어 공부를 하며 진정한 문학이 무엇인지 생각해 본 적이 없었는데, 선생님 덕분에 진짜 문학에 대해 생각해 보게 되었어요."라고 쪽지를 건네주었다. 2년 동안 대학원에서 공부하며 나 자신에게 했던 다짐을 지키고 있는 것 같아 뿌듯했다.

이 뿌듯함을 계속 느낄 수 있도록 IBEC 과정에서 배우고 깨닫고 성찰한 것을 작은 것부터 계속 실천해 보려 한다.

–나광진

• 영감과 성찰: 성찰하며 함께 나아가는 교육 여정

많은 영감과 에너지를 받으며 말로 표현하기 어려운 감사함을 느끼는 시간이었다. 교육의 가치와 의미를 다시금 깊이 있게 생각하게 되었고, 교육이 세상을 바꿀 수 있는 힘 또한 느낄 수 있었다. 이는 교사로서의 성장과 발전을 경험할 수 있는 발판을 만들어 주었다고 생각한다.

특히, 다양한 경험과 전문적인 지식을 가진 동료들과의 대화를 통해 내가 가진 시각을 넓히는 동시에 새로운 교육 아이디어를 얻는 배움의 시간이 되었고, 그 시간을 통해 나는 큰 기쁨과 만족감을 느꼈다. 각자의 관점과 경험을 공유하며 서로의 강점을 배우고 소통하는 과정에서 나의 교육방식을 비판적으로 검토하고 개선할 소중한 기회를 얻게 되었다.

이러한 경험을 통해 교사로서의 역량을 더욱 향상시킬 수 있었다. 이는 학생들에게 보다 나은 교육을 제공하기 위한 노력을 계속 이어 나갈 수 있는 원동력이 될 것이라 믿는다. 무엇보다 나의 교육철학과 교육의 가치에 대한 방향성에 공감하는 동료들과 함께 이야기를 나누면서 끊임없이 노력하고 발전할 힘을 얻을 수 있었다. 이러한 감사한 마음을 담아, 앞으로도 함께 성장하는 여정을 계속 나아가고자 한다.

–최은정

• 변화하는 수업 속, 새로운 배움을 향한 성찰

IB 프로그램은 우리의 교육 현장에서 실행하고 있는 평가 방식과 다르다는 점, 그리고 개념기반 탐구수업의 방식을 취한다는 점에서 상당히 궁금증을 유발하기에 IB를 공부하게 되었고, 현재까지도 배운 것을 현장에서 적용할 수 있는 지점에 대해 꾸준히 고민하고 있다.

나의 학창 시절 겪지 못한 형태의 학습 과정을 교사가 되어 실행하자니 어려운 점이 많았지만 어설프게나마 시도하려 했고, 그 첫 번째 노력으로 학생들에게 전이시키려는 목표가 무엇인지, 교과에서의 개념은 무엇인지, 그리고 학습의 과정에서 어떤 평가를 언제 실시하는지를 안내했다. 사실 평가 계획서를 완성하면 오리엔테이션 시간에 지필, 수행의 비율, 점수 극간 정도를 안내하지 점수에 대한 기준과 평가가 어떠한 내용과 연결되어 어떤 목표를 향해 있는지까지 꼼꼼하게 안내하지는 않았기 때문에 평가에 대한 인식의 변화가 가져온 첫 변화였다.

두 번째로는 형성평가와 수행평가의 구분이다. 기존에는 과정 중심 평가라는 측면에서 학생들의 모든 학습 과정을 모니터링하고, 이를 누적화하여 점수를 매기는 형태였다. 형성평가를 수행평가 점수의 근거로 삼고 있던 셈이다. 평가의 두 형태 차이를 인식하고, 형성평가는 형성평가로서 실행할 뿐, 수행평가의 도구로 삼지 않고 구분하여 실행했다. 이 과정에서 수행평가와 지필평가를 수행하도록 설계한 형성평가와 피드백 과정은 수업 시간 외로도 상당한 시간과 노력이 필요했다. 그렇지만 평가 방식이 가져온 수업의 변화, 그리고 전이를 몸소 체험했을 때 그 시간과 노력은 당연하다고 생각했다. 식품과학 교과에서 배운 탄수화물의 변화(호화 및 노화)를 타 교과 한식 조리의 실습 과정에서 연관지어 생각하기도 하고, 동아리 활동에서 창작 레시피를 만들 때 식품의 성분 측면에서 가진 특성을 고려한 분자 요리를 고안해 내기도 했다.

사실 아직까지도 기존의 방식이 아닌 새로운 방식인 수업·평가를 구현하기에 스스로 준비되지 못했다는 생각이 든다. 그러다 보니 무엇보다도 동료 교사와 선배 교사의 도움이 절실히 필요하다고 느끼는 순간이 있었다. 표선고등학교를 방문했을 때 살펴보니 학교에서 전문적 학습 공동체(PLC)를 통한 교사들 간의 공동체 협업이 진정성 있게 운영되며 서로의 수업 연구나 평가에 대한 고민을 나눌 수 있는 커뮤니티가 형성되어 있었다. 앞으로 IB가 자리 잡히는 것 혹은 꼭 프로그램이 아니더라도 이러한 교육 방식이 적용되기까지는 교사 개인을 넘어서 현장에서의 목적에 동의하는 전체적인 움직임이 필요하다고 생각한다.

–고민정

● 어느 국어 교사의 고백: 사실은 문학을 싫어했었어!

오늘도 수업 시간에 아이들에게 미안하다 사과하고 교무실에 돌아와서 멍하니 앉아 성찰을 한다. 대체 이게 무슨 일이야?

수업 중에 질문을 던졌다. 「관동별곡」 내용 기억나는 사람? 고등학교 1학년 때 배운 내용이라면서, 그렇게 외우고 공부하느라 고생했다면서, 너희 왜 기억을 못하니?

잠깐, 그럼 과연 나는 고등학교 1학년 때 「관동별곡」에 대해 무엇을 이해하면서 배웠던가? 생각해 봤다. 대답은 '아니요'이다. 와. 시간이 지나도 변한 것이 없잖아? 갑자기 미안한 감정이 들어서 아이들에게 사과했다. 교육과정을 만든 누군가를 대신해서 혹은 교과서를 만든 누군가를 대신해서 아니, 수업을 하고 있는 스스로를 부끄러워하며.

나도 고등학교 때 국어 문법이 너무 재미있어서 꼭 국어 교사가 되어야겠다고 생각하며 열심히 공부했던 학생이었다. 중요한 것은 문학 때문에 국어 교사를 꿈꾼 것은 아니었다는 점이다. 문학의 아름다움은 아무리 읽어도 느낄 수가 없었다. 그저 문제를 풀기 위한 지문일 뿐이었다. 그런데 그 읽기도 어려운 「관동별곡」에서 감동을 느꼈을 리가…….

「관동별곡」에 대한 극적인 감상은 아마 기계적으로 달달 외워야 시험을 볼 수 있는, 전국의 고등학생을 괴롭히는 국어 교과서 최악의 단원 정도였다. 그리고 이런 생각이 솔직히 「관동별곡」뿐이었을까.

우리 교육이 어쩌다 이렇게 된 걸까? 왜 여전히 그대로일까? 임용 후 꿈꿨던 국어 교사의 모습이 있었다. 우리의 삶을 사는 올바른 방향성을 학생들에게 알려 주는 것. 국어가 가진 힘으로 학생들에게 도움을 줄 수 있는 전문성을 가진 역할을 하는 것. 내 나름의 큰 포부가 있었다. 분명 멋진 수업을 설계하겠다는 그런 생각도 했던 것 같다. 그런데 이 모든 것은 대입과 평가 민원, 그리고 매너리즘에서 무너진 것은 아닐까, 슬픈 고민을 하던 찰나에 IB를 만나게 되었다.

많은 사람은 (그리고 IB를 처음 시작했을 때의 나 역시도) IB에서 '평가의 숨겨진 무엇'부터 찾으려고 하지만, 사실 IB의 모든 핵심은 수업에서 시작된다고 생각한다. 결국 평가도 수업의 일부이기 때문이다. 수업에서 교사가 학생에게 무엇을 어떻게 가르치려고 하는가, 그리고 학생은 무엇을 어떻게 배우는가. 물론 IB에서 모든 답을 찾을 수 있었던 것은 아니다. 배우면서 답답했던 부분도 많았고, 이해가 안 가는 부분도 있었다. IB를 가르쳐 주신 교수님께서도, IB를 적용하고 수업에 활용하는 선생님께서도 IB가 모든 교육 문제의 정답이 될 수는 없다고 하셨다.

그러나 적어도 IB를 통해 내 수업이 앞으로 나갈 수 있는 용기와 방향성을 얻었던 것은 사실이다. IB는 학생들이 스스로의 힘으로 소설 한 권을 제대로 읽어 낼 수 있는 기회를 제공하는 수업이 무엇인지, 그리고 그것을 설계하는 교사의 역할을 알려 주었다. 이것이면 충분하지 않은가.

이제 직접 수업에 적용을 해 보려고 한다. 물론 많은 시행착오가 있을 예정이고, 그 고생길이 훤하다. 하지만 내 마음 속에 이 약속 하나는 가지고 가 볼 생각이다.

애들아, 너희만큼은 「관동별곡」이 얼마나 아름다운 문학작품인지 수업시간에 느껴 보자!

–박정민

● 깊이 빠져드는 개념기반 탐구수업…….

IB프로그램을 배우고, 개념기반 교육과정 트레이너 과정을 밟으면서 IB의 개념기반 탐구수업을 무작정 내 수업에 적용해 보았다. 기존에 해오던 수업의 패러다임을 바꾼다는 것이 쉽지 않았지만, 수업 안에서 학생들이 고민하는 것이 단순한 사실적인 것에 멈추지 않고 개념적인 차원으로 높아지는 것을 경험할 수 있었다. 수업에 대한 학생들의 반응은 그 어느때보다 적극적이었고, 고민을 많이 하면서 주도적으로 수업에 참여했다. 이제 학생들은 영어를 왜 배워야 하고 실생활에 어떤 부분을 어떻게 적용해야 하는지의 의문을 수업시간을 통해 해결할 수 있게 될 것 같다. 영어 교과에서 개념적 탐구가 일어나는 것이다. 학생들이 의사소통을 통해 자신의 실생활 맥락에서 다양한 문화와 연결되고, 자신의 생각을 창의적으로 표현하는 방법을 배우고 적용하여 실천해 가도록 교수 · 학습 경험을 디자인한다. 그 과정이 조금은 고되고 노력이 많이 필요하지만, 아이들이 자발적으로 참여하지 않는 수업을 견디는 것보다는 쉽다고 생각한다. 한 번 발을 들이면 빠져 나올 수 없는 수업이 이 개념기반 탐구수업이다.

–박화정

● 성적과 성장, 교사로서 나는 무엇을 고민해야 할까

3월의 고3 교실을 떠올려본다. 학생들은 새로운 학년에 대한 기대와 대학 진학의 희망으로 가득 차 있다. 눈을 반짝이며 어려운 '수능 특강'

수업을 열심히 듣는다. 의욕이 넘치고 질문도 열심히 하고 나의 질문에 대답도 잘한다. 수업이 끝나면 학년 교무실은 아이들이 수업 시간에 보여 준 모습을 칭찬하는 선생님들의 이야기로 꽃을 피운다. 하지만 우리는 암묵적으로 알고 있다. 아이들의 이런 모습은 1학기 중간고사 이전까지만 지속된다는 것을…….

1학기 중간고사 출제 기간이 다가왔다. 내신 성적을 9등급으로 산출하는 영어 과목은 시험 출제에 여간 신경 쓰이는 것이 아니다. 혹시 문제가 너무 쉬워서 1등급이 나오지 않으면 어쩌나, 동점자가 많이 생겨서 등급 간 변별이 어려워지면 어쩌나……. 고등학교에서 주요 교과를 가르치는 교사라면 누구나 하는 고민일 것이다.

중간고사 출제를 끝냈다. 1등급을 받을 수 있는 아이들의 숫자에 문제가 없도록, 동점자가 많아서 기말고사 출제에 골치 아픈 일이 없도록 문제의 난이도를 조절하는 데 많은 공을 들였다. 출제를 끝내고 나니 이번 시험으로 학생들의 성적이 잘 변별될 것으로 예상된다. 1등급부터 9등급까지 줄 세우는 데 문제가 없을 것이다. 그런데 그것이 전부다. 내가 가르치는 수업은 오직 내신 줄 세우기 그 이상 그 이하도 아닌 것 같다.

시험 출제가 끝나면 매번 하는 고민이 있다. 이 시험이 끝나면 얼마나 많은 학생이 해도 안 된다는 걸 알게 될까. 또 얼마나 많은 학생이 수업 시간에 생기를 잃고 책상에 엎드려 있을까. 이 고민에서 벗어나기 어렵다. 영어의 기초가 부족한 학생들을 탓한 적도 있었다. 과연 고등학교에서 학생들이 영어에 흥미를 잃는 것이 단지 기초가 부족한 탓일까?

학군지 학교에 처음 근무하는 선생님의 이야기가 떠오른다. 영어를 잘하는 학생이 상당수인 그 학교는 수행평가도 지필평가도 무척 어렵게 출제하고 엄격하게 채점한단다. 빽빽한 수행평가 일정, 과도한 수행평가 과제, 너무나 엄격한 채점 기준을 보고 학생들에게 "너희들은 이걸

다 어떻게 하니?"라고 물어봤다고 한다. 학생들의 대답은, "선생님, 그래도 작년 수행평가 조건보다 나아진 거예요. 그런데 우리가 이걸 다 하기 전에 영어가 싫어지겠죠."였다고 한다. 교사로서 많은 생각을 하게 된다. 나는 수업을 통해 아이들에게 공부에 흥미를 잃게 하고 해도 안 된다는 걸 알려 주는 것은 아닐까?

새로운 수업활동, 에듀테크 활용 등을 시도해 보았지만 나의 능력이 부족한 탓인지 아이들을 근본적으로 변화시키지 못했다. 흥미로운 활동에 잠시 집중할 뿐, 활동이 끝나면 다시 이전의 상황이 반복되었다. 수업과 평가 방식을 바꿔야 할까 고민해 보았다. 그러나 기존의 수업에 너무 익숙해진 내게 수업과 평가 방식을 바꾸는 것은 쉽지 않았고, '그런다고 뭐가 달라지겠어?'라고 생각하기 일쑤였다.

2019년 어느 날 나는 교사 대상 연수에서 IB 교육과정에 대해 처음 알게 되었다. 강사분의 설명을 들으며 IB 교육과정이 너무 놀랍다고 감탄했던 기억이 생생하다. IB 교육과정에 대해 너무나도 알고 싶었지만 방법이 여의치 않았다. 그로부터 몇 년 후 우연히 IBEC 과정의 신입생을 모집한다는 대학원 공고문을 보고 무작정 지원했고, 대학원에서 IB 교육과정을 공부했다. 공부하는 과정은 쉽지 않았다. 기존의 교육 방식과 수업에 물들어 있던 내가 IB 교육과정을 이해한다는 것은 마치 나의 두뇌를 새로운 두뇌로 갈아 끼우는 과정 같았다. IB 교육과정을 공부하면서 '수업과 평가 방식을 바꾼다고 뭐가 달라지겠어?'라는 나의 의구심은 점차 '수업과 평가 방식을 바꾸면 뭔가 달라질 수 있겠다!'라는 확신이 되었다.

학교생활과 병행해야 하는 힘겨운 학업, 대학원을 마치고도 책을 쓰느라 계속되는 공부 속에서 나는 수업과 평가 방식을 어떻게 바꿀지 끊임없이 고민하고 있다. 이 과정에서 학생들이 영어를 통해 성장하고 삶의 지평을 넓히는 데 도움을 주고 싶다는 바람이 더욱 강해졌다. 예전과 다른 고민을 하며, 나는 교사로서 낯선 변화를 두려워하지 않는 새로운 정체성을 갖게 되었고, 수업에 대한 고민을 나누며 교사로서 성장을 이끌어 주는 든든한 동기들을 얻었다. 함께 공부하며 성장하는 동기들에게 고마움을 전하며 이 글을 마친다.

–안연경

● 교사의 성장: 함께 가면 멀리, 즐겁게 갈 수 있다!

과학이 좋아서 과학 교사가 되었던 나는 생활 지도에 치이고 업무에 치여 수업은 제일 후순위로 밀리는 상황에 맞닥뜨렸다. 교직은 나의 적성이 아니니 적당히 일하면서 살자고 맹세하던 때도 있었다. 내가 근무하는 학교는 동료 교사들과 함께 수업 디자인을 하고 수업을 보면서 학생들의 배움이 일어나는 수업을 하고자 노력하는 학교이다. 수업에 대해 이야기를 나누다 보면 '나는 왜 교사가 되었을까?' '내가 학생들에게 과학 교사로서 전달하고 싶었던 것을 무엇이었을까?'에 대해 답을 할 수 있어야 했다.

학창 시절 내가 좋아했던 건 실험이 아니라 과학자적 탐구 과정이었던 것 같다. 생활 속에서 일어나는 현상들에 대해 왜 그런지 궁금해하고 이유와 근거를 들어 설명해 나가는 과정이 좋았다. 학생들이 나의 수업을 통해 그러한 배움의 즐거움을 느꼈으면 했다. 학생들의 배움을 관찰하고 동료 교사들과 함께 수업을 하나씩 바꿔 나가면서 학생들은 나의 수업을 '힘들지만 해 볼 만한 수업'이라고 생각하며 나의 수업을 좋아했다. 교사로서의 나 자신도 성장하는 것을 느꼈고, 수업에서 교사로서의 정체성을 찾게 되니 학교에 출근하는 것도 즐거워졌다.

학생들이 스스로 생각하고 탐구하는 수업을 했지만 평가 결과는 그렇지 못했다. 수업 시간에 탐구했던 내용을 선다형 문제로 출제하는 데 한계가 있었고, 수행평가 비중을 늘려 수행평가로 학생들의 배움을 평가하려고 했으나 학생들은 배운 내용을 잘 서술하지 못했다.

그러던 차에 옆자리 선생님이 교육대학원 모집 공고에 IBEC과정을 보고 IB가 무엇이냐고 물어본 것이 내가 IB를 공부하게 된 시작이었다. 검색해 보니 IB에서는 서 · 논술형 평가를 한다고 한다. IB를 공부해 보면 실마리가 잡힐 것 같아 덜컥 대학원 등록을 해 버렸다. 비전과 철학이 있고 학습자상을 설정하고 이를 교육과정에 반영한다는 것은 기존 혁신학교의 시도와 다르지 않았다. 그런데 어떻게 IB는 그러한 수준 높은 평가를 할 수 있는 것일까?

그동안의 수업에서 고민했던 여러 가지 지점이 IB에서는 잘 정리된 채 안내되어 있었다. 철학과 비전, 학생상을 교육과정에 반영하는 일은 담임 학급 활동에서만 찾으려고 했는데 수업 안에서도 고려되어야 할 점이라는 것을 깨달았다. 학교에서 전학공을 통해 안갯속을 헤매 가며 어떤 수업을 해야 할 것인지 하나씩 하나씩 답을 찾아 나가고, 찾고 싶었던 것들을 생각해 보니 IB의 교수 · 학습 접근 방법으로 정리되었다. 소단원명을 수업 주제로 적어 보고, 질문의 형태로 적어 보려고 했었는데 이는 IB의 탐구질문이었고, 교과끼리 연계하려고 교과를 아우르는 주제를 찾으려고 했던 시도는 IB의 개념이었다. 어디서부터 무엇을 어떻게 해야 할지 막연하여 해매다가 겨우 찾았는데 IB 교육과정에서는 깔끔하게 정리되어 있었다. IB는 바로 자신의 수업에 적용하여 생각하게 만든다.

요즘은 MYP 지시어, 평가기준으로 평가를 바꾸어 보려고 노력 중이다. 지시어, 평가기준이 있어도 예전 평가 방식이 머릿속을 지배해 쉽지만은 않다. 짝꿍 선생님과 함께 지시어의 의미대로 평가한다는 게 어떤 건지 계속 탐구하고 행동하고 성찰한다. 일단 도전해 보니 무엇이 문제인지 생각하게 되고 다음엔 한발짝 더 나아갈 수 있을 것 같다. 아직 단원 계획서를 만들고 수업에 적용하는 건 어렵다. 이건 지치지 않고 장기적으로 바라봐야 할 것 같다. IB의 여러 요소 중 일부분이라도 도전해 보면 나의 수업이 달라짐을, 학생들이 달라짐이 느껴진다. 이것이 내가 힘들고 어려워도 계속 공부하고 교사를 해야겠다고 생각하는 이유이다. 그리고 수업과 평가에 대해 함께 고민하고 나눌 수 있는 동료 교사가 꼭 필요하다. 어느 학교에 가서든 선생님들과 함께 연구하고 배움을 지속하기를 바라는 마음으로 책 작업에 참여했다. 혼자 가면 외롭고 힘들다. 하지만 함께 가면 멀리, 즐겁게 갈 수 있다.

–한혜연

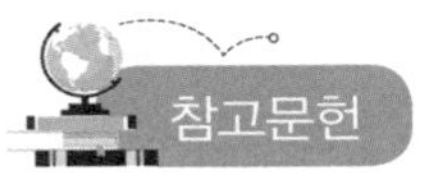

참고문헌

강효선(2020). IB(International Baccalaureate) MYP(Middle Years Programme) 통합교육과정 원리와 한국 교육과정에 주는 시사점. 박사학위논문. 제주대학교 대학원.

경기도교육청(2023a). IB 이해하기 DP.

경기도교육청(2023b). IB 이해하기 MYP.

경기도교육청(2023c). IB 이해하기 PYP.

경기도교육청(2024). '생각의 힘을 키우는 학기' 논술형 평가 학생 교육용 도움 자료.

교육부(2021). 2022 개정 교육과정 총론 주요사항(시안).

교육부(2022a). 초 · 중등학교 교육과정 총론(교육부 고시 제2022-33호, 별책1).

교육부(2022b). 중학교 교육과정(교육부 고시 제2022-33호, 별책3).

교육부(2022c). 고등학교 교육과정(교육부 고시 제2022-33호, 별책4).

교육부(2022d). 수학과 교육과정(교육부 고시 제2022-33호, 별책8).

교육부(2022e). 영어과 교육과정(교육부 고시 제2022-33호, 별책14).

교육부(2022f). 창의적 체험활동 교육과정(교육부 고시 제2022-33호, 별책40).

교육부(2024). 2022 개정 고등학교 교육과정 편성 · 운영 톺아보기.

백종민, 홍후조(2022). IB MYP 틀을 적용한 중학교 과학 수업 개발 과정 연구: '파동' 단원을 중심으로. **학습자중심교과교육연구**, 22(4), 247-267.

세종특별자치교육청(2023). 세종 창의적 교육과정 평가 운영 체계 구축을 위한 정책연구.

송슬기(2024). International Baccalaureate Diploma Programme(IB DP) 평가체제에 관한 연구: 상황주의 학습이론의 관점에서. 박사학위논문. 인하대

학교 대학원.

온정덕(2022). 역량과 주도성을 기르는 2022 개정 교과 교육과정. 서울교육 2022 겨울호(249호).

온정덕, 변영임, 안나, 유수정(2019). 교실 속으로 간 이해 중심 교육과정. 살림터.

이현아(2022). IB MYP의 구성 원리와 실제 구현에 관한 연구. 고려대학교 대학원.

이현아, 홍후조, 김차진(2021). 교육과정 틀로서의 MYP 특성 연구. 한국교육학연구, 27(2), 159-186.

이혜정, 이범, 김진우, 박하식, 송재범, 하화주, 홍영일(2019). IB를 말한다. 창비교육.

정원미(2020). IB 교육과정과 혁신학교 교육과정의 비교: 교육과정 · 수업 · 평가의 일관성 관점에서. 한국교원대학교 석사학위논문.

조현영(2021a). OECD 교육 2030의 역량 설계 원리에 대한고찰: IBDP 설계 원리를 중심으로. 교육학연구, 59(5), 157-183.

조현영(2021b). 역량에 대한 상황인지론적 해석 고찰: 교육과정 설계에의 시사점 탐색. 교육문화연구, 27(4), 53-73.

조현영(2022a). IB로 그리는 미래교육. 학지사.

조현영(2023b). 수업 평가 혁신을 위한 단계별 정책 지원과제 탐색 연구. 교육부.

하화주(2024). IB 우리의 미래 교육. 스콜레.

하화주, 홍후조, 박하식(2012). 우리나라 고등학교에서의 IBDP 교육과정 적용의 현황 및 과제. 교육과정연구, 30(4), 51-79.

한국교육과정평가원(2022a). 2022 개정 교육과정 각론 조정 연구보고서.

한국교육과정평가원(2022b). 학습자 주도성 함양을 위한 교수 · 학습 원리 및 전략.

에모토 마사루(2002). 물은 답을 알고 있다. (水は答えを知っている). (홍성민 역). 더난출판사. (원저는 2001년에 출판).

Erickson, H. L., Lanning, L. A., & French, R. (2019). 생각하는 교실을 위한 개념

기반 교육과정 및 수업. (Concept-Based Curriculum and Instruction for the Thinking Classroom). (온정덕, 윤지영 공역). 학지사. (원저는 2017년에 출판).

Fisher, D., Frey, N., & Hattie, J. (2016). *Visible Learning for Literacy*. Corwin Literacy. First Edition.

Marija, U. D., & Arvin S. U. D. (2023). 지식 이론: Theory of Knowledge 교과 지침서. 미래엔. (원저는 2020년에 출판).

Marschall, C., & French, R. (2021). 생각하는 교육과정과 수업을 위한 개념 기반 탐구학습의 실천: 전이 가능한 이해의 촉진 전략. (Concept-Based Inquiry in Action). (신광미, 강현석 공역). 학지사. (원저는 2018년에 출판).

Mctighe, J., & Wiggins, G. (2022). 핵심 질문: 학생에게 이해의 문 열어주기. (Essential Questions). (정혜승, 이원미 공역). 사회평론아카데미. (원저는 2013년에 출판).

OECD (2019). OECD Future of Education and Skills 2030: Conceptual learning framework: LEARNING COMPASS 2030.

Ritchhart, R., Church, M., & Morrison, K. (2023). 생각이 보이는 교실-스스로 질문하고 생각하도록 가르치는 사고 루틴 21가지. (Making Thinking Visible). (최재경 역). 사회평론아카데미. (원저는 2011년에 출판).

Stern, J., Lauriault, N., & Ferraro, K. (2022). 개념기반 교육과정과 수업: 개념적 이해와 전이를 위한 전략과 도구. (Tools for Teaching Conceptual Understanding). (임유나, 한진호, 안서헌, 이광우 공역). 박영스토리. (원저는 2017년에 출판).

Tay, M., & Jain, J. (2019). *Reflective practice: An approach to developing self-knowledge*. Taylor's University. https://www.researchgate.net/publication/332409418

IBO (n.d.). *The IB learner profile*. Retrieved June 30, 2024, from https://ibo.org/benefits/learner-profile/

Wiggins, G., & Mctighe, J. (2021). 거꾸로 생각하는 교육과정 개발: 이론편. (Understanding by Design). (강현석, 유제순, 이지은, 김필성 공역). 학지사. (원저는 2005년에 출판).

인명

내용

이경희(Lee Kyeonghui)

상황과 맥락에 맞게 사고하고 표현하는 힘을 키우는 수업을 위해 노력 중인 수석교사(국어)입니다. 인하대학교 교육대학원에서 혁신교육 전공으로 IB 프로그램을 공부하고, 교육학 석사학위와 IBEC 교사 자격을 취득했습니다. MYP의 간학문적이고 융합적인 학습활동과 학습에 대한 성찰을 위한 심층적인 학습 설계를 반영한 탐구활동 중심의『개념기반 탐구』(2024, YBM) 교과서의 공동 저자이기도 합니다.

나광진(Na Kwangjin)

IB 관심학교에서 근무하며 IBEC 과정에서 배운 것을 토대로 학생들과 함께 성장하기 위해 노력하는 국어 교사입니다. 인하대학교 교육대학원에서 혁신교육 전공으로 IB 프로그램을 공부하고, 교육학 석사학위와 IBEC 교사 자격을 취득했습니다.

최은정(Choi Eunjung)

수업에서 깊이 있는 이해를 이끌어 내기 위해 노력하는 수학 교사입니다. 인하대학교 교육대학원에서 혁신교육 전공으로 IB 프로그램을 공부하고, 교육학 석사학위와 IBEC 교사 자격을 취득했습니다.

고민정(Koh Minjung)

식품 · 조리 전문교과 교사입니다. IB 철학에 공감하며 앞으로 다가올 교육의 변화에 발맞추어 특성화고등학교에서도 교육과정의 변화가 이루어질 수 있도록 준비 중에 있습니다. 인하대학교 교육대학원에서 혁신교육 전공으로 IB 프로그램을 공부하고, 교육학 석사학위와 IBEC 교사 자격을 취득했습니다.

박정민(Park Jungmin)

학교에서 배운 국어가 학생들이 삶을 살아갈 때 힘이 될 수 있도록 수업에 대해 늘 고민하고 있는 국어 교사입니다. 인하대학교 교육대학원에서 혁신교육 전공으로 IB 프로그램을 공부하고, 교육학 석사학위와 IBEC 교사 자격을 취득했습니다.

박화정(Park Hwajung)

학생들의 깊이 있는 이해와 적극적인 참여를 유도할 수 있는 평가와 수업을 디자인하려고 노력 중인 영어 교사입니다. 인하대학교 교육대학원에서 혁신교육 전공으로 IB 프로그램을 공부하고, 교육학 석사학위와 IBEC 교사 자격을 취득했습니다. CBCI Trainer Certificate 과정을 이수했습니다.

안연경(Ahn Yeonkyong)

학교에서 배운 영어가 학생들의 삶에 도움이 될 수 있도록 수업 방법을 늘 고민하는 영어 교사입니다. 인하대학교 교육대학원에서 혁신교육 전공으로 IB 프로그램을 공부하고, 교육학 석사학위와 IBEC 교사 자격을 취득했습니다. CBCI Trainer Certificate 과정을 이수했습니다.

한혜연(Han Hyeyeon)

학생들의 배움이 있는 수업과 평가를 위해 고민하고 실천하는 과학 교사입니다. 인하대학교 교육대학원에서 혁신교육 전공으로 IB 프로그램을 공부하고, 교육학 석사학위와 IBEC 교사 자격을 취득했습니다.

수업의 변화를 이끄는 힘,

IB 개념기반 탐구

IB Concept-based Inquiry,
the Power to Transform Your Classroom

2025년 2월 10일 1판 1쇄 인쇄
2025년 2월 15일 1판 1쇄 발행

지은이 • 이경희 · 나광진 · 최은정 · 고민정
박정민 · 박화정 · 안연경 · 한혜연

펴낸이 • 김진환
펴낸곳 • ㈜ 학지사
04031 서울특별시 마포구 양화로 15길 20 마인드월드빌딩
대표전화 • 02-330-5114 팩스 • 02-324-2345
등록번호 • 제313-2006-000265호

홈페이지 • http://www.hakjisa.co.kr
인스타그램 • https://www.instagram.com/hakjisabook

ISBN 978-89-997-3264-5 93370

정가 18,000원